최종 합격을 위한
추가 학습자료

본 교재 인강 30% 할인쿠폰

K8326F7748KEF000

30%

해커스잡 사이트(ejob.Hackers.com) 접속 후 로그인 ▶ 사이트 메인 우측 상단 [나의 정보] 클릭 ▶
[나의 쿠폰 - 쿠폰/수강권 등록]에 위 쿠폰번호 입력 ▶ 본 교재 강의 결제 시 쿠폰 적용

*본 쿠폰은 한 ID당 1회에 한해 등록 및 사용 가능합니다.
*이벤트 강의 / 프로모션 강의 적용 불가 / 쿠폰 중복할인 불가

취업 인강 10% 할인쿠폰

87D56F78K0EF6000

10%

해커스잡 사이트(ejob.Hackers.com) 접속 후 로그인 ▶ 사이트 메인 우측 상단 [나의 정보] 클릭 ▶
[나의 쿠폰 - 쿠폰/수강권 등록]에 위 쿠폰번호 입력 ▶ 강의 결제 시 쿠폰 적용

*본 쿠폰은 한 ID당 1회에 한해 등록 및 사용 가능합니다.
*단과 강의 외 이벤트 강의 / 프로모션 강의 적용 불가 / 쿠폰 중복할인 불가

산업별 면접 필수 사이트 활용 GUIDE(PDF)

AV6P87QWE54X453B

해커스잡 사이트(ejob.Hackers.com) 접속 후 로그인 ▶ 사이트 메인 상단 [교재정보 - 교재 무료자료] 클릭 ▶
교재 확인 후 이용하길 원하는 무료자료의 다운로드 버튼 클릭 ▶ 위 쿠폰번호 입력 후 다운로드

---

* 이 외 쿠폰관련 문의는 해커스 고객센터(02-537-5000)로 연락 바랍니다.

헤럴드 선정 2018 대학생 선호 브랜드 대상 '취업강의' 부문 1위

면접관을 사로잡는

해커스
면접 전략

서문

"면접, 어떻게 준비해야 할지 막막하신가요?
해커스가 기본부터 실전까지 면접의 모든 것을 알려드립니다."

지난 1년 동안 온라인 쇼핑 거래액이 18% 이상 늘었다고 합니다. 오프라인 매장을 가지 않고도 쉽고 편하게 원하는 제품을 구매할 수 있으니 소비자들이 온라인 쇼핑에 몰리는 건 당연합니다. 그런데 온라인 시장 매출액이 증가할수록 반품률도 함께 증가하고 있다고 합니다. 직접 눈으로 보고 구매하는 것과 화면으로 보고 구매하는 것은 만족도에 차이가 있기 때문입니다.

채용 과정도 마찬가지입니다. 기업은 직접 지원자를 보며 지원자의 역량을 판단하고 싶어 하지만 현실적으로 모든 지원자를 만나는 것은 어렵습니다. 채용 과정에서 서류전형이 '미루어 짐작'하는 온라인 쇼핑과 같다면, 면접전형은 직접 눈으로 보고 '정확히 판단'하는 오프라인 쇼핑이라고 할 수 있습니다.

면접장에 입장할 때 주춤한 것부터 긴장해서 엉뚱한 답변을 한 것까지 면접을 보고 나면 아쉬운 점이 많고 다시 되돌리고 싶은 순간들만 떠오릅니다. 면접 경험이 쌓이면 이런 실수는 다듬어지겠지만 어렵게 얻은 단 한 번의 기회를 놓치고 싶지 않은 것이 저와 여러분 모두의 바람입니다.

이러한 바람을 이루기 위해 이 책을 준비했습니다. 그 어려운 서류전형과 필기시험에 합격하고 이제 면접이라는 마지막 관문만 남았습니다. 무엇을 어떻게 준비해야 할지 막막해도 걱정하지 마세요. 그동안의 면접 컨설팅 경험과 면접 평가위원 경험을 활용하여 면접 합격으로 가는 길을 안내하겠습니다.

「면접관을 사로잡는 해커스 면접 전략」은

첫째, 면접 유형별 대비방법을 자세히 알려드립니다.

블라인드 면접을 시작으로 다대다 면접, 경험 면접, 상황 면접, 합숙 면접 등 면접 유형별 대비
방법을 취업 준비생들이 면접을 준비하며 자주 했던 질문을 바탕으로 하나하나 알려드립니
다. 전통적으로 비중이 높은 인성 면접과 직무역량 면접은 물론이고 AI 면접, 창의성 면접, 인
바스켓 면접 등 최신 면접 유형도 빠짐없이 담았습니다.

둘째, 면접 질문 100가지와 Best & Worst 답변으로
면접에서 나올 수 있는 모든 질문을 이 책 한 권으로 대비할 수 있습니다.

면접에 임하는 자세도 중요하지만, 무엇보다 면접 질문이 궁금하시죠? 대기업과 공공기관 면
접 질문을 분석한 유형별 질문 100가지로 어떻게 답변해야 할지 막막했던 질문의 방향을 잡
아드리겠습니다. 자주 나오는 필수 질문은 물론 공부가 필요한 직무·기업 질문, 미리 준비해
야 할 상황 질문, 그 의도를 잘 살펴야 하는 직업기초능력 질문까지 한 번에 대비할 수 있도록
Best & Worst 답변 사례를 모두 담았습니다.

셋째, 기업별 기출 질문 리스트로 최신 질문 경향을 파악할 수 있습니다.

삼성전자·한국전력공사 등 입사 선호도가 높은 기업별 기출 질문 리스트를 수록하여 최신 출
제 경향을 확인하고 미리 답변을 준비해볼 수 있습니다. 또한 면접의 첫인상을 좌우하는 직무
별 1분 자기소개 예시, 스터디원끼리 면접 결과를 미리 체크하고 답변을 보완할 수 있는 면접
평가표도 특별부록에 수록했습니다.

지금까지 열심히 달려오신 여러분의 열정에 날개를 달아드릴게요. 기분 좋게 합격하세요.
면접관은 당신을 기다리고 있습니다.

신길자, 임영찬, 주일돈

책의 특징

① 핵심 면접 유형 수록

면접 필수 유형인 인성 면접, 직무역량 면접뿐만 아니라 최신 면접 트렌드인 AI 면접부터 많은 면접 지원자들이 어려워하는 PT 면접, 토론 면접까지 자세히 분석하였습니다. 또한 상황 면접, 창의성 면접, 합숙 면접 대응 스킬도 수록하여 면접 유형별 접근 방법과 특징을 배울 수 있습니다.

② 면접 기출 유형 질문 100가지와 Best & Worst 답변 수록

면접을 앞두고 면접 지원자들이 가장 궁금해하는 기출 유형 질문 100가지를 수록하였습니다. 면접에서 주로 어떤 질문이 나오는지, 질문의 의도가 무엇인지 파악하여 실제 면접에서 어떤 질문이 나오더라도 당황하지 않고 배운 내용을 적용하여 답변할 수 있습니다.
또한 모든 질문마다 Best & Worst 답변을 수록하여 답변에 반드시 들어가야 할 내용과 들어가면 안 될 내용을 파악하고 구체적인 답변 방향을 세울 수 있습니다.

③ 20대 대기업·20대 공공기관 기출 질문 리스트 수록

기업별 기출 질문 리스트를 수록하여 지원할 기업의 면접에서 주로 어떤 질문이 출제되었는지 확인하여 출제 경향을 파악할 수 있습니다. 면접 유형 분석과 질문 분석을 통해 배운 면접 대응법을 지원할 기업에서 출제된 질문에 적용하여 면접을 연습해볼 수 있습니다.

④ 면접 합격을 위한 합격 꿀 Tip 수록

면접 합격을 위해 반드시 알아야 할 내용을 '합격 꿀 Tip'으로 정리하였습니다. 답변 시 주의사항과 연계하여 나올 수 있는 질문 등 면접에 도움이 되는 내용을 담아 더욱 확실히 면접을 준비할 수 있습니다.

⑤ 직무별 1분 자기소개와 모의 면접 평가표 수록

1분 자기소개는 합격을 좌우하는 면접의 핵심이자 면접 지원자들이 가장 어려워하는 부분입니다. 본 교재는 1분 자기소개의 감을 익힐 수 있도록 자기소개 예시를 직무별로 수록하여 1분 자기소개의 핵심을 파악하고 면접에서 '나'를 멋지게 표현할 수 있는 자기소개를 준비할 수 있습니다.

또한 면접 예상 질문을 뽑고 답변을 준비하는 것만큼 준비한 답변을 미리 평가해 보는 것도 매우 중요하므로 면접 스터디에서 활용할 수 있는 면접 유형별 면접 평가표를 수록하여 스터디원의 모의 면접을 평가하고, 부족한 답변을 보완해나갈 수 있습니다.

⑥ 학습 자료 제공

산업별	취업 강의	교재 동영상강의
면접 필수 사이트	(할인쿠폰 제공)	(할인쿠폰 제공)
활용 GUIDE (PDF)		

해커스잡(ejob.Hackers.com)·해커스공기업(public.Hackers.com)에서 산업별 면접 준비를 위해 필요한 필수 사이트 리스트를 확인할 수 있는 '산업별 면접 필수 사이트 활용 GUIDE'를 제공합니다. 이때 해커스잡(ejob.Hackers.com)·해커스공기업(public.Hackers.com)에서 별도로 구매 가능한 본 교재 동영상강의와 취업 강의도 활용하면 보다 효과적인 학습이 가능합니다.

목차

PART 4 실전 대비 면접 질문 100가지

● 필수 질문

● 직무

• 기업

● 경험

● 상황

PART 5 20대 대기업·20대 공공기관 면접 기출 질문 리스트

PART

면접 전 반드시 알아야 할
필수 정보 5가지

01 면접, 무엇을 평가하는가?

면접에서는 '발표식 말하기'보다 '대화식 말하기'가 좋습니다. 면접관은 면접자가 외운 내용을 일방적으로 말하는 것을 원치 않기 때문입니다. 하지만 면접관과 편하게 대화하기는 쉽지 않죠. 지원자마다 점수가 매겨지는데 긴장하지 않고 이야기를 주고받는 건 그리 쉬운 일이 아닙니다. 면접을 준비할 때 우리는 좀 더 단순해져야 합니다. 면접을 전체적으로 보고 준비해야 대범해질 수 있습니다. 어떤 질문에 어떻게 답변을 할까를 고민하기 전에 먼저 평가 요소부터 따져봐야 질문 의도를 파악하고 답변을 잘할 수 있습니다.

그렇다면, 면접관은 면접에서 무엇을 평가할까요? 인사규정 시행세칙에서 힌트를 얻을 수 있습니다. 공공기관 인사규정 시행세칙에 각 기관이 인사규정을 시행할 때 필요한 세부적 기준과 절차가 나와 있습니다. 예를 들어 한 공공기관은 "면접시험은 해당 직무수행에 필요한 인품, 태도 및 적격성을 검정한다."라고 규정했습니다. 이러한 세칙에 따라 면접 평가표를 만들고 요소별로 평가를 하고 있습니다. 회사마다 세부적인 평가 기준은 다르지만, 크게 보면 모든 회사에서 면접을 통해 지원자의 인재상 부합도와 직무 적합도를 평가한다고 볼 수 있습니다. 기업문화와 인재상에 어울리는지, 해당 직무에 맞는 역량을 가졌는지를 체크하고 더불어 입사 후 성장 가능성을 확인합니다.

그렇다고 해서 너무 부담을 가질 필요는 없습니다. 완벽한 지원자는 많지 않습니다. 부족한 점은 인정하되 자신 있는 점은 내세우는 것이 가장 효과적인 면접 전략입니다. 당신은 이미 수백 대 1의 경쟁률을 뚫은 인재입니다. 스펙 하나하나에 연연하지 마세요. 평가 요소 중 부족한 건 인정하고 대신 보완하기 위해 어떤 노력을 했는지 자신 있게 보여주세요. 그리고 자신의 강점을 어필하시기를 바랍니다.

02 면접 유형, 무엇이 있는가?

AI 면접, 창의성 면접, 합숙 면접, 롤플레잉 면접 등 면접 유형이 다양해졌습니다. 기업은 원하는 인재를 뽑기 위해 맞춤형 전형으로 지원자를 평가하고 있습니다. 삼성전자는 창의성 면접을, IBK기업은행은 합숙 면접을, 한국도로공사는 IB형 PT 면접을 채택하고 NHN은 T인터뷰(Tech), C인터뷰(Career)를 진행하고 있습니다. 기업마다 새로운 면접 방식을 도입하고 있는 만큼 기존의 면접전형과 함께 지원하려는 기업만의 면접 유형을 대비해야 합니다.

면접 유형은 무엇을 평가하고, 어떻게 진행하느냐에 따라 나뉩니다. 인성을 평가한다면 인성 면접, 직무역량을 평가한다면 직무역량 면접이라고 할 수 있죠. PT 면접과 토론 면접, 롤플레잉 면접 등은 시뮬레이션 면접이라고 부릅니다. 시뮬레이션 면접은 보고, 회의, 설득 등 직장생활에서 자주 생기는 다양한 상황을 마련하고 지원자의 역량을 평가하는 면접 유형입니다. 최근 면접에서는 경험 면접과 상황 면접의 비중도 커졌습니다. 경험 면접은 지원자가 과거 어떤 행동을 했는지 확인하는 면접 질문 방식으로 BEI (Behavioral Event Interview) 면접을 의미합니다. 경험 면접이 과거 행동을 평가한다면, 상황 면접은 미래 상황판단을 통해 지원자의 역량을 확인하죠.

동시에 여러 기업의 면접을 준비하고 있더라도 기본적인 인성 면접, 직무역량 면접, PT 면접, 토론 면접은 반드시 대비해야 합니다. 인성 면접은 지원자의 인성과 조직적합성을 체크합니다. 회사의 핵심 가치와 인재상을 기준으로 조직 구성원 모두가 갖춰야 할 역량을 확인하는데, BEI 심층 질문이 자주 나옵니다. 직무역량 면접은 직무에 대한 열정과 준비도를 체크하는 유형으로, 회사마다 세부 진행 방식이 다릅니다. 직무에 필요한 전공지식을 체크하거나 직무를 수행하면서 생기는 상황을 가정해 대처 방안을 묻거나 직무담당자 역할을 주고 롤플레잉 방식의 면접을 진행하기도 합니다.

PT 면접은 기존 진행 방식 외에 IB형 PT 면접을 보는 기업이 늘었습니다. IB형 PT 면접은 인바스켓(In-basket)과 프레젠테이션을 합친 것으로, 과제해결 과정을 발표하는 면접 유형입니다. 토론 면접은 보통 찬반 토론이나 토의로 진행되는데, 과거에는 주로 찬반으로 나뉘어 상대방을 설득하는 방식이었다면, 최근에는 주어진 주제에 대한 의사 결정을 하고 합의를 해내는 회의식 면접 방식이 늘었습니다. 새로운 면접 유형은 기본적인 면접 유형을 복합적으로 응용하여 지원자의 역량을 교차 검증하는 경우가 많으므로 기본적인 면접 유형을 깊이 있게 이해한 다음 회사별 면접 특징을 더해 준비하시기 바랍니다.

03 공기업 면접과 대기업 면접, 무엇이 다른가?

"해당 직무역량을 갖추기 위해 어떤 준비를 했나요?" 이 질문은 공기업 면접과 대기업 면접에서 자주 나오는 질문입니다. 공기업과 대기업 모두 직무 중심 채용을 하기 때문이죠. 구조화된 면접 방식을 활용한다는 점도 공기업 면접과 대기업 면접의 공통점입니다. 면접 절차와 평가 기준을 표준화하고 정해진 질문을 바탕으로 면접을 진행하기에 평가 공정성과 타당도가 높습니다.

공기업 면접과 대기업 면접의 차이점은 크게 4가지로 볼 수 있습니다. 먼저 인재상입니다. 대기업은 수익성을 추구하는 지원자를 선호한다면, 공기업은 공공성과 함께 수익성·효율성을 추구하는 지원자를 선호합니다. 공기업 면접에서는 정부정책과 기관 사업 방향에 대한 조사와 이해가 필요하다면, 대기업 면접에서는 기업의 수익 창출방법과 지속 가능 경영을 위해 어떻게 기여할 것인지에 대한 고민이 필요합니다.

두 번째는 대기업과 비교해 공기업 면접전형이 상대적으로 정형화되어 있다는 점입니다. 대부분의 공기업이 면접전형을 직무수행능력 면접과 직업기초능력 면접으로 구분하고 있습니다. 직무수행능력 면접은 일대다로 진행하며 직무수행에 요구되는 지식과 기술을 평가합니다. 직업기초능력 면접은 다대다 조별 면접으로 진행하며, 직업인이 갖추어야 할 태도와 인성을 평가합니다. 보통 10가지 직업기초능력 중 의사소통능력, 문제해결능력, 조직이해능력, 직업윤리 등을 중점적으로 평가합니다. 반면 대기업은 기업마다 면접 방식이 다르기 때문에 맞춤형 대비가 필요합니다.

세 번째는 '블라인드' 적용 범위입니다. 모든 공공기관은 블라인드 채용을 진행하고 있습니다. 나이, 성별, 출신지, 출신학교 등 직무와 관련 없는 인적사항을 배제하고 외부 면접관 구성 비율을 높였습니다. 지원자 정보 블라인드뿐만 아니라 면접 당일 추첨을 통한 면접관 무작위 조 편성, 지원자 면접 티셔츠 제공 등 공공기관은 채용 공정성과 투명성을 높이기 위해 노력하고 있습니다. 대기업에서도 블라인드 면접을 진행하는 경우가 있지만, 지원자 정보 공개 범위가 다르므로 공기업 면접에서 특히 이런 점을 주의하시기 바랍니다.

네 번째는 윤리의식을 확인하는 질문입니다. 공기업 면접은 윤리의식을 평가하기 위한 질문이 자주 나옵니다. "상사가 비윤리적인 업무 지시를 한 경우 어떻게 행동할 것인가?", "건설시공사 직원이 부모님께 선물을 주고 갔다면 어떻게 할 것인가?", "손해를 감수하고 원칙을 지켰던 경험은 무엇인가?", "공사의 이익과 고객의 이익이 상충될 때, 어떻게 판단하고 행동하겠는가?"와 같은 질문으로, 윤리 질문에 대한 답은 공공기관 윤리경영 기준을 참고하는 것이 좋습니다.

04 블라인드 면접이란?

"가장 감명 깊게 읽은 책은 무엇입니까?" 이 질문은 제가 취업 준비생이었을 때 한 기업 면접에서 받았던 질문입니다. 당시에는 면접에서 취미, 가족소개를 묻는 경우가 많았지만 블라인드 면접에서는 이런 질문을 할 수 없습니다. 지원자의 개인정보 관련 질문을 금지하고 있기 때문입니다. 블라인드 면접은 지원자의 인적사항과 스펙에 대한 정보를 삭제한 상태에서 지원자의 직무능력을 평가하는 방식입니다. 직무 중심으로 면접을 진행하다 보니 일반행정 부문에 공학 전공자가 합격하거나 기술 직무에 인문계열 전공자가 합격하기도 합니다. 그만큼 해당 분야에 맞는 직무역량과 인성이 강조된다는 것을 알 수 있습니다.

블라인드 면접에서 가장 중요한 평가요소는 무엇일까요? 바로 '직무능력'입니다. 직무기술서는 면접 평가 기준의 기본으로, 면접 질문의 바탕이 되니 가장 먼저 살펴봐야 합니다. 채용 분야 직무기술서를 읽고 필요한 직무능력을 파악한 다음 자신이 해당 분야 적임자임을 강조해야 합니다. 지식과 기술, 태도 항목에서 자신의 강점을 세부적으로 제시하고 부족한 점은 어떻게 보완할 것인지 정리해 보세요.

다음으로 직무 관련 스토리입니다. 면접관은 언제, 어디서 직무능력을 쌓았는지 궁금해합니다. 예를 들어 행정직 지원자가 시청 아르바이트를 했다면 아르바이트를 선택한 이유와 담당 업무, 업무에서 어려웠던 점과 극복방법 그리고 그 과정에서 무엇을 배웠는지를 질문할 것입니다. 예상할 수 있는 기본적인 면접 질문은 미리 답변을 준비해야 합니다.

블라인드 면접에서 유의할 점은 면접장에서 개인정보를 언급하지 않는 것입니다. 블라인드 면접에서는 기본 지침을 명확히 따라야 합니다. 해당 기관에서 인턴이나 계약직으로 근무한 경험이 있을 때 기관명을 공개하지 말라는 안내를 하는 곳도 있으니, 오리엔테이션에서 안내하는 개인정보 공개 지침을 명확히 따라주세요. 특히 자기소개할 때 버릇처럼 이름을 말하는 것을 주의해야 합니다. 명찰에 적힌 일련번호가 당신의 이름을 대신합니다. "안녕하십니까, 15번입니다."라고 말하거나 자신을 번호로 소개하는 것이 어색하다면 "안녕하십니까, 저는 직무역량을 키우기 위해 ~하는 노력을 했습니다."와 같이 자신을 소개하는 것도 좋습니다.

05 신입/경력/인턴 면접, 무엇이 다른가?

신입사원과 경력사원, 인턴사원의 면접에는 어떤 차이가 있을까요? 회사가 각각의 사원에게 기대하는 역할에 그 답이 있습니다. 경력사원은 입사하자마자 자기 몫을 해내야 합니다. 그동안 쌓은 업무 노하우와 인적 네트워크 등을 활용해 업무 성과를 내는 것이 중요하므로 경력직 면접에서는 자신의 이력을 요약 발표하는 경우가 많습니다. 경력사원은 채용공고를 보며 맞춤형 준비를 할 수 있습니다. 수행 업무와 우대사항을 살펴보고 그에 맞춰 답변을 준비해주세요. 과거 지원 분야와 유사한 업무를 수행한 경험이 있는지 살펴보고 역할과 기여도, 대표 성과를 정리해주세요.

신입사원은 업무 습득력이 중요하므로 면접에서 자신이 모든 것을 갖춘 인재라고 주장하면 회사 입장에서는 부담스러울 수 있습니다. "회사를 이끌겠다." 같은 포부도 어울리지 않습니다. 성과를 내기 위해 조직문화에 잘 적응하고 배우겠다는 의지와 자세가 필요합니다. 예를 들어 현장실습 경험이 있다면 "혼자서 목표 대비 200% 이상 매출을 올렸다."는 완성형 스토리보다 "작은 실수를 통해 무엇(핵심 가치 혹은 인재상)이 중요한지 깨닫고 개선하기 위해 노력(구체적인 사례)하여 성장했다."라는 발전형 스토리가 더 진솔하게 느껴집니다. 직무에 관심을 두게 된 계기와 해당 직무를 담당하기 위해 어떤 노력을 기울였는지 답변을 준비해주세요.

인턴은 채용형 인턴인지 체험형 인턴인지에 따라 면접 접근 방식이 다릅니다. 인턴 종료 후 정규직 전환 평가를 거치는 채용형 인턴 면접은 신입사원 면접과 동일하게 준비하면 됩니다. 체험형 인턴은 좀 더 힘을 빼고 준비하는 것이 좋습니다. 말 그대로 체험하며 배우는 것이므로 자신만의 학창시절 경험담, 직장생활에 대한 각오를 보여주세요.

채용형태별로 회사에서 요구하는 바가 조금씩 다르지만, 공통적인 요구사항도 있습니다. 바로 '조직적합성'으로, 지원자의 애사심과 자부심은 모든 직장인에게 공통으로 요구됩니다. 어떤 위치에서 면접을 보든 지원하려는 기업의 비전과 동향, 사업 내용을 살펴보며 해당 기업에서 희망 직무 담당자가 어떤 역할을 하는지 명확히 파악하세요. 자신의 경험을 소개하는 것에 그치지 않고 입사 후 자신의 능력을 어떻게 발휘할지 구체적으로 답변하는 것이 중요합니다.

PART

최종 합격을 위한
면접 성공 전략 10가지

01 면접 D-7, 효율적으로 시간 쓰기

면접을 일주일 앞둔 지금 면접 준비를 어떻게 시작해야 할지 궁금해하는 여러분을 위해 시간을 효율적으로 쓸 수 있는 면접 준비방법을 소개해드립니다.

D-7

먼저 면접전형을 살펴보세요. 기존 후기를 보면서 어떤 방식으로 진행하는지 꼼꼼하게 살펴보고 준비사항에 대해 세부적인 계획을 세워보세요. 안내 메일도 다시 한번 확인하여 면접 일정과 장소, 복장, 제출 서류 등 필요한 내용을 꼼꼼하게 확인하세요.

D-6

경험 면접, 상황 면접은 물론 PT 면접 등 면접 유형별 기출 문제를 찾아 답변 방향을 정리하세요. (p.271에 있는 PART 5 '20대 대기업·20대 공공기관 면접 기출 질문 리스트'를 활용하실 수 있습니다.) '주 52시간 근무제 도입에 따른 생산성 하락 대응 방안'처럼 시사상식을 바탕으로 한 질문도 자주 나오니 기사와 사설을 읽으며 시사 이슈의 흐름을 파악하세요.

D-5

지원한 기업 관련 공부를 시작하세요. 기업 사이트를 보며 가볍게 사업 내용을 이해하고 사업보고서와 시장보고서, 최신 기사 등을 보면서 시야를 넓힙니다. 공공기관 지원자라면 NCS 직무기술서를 살펴보고, 대기업 지원자라면 선배 직무 인터뷰를 반복해서 읽어보세요. 직무 용어에 익숙해질수록 면접에서 유리합니다.

D-4

지원한 기업 서류전형에 제출했던 자기소개서를 다시 한번 꼼꼼히 읽어보세요. 여러 회사를 지원하다 보면 자신이 쓴 내용을 기억하지 못하는 경우가 생깁니다. 자기소개서 문항을 통해 회사가 중요하게 생각하는 역량을 확인하고 면접에 나올 수 있는 예상 질문을 뽑아보세요. 모의 면접은 필수입니다. 스터디를 해도 좋고 혼자 질문하고 답변하는 방식도 괜찮습니다. (스터디를 진행할 경우 p.324의 '모의 면접 평가표'를 활용하실 수 있습니다.)

D-3

자기소개, 지원동기처럼 자주 나오는 질문은 답변을 확실히 준비해둬야 합니다. 자기소개는 두 개 버전으로 정리하고 촬영이나 녹음을 하면서 자연스럽게 말이 나올 때까지 연습해주세요. 거울 보면서, 대중교통을 이용할 때, 걸어 다니면서 반복적으로 연습하면 자신감이 커집니다.

D-2

직접 찾아가는 노력도 필요합니다. 지원 분야에 따라 본사나 공장, 매장 등 현장 분위기를 느낄 수 있는 곳을 방문해보세요. 선배 직장인을 만난다면 신입사원이 갖춰야 할 자세나 필요한 직무역량, 최근 회사 이슈 등에 대해 조언을 구하세요. 집중적으로 관찰하는 것도 좋은 방법입니다. 각종 게시물, 직원들의 표정 등을 보며 열의를 다지고 면접 때 전달할 메시지를 다듬으세요.

D-1

자, 다시 처음으로 돌아갑니다. 그동안 준비한 것을 차근차근 정리하세요. 자주 나오는 질문을 한 번 더 연습하고 회사를 방문하며 느낀 점을 떠올려보세요. 준비물은 빠짐없이 챙기셨죠? 이제 면접에서 여러분의 연정을 자신 있게 보여주시기를 바랍니다.

합격 꿀 Tip

서류전형 합격 후 면접까지 보통 길게는 한 달에서 짧게는 일주일 정도의 면접 준비 시간이 주어집니다. 주어진 시간을 모두 면접 준비에 활용할 수 있도록 미리 계획을 세워 단계별로 면접을 준비하는 것이 좋습니다.

02 합격하는 사람들의 공통점 파악하기

"우리 회사와 직업에 대해 깊게 고민한 지원자와 전문적인 대화를 나누고 싶습니다."
한 대기업 면접관이 인터뷰에서 한 말입니다. 면접 합격자들은 지원한 기업에 대해 열
심히 공부했다는 공통점이 있습니다. 한번 생각해볼까요? 면접관이 "우리 회사가 집중
해야 할 해외 수출국을 꼽고 그 이유를 말하라."는 질문을 했습니다. 면접 전 해당 산
업 협회에서 발행한 '해외 주요 시장 및 정책 동향' 보고서를 읽고 자신만의 생각을 정
리한 지원자라면 쉽게 답변할 수 있겠죠. 정확한 숫자나 정책은 기억나지 않더라도 이
해한 내용을 바탕으로 자신만의 이야기를 할 수 있을 것입니다. 반면 준비를 하지 않은
면접자에게 이런 질문은 부담스러울 수밖에 없습니다.

그렇다면 어떻게 준비해야 할까요? 무작정 인터넷에 지원한 회사를 검색하면 많은 정
보가 쏟아져 나옵니다. 효율적인 면접 준비를 위해 필요한 정보부터 전략적으로 찾아
보세요. 산업 특성 및 전망, 국내외 경제 동향, 경쟁업체 장단점, 경쟁우위 전략은 반드
시 알아야 할 정보입니다. 잘 정리된 시장보고서에는 이 정보들이 모두 담겨 있으니 잘
찾아봐야 합니다.

다음에는 대표적인 사업 부문을 한두 개 골라 사업특징을 공부하세요. 대표 인터뷰나
신년사를 보면 기업의 집중 사업 분야를 파악할 수 있습니다. 사업에 대해 파악했다면
직무별로 집중적인 공부가 필요합니다. 생산관리 지원자라면 사업소별 다루는 품목·
생산실적·가동률을, 영업 지원자라면 사업 부문별 매출실적·판매 경로·판매 전략을
살펴보는 거죠. 연구개발 분야는 연구과제별 결과 및 기대 효과를, 구매 분야는 원재료
매입 유형·매입액·원재료 가격변동 추이 같은 정보를 확인해야 합니다.

수집한 자료들을 모두 외우려 하지 말고 편하게 읽은 후 이해한 내용을 A4용지 반 페이지 정도 적어보세요. 구체적이고 정확한 수치가 아니더라도 자신의 언어로 기업과 직무에 대해 이야기할 수 있다면 충분합니다.

합격 꿀 Tip

기업 정보는 전자공시시스템에서 사업보고서를 다운받거나 산업별 협회 홈페이지에서 이슈보고서를 검색하면 찾을 수 있습니다. 또한 기업 홈페이지, 대표 블로그, 공식 유튜브 채널 등 다양한 방법을 통해 기업 정보를 얻을 수 있습니다.

03 면접관을 사로잡는 스피치하기

면접은 보통 10~20분 정도 진행되며 이 시간은 면접 준비에 들인 노력을 모두 보여주기에 부족하기만 합니다. 부족한 면접 시간을 최대한 활용하기 위해 필요한 스피치 기술은 바로 두괄식으로 짧게 핵심만 말하는 것이죠. 여기서 '핵심'은 질문에 대한 답입니다. 의외로 면접자들이 면접관의 질문 포인트를 놓치는 경우가 많습니다. 질문을 끝까지 듣지 않고 미리 답변을 생각하다 보니 생기는 실수입니다. 예를 들어 "어떻게 그 문제를 해결했는가?"라는 질문을 받으면 '그 문제'가 아닌 '어떻게 해결했는가'에 초점을 두고 답변해야 합니다. "그 문제는 무엇이고 왜 생겼으며 그래서 어떻게 했습니다." 가 아닌 "네트워크 자원을 활용해 문제를 해결했습니다."와 같이 물어본 것을 먼저 답하는 연습이 필요합니다.

자신의 경험을 소개할 때는 맡은 역할과 역할수행을 강조하는 것이 좋습니다. 배경이나 상황을 자세히 설명하거나 성과만 내세우는 것은 피하세요. 답변 시간은 보통 20초 내외가 좋은데, 20초 분량이라면 145~155글자(공백 포함)를 말하는 것이 적절합니다. 이때도 '자세히', '짧게', '1분', '지원동기를 넣어서' 등 면접관의 질문 포인트에 집중해 주세요. 4P(Pause, Power, Pitch, Pace), SDS(Summary-Detail-Summary), Yes-But(먼저 인정한 다음 대안 제시하기) 등 다양한 스피치 기법이 있지만, 가장 중요한 것은 자연스럽게 말하는 것입니다. 롤모델이 있으면 좀 더 연습하기 수월하겠죠. 기업별 공식 유튜브 채널을 보면 입사 선배들의 노하우를 담은 영상이 많이 올라와 있습니다. 영상을 보며 말하기 속도와 억양, 목소리 톤을 따라 하다 보면 면접에 어울리는 스피치를 할 수 있을 것입니다.

합격 꿀 Tip

4P는 메시지 전달 효과를 높이기 위해 목소리를 변화시키는 스피치 기술입니다. 목소리 볼륨에 변화를 주고(Power), 목소리 높낮이를 활용하고(Pitch), 목소리 속도를 조절하고 (Pace), 잠시 멈추는(Pause) 4P를 적절하게 활용하면 면접에서 답변 시 전달력을 높일 수 있습니다.

04 다대다 면접과 다대일 면접에 대응하기

면접은 면접관과 면접자 수에 따라 다대다 면접과 다대일 면접으로 나눌 수 있습니다. 면접관은 2명에서 많게는 6명까지 참여하는데, 어떤 면접관이 질문을 하든 모든 면접관이 모든 지원자를 평가합니다. 따라서 여러분은 모든 면접관을 신경 써야 합니다. 자연스러운 눈 맞춤은 필수이므로 면접관과 눈을 맞출 때는 5~7초 정도 충분히 바라보세요. 질문에 15초가량 답변을 한다면 질문한 면접관과 바로 옆 면접관을 바라보는 것이 좋습니다.

다대다 면접에서는 보통 공통 질문을 하므로 다른 면접자의 답변에 영향을 받지 않고 자신만의 답을 하는 것이 중요합니다. 예를 들어 롤모델에 대한 공통 질문이 나왔을 경우, 먼저 답변한 면접자들이 해외 유명 창업자를 언급했을 때 면접관이 고개를 끄덕이며 호응을 했다고 합시다. 면접관이 앞서 면접자의 답변에 긍정적으로 반응을 했다고 해서 여러분도 그 답변을 따라가는 것이 아니라 "제가 이 회사 홍보대사를 하면서 뵀던 OO 부서 OO 대리님의 적극성을 닮고 싶습니다."처럼 말한다면 더욱 센스 있게 다가옵니다. 다른 면접자들을 너무 의식하지 말고 자신만의 색깔을 보여주세요.

만약 먼저 답변한 면접자의 답변이 여러분의 답변과 비슷하다면 "저도 같은 생각입니다. 작년에 콘퍼런스에 참석했을 때 비슷한 경험을 한 적이 있습니다."처럼 사례를 들어 말하는 것이 좋은 방법입니다. 면접자 모두에게 답변 기회가 주어지면 가급적 먼저 손들고 말하는 것을 권합니다. 물론 답변이 정리되지 않은 상태에서 성급하게 손드는 것은 좋지 않습니다.

다대일 면접은 면접자가 한 명이기 때문에 좀 더 여유가 있습니다. 다대일 면접은 기업이 지원자를 깊이 이해하기 위한 것이므로 자신의 스토리를 구체적이면서 진솔하게 전달하는 것이 중요합니다.

합격 꿀 Tip

다대다 면접에서는 다른 면접자가 답변을 하고 있을 때의 경청 태도도 중요합니다. 답변 내용을 생각하느라 표정을 관리하지 못하거나 다른 면접자를 빤히 바라보며 지나치게 자주 고개를 끄덕이는 실수를 하는 경우가 있습니다. 다른 면접자가 말할 때는 부드러운 표정으로 경청을 하되 면접관의 눈을 바라보는 것이 좋습니다.

05 경험 면접에 대응하기

경험 면접(Behavioral Event Interview)은 지원자가 과거에 어떤 행동을 했는지 확인하는 면접 기법입니다. 과거의 행동(성과)이 미래의 행동(성과)을 예측하는 최선의 지표라는 것을 전제하고 있죠. 자신의 경험을 설명하는 것이기에 언뜻 쉽게 느껴지지만, 따로 준비하지 않으면 말문이 막힐 수 있습니다. 경험 면접 질문은 도입 질문과 후속 질문으로 나뉩니다. 도입 질문은 주로 자기소개서와 1분 자기소개를 바탕으로 하며, 후속 질문은 도입 질문에 대한 면접자의 답변을 바탕으로 합니다.

자주 나오는 질문을 선별하여 이에 대한 에피소드를 정리하세요. 질문 의도에 부합하다면 에피소드마다 답변 소재가 겹쳐도 괜찮습니다. 구체적인 질문이 궁금하다면 NCS 홈페이지(www.ncs.go.kr)를 방문하세요. '블라인드 채용-자료실-채용모델 면접 문항' 코너를 클릭하면 직업기초능력 10가지 분야별로 자주 나오는 경험 질문과 평가 도구를 찾아볼 수 있습니다.

경험 면접을 통해 면접관이 확인하고 싶은 것은 면접자의 구체적인 행동입니다. 무엇을 어떻게 했는지 꼬리에 꼬리를 물고 질문이 나오는 이유는 지원자를 판단하는 데 필요한 정보를 수집하기 위함이죠. 대답할 때는 추상적인 표현을 줄이고 구체적인 표현을 써야 합니다. "공구 매장 20곳을 직접 찾아가 제품의 장점을 소개하고 체험 기회를 제공했습니다.", "서울과 부산을 오가는 KTX에 탑승해 성능을 테스트했습니다."처럼 군더더기 없이 행동 중심으로 말하는 연습을 하는 것이 좋습니다.

자기소개서 내용을 숙지하는 것은 필수입니다. "자기소개서에 기재된 프로젝트에서 어떤 활동을 했는지 설명해주세요." 같은 질문이 나왔을 때 머뭇거리면 신뢰를 얻기 어렵겠죠. 대표 경험 별로 당시 상황과 역할, 노력, 결과, 배운 점 등은 반드시 준비를 해야 합니다.

합격 꿀 Tip

아래의 경험 면접 대표 질문 세 가지는 꼭 답변을 미리 준비해주세요.
- 창의적으로, 주도적으로, 자발적으로 문제를 해결했던 경험
- 다양한 팀원들과 함께 프로젝트 진행 시 갈등 상황이 발생했을 때 대처했던 경험
- 조직의 원칙과 절차를 준수하여 업무 성과를 향상한 경험

06 상황 면접에 대응하기

경험 면접이 과거 행동을 평가한다면, 상황 면접은 미래 상황판단을 통해 역량을 확인하는 면접 방식입니다. 입사 후 생길 수 있는 다양한 상황에서 지원자의 대처방법을 묻는 것이죠. 상황 면접은 크게 조직적합성 질문과 직무이해능력 질문으로 나뉩니다. "상사와 갈등이 생겼을 때 어떻게 대처할 것인가?", "가족여행과 회사 행사가 겹쳤을 때 무엇을 선택할 것인가?" 같은 질문은 조직적합성을, '민원담당자의 입장에서', '행사기획자라면' 같은 가정은 직무이해능력을 판단하는 질문입니다.

양자택일형 질문에 답변할 때는 선택 자체보다 선택한 이유에 대한 논리적이고 합리적인 근거가 중요합니다. 예를 들어 한국철도공사 면접에서 "공공성과 수익성 중 무엇이 더 중요한가?"라는 질문을 받는다면 다음과 같이 선택한 것과 선택한 이유를 명확히 설명해주세요.

> ① "철도의 본질은 공공성입니다. 국민 모두 안전하고 편리하게 열차를 이용할 수 있도록 국민 편익 증진에 힘써야 한다고 생각합니다."
> ② "철도가 안정적으로 대국민 서비스를 하기 위해서는 지속 가능한 성장동력을 확보해야 하므로 다각적인 수익 창출 방안을 고민해야 합니다."

상황 면접도 준비할수록 경쟁력이 높아집니다. 예를 들어 "거래처에서 비싼 선물을 할 때 어떻게 대처하겠는가?"라는 질문에 "마음만 받고 선물은 감사 편지와 함께 되돌려 드리겠습니다."라고 말하며 눈에 띄기 어렵죠. 이때 "○○ 회사 홈페이지 윤리경영 자료실에서 CEO 청렴 메시지를 본 적이 있습니다. 저 역시 윤리 기준을 준수하는 디자이너가 되겠습니다." 같은 내용을 덧붙이면 어떨까요? 윤리 행동 지침, 관련 법령을 살펴보세요. 회사 홈페이지에 많은 보물이 있답니다.

합격 꿀 Tip

업계 현안과 문제점을 파악하면 상황 면접 질문을 예상할 수 있습니다. 회사 내 안전 이슈가 있다면 안전의식을 키울 방안을, 수익 창출 방안을 찾고 있다면 상품 홍보 방안을 고민해 보는 거죠. 업계 이슈는 기업 대표 신년사와 취임사, 기획 기사, 인터뷰 기사, 포럼 주제 등을 통해 파악할 수 있습니다.

07 창의성 면접에 대응하기

창의성 면접은 창의적이고 논리적인 지원자를 뽑고자 시행하는 면접 방식입니다. 새로운 가치를 창출하기 위해서는 창의적으로 생각하고 혁신적으로 실행해야 합니다. 창의성 면접을 진행하는 대표적인 기업에는 삼성그룹이 있습니다. 면접으로 지원자의 독창성과 유연성을 평가하는 만큼 면접 질문도 독특합니다. "음식을 흘리면서 먹는 버릇 때문에 흰옷을 입지 못하는 사람이 몇 년 뒤 흰옷을 마음대로 입게 되었다면, 어떤 기술이 개발되어서일까?" 같은 질문이 그 예입니다.

이외에도 교통사고를 줄일 수 있는 창의적인 방안, 에너지 효율을 높일 방안, 맞벌이 부부의 육아에 도움이 될만한 기술 등 다양한 주제의 질문이 출제됩니다. 삼성 인사담당자는 "면접자들의 아이디어가 서로 비슷한데, 그중에서 남다른 관점으로 획기적인 답변을 하는 지원자를 보면 '저 사람이랑 일하고 싶다'는 생각이 든다."고 말했습니다.

단기간에 창의적 사고능력을 키우기는 어렵지만 몇 가지 도구를 활용하면 면접을 대비하는 데 도움을 얻을 수 있습니다. 트리즈(TRIZ)는 많은 기업 면접에서 활용되는 창의적 문제해결 방법론으로, 주어진 문제에 대한 가장 이상적인 결과를 정의하고, 이를 얻는 과정에서 생길 수 있는 근원적 모순을 찾아 해결하는 사고원리를 말합니다. 트리즈의 핵심은 분할·역방향·곡선화·진동 등 40가지 발명원리입니다. 트리즈가 다소 어렵다면 스캠퍼 기법을 추천해 드립니다.

스캠퍼(SCAMPER)는 대체(Substitute), 결합(Combine), 응용(Adapt), 확대(Magnify) 또는 축소(Minify), 다른 용도로 사용(Put to other Uses), 제거(Eliminate), 재구성(Reverse) 7개의 영어 단어 앞 글자를 따서 지은 말로, 아이디어를 촉진하는 데 유용한 질문기법입니다. 스캠퍼와 트리즈로 다양한 아이디어를 얻었다면 PMI 기법을 활용해 아이디어를 다듬어주세요. PMI는 에드워드 드 보노(Edward de Bono)가 생각한 창의적 사고기법으로, 제안된 아이디어의 장점(Plus), 단점(Minus), 흥미로운 점(Interesting)을 다각적으로 살펴봄으로써 최선의 아이디어를 결정하는 데 도움을 줍니다.

합격 꿀 Tip

창의성 면접은 발표와 함께 질의응답으로 이뤄집니다. 준비 시간 동안 아이디어를 내는 데 그치지 말고 자신이 제시한 해결 방안에 면접관이 어떤 질문을 할지 생각하세요. 논리적 비약이 없는지 살펴보고 세부적 실행 방안도 고려하시기 바랍니다.

08 합숙 면접에 대응하기

인재를 채용하는 일은 참 어렵습니다. 대인관계 능력을 어필했던 지원자가 조직에 적응하지 못해 힘들어하고, 애사심을 강조했던 지원자가 몇 달 만에 회사를 그만두기도 합니다. 면접 시간은 지원자뿐만 아니라 면접관에게도 지원자를 파악하기에 짧은 시간입니다. 기업은 지원자의 진짜 모습이 궁금합니다. SK텔레콤, 포스코, KT&G, 캠코 등의 기업이 합숙 면접을 하는 이유는 여기에 있습니다. 지원자들은 연수원에서 1박 2일 또는 2박 3일 합숙을 하며 다양한 방식으로 면접을 치릅니다. 프로그램은 회사마다 다르지만 보통 개별 면접, 개인 과제, 팀 과제, 협상 면접, 게임 면접, 체육 활동으로 구성됩니다. 레크리에이션을 통해서도 지원자의 협동심과 사회성을 평가할 수 있으므로 합숙 면접의 모든 프로그램은 적극적으로 임하는 것이 좋습니다.

합숙 면접은 팀워크가 중요합니다. 개인 과제와 팀 과제가 동시에 주어질 때 개인 과제만 신경 쓰는 것은 감점 요소입니다. 자신의 강점을 어필할 시간은 충분하므로 조바심내지 말고 자신의 장점을 자연스럽게 보여주세요. 선배 사원이 조별 멘토 역할을 하는 경우 선배 사원에게 적극적으로 질문하세요. 과제의 취지를 묻고 회사생활에 대한 정보를 얻거나 다양한 조언을 얻을 수 있습니다.

합숙 면접은 과제가 많고 일정도 타이트한 편입니다. 의사소통능력, 화합능력은 물론이고 생활 태도까지 모두 평가하므로 시간이 지날수록 피곤함이 몰려올 것입니다. 그럴수록 컨디션 관리가 중요합니다. 면접 첫째 날과 둘째 날 태도가 다르면 신뢰를 얻기 어렵습니다. 끝까지 집중하면서 다른 조원들과 면접을 즐기세요. 신입사원 연수를 받는다고 생각하면 어떨까요?

09 면접 당일 마인드 셋하기

많은 운동선수들이 불안과 긴장을 줄이고 자신감을 키우기 위해 '루틴'을 갖고 있습니다. '루틴'이란 경기에서 최상의 기량을 보여주기 위한 습관적 행동으로, 자신만의 심리 훈련방법입니다. 우리도 면접 합격을 위해 루틴을 만들면 어떨까요? 중요한 순간에 자신감을 불어넣어 주었던 사람에게 전화를 걸고, 응원 메시지를 찾아보며 기분 좋은 하루를 시작하세요. 오늘은 여러분이 손꼽아 기다려온 면접일입니다. 여기까지 온 자신에게 자부심을 가지세요.

신분증과 필기도구는 미리 챙기셨죠? 대기 시간이 길어질 수 있으니 이 책과 준비한 자료도 챙기시기를 바랍니다. 아침은 꼭 챙겨 드세요. 배고프면 집중력이 떨어질 수 있으니까요. '하고 싶은 말은 다 하고 오자.'라는 목표를 세우면 마음이 좀 더 편안해질 것입니다.

면접장까지 이동하는 동안 자주 나오는 질문 5가지를 소리 내 답변해보세요. 무엇보다 자기소개가 가장 중요합니다. 면접 초반 1~2분을 잘 넘기면 그다음부터는 면접을 좀 더 수월하게 볼 수 있습니다. 면접장과 면접관이 익숙해지면 심리적으로 더 편안함을 찾을 수 있습니다. 홈페이지에서 임원진 사진을 보고 잠시 후 만날 상황을 상상해보는 것도 좋습니다. 한 지원자는 면접관과 익숙해지기 위해 휴대폰 바탕화면을 지원 회사 사장님 사진으로 해놓았는데, 임원 면접 때 익숙한 사장님을 만나니 연예인을 보는 것처럼 반갑고 편한 마음이 들었다고 합니다.

면접장은 물론 대기실에서도 신경을 써야 합니다. 대기실 태도가 좋지 않으면 감점이 될 수 있으니까요. 주변 지원자와 가볍게 인사를 나누면 긴장을 푸는 데 도움이 됩니다. 면접을 볼 때는 모든 상황에 일희일비하지 마세요. 모르는 것은 잘 모른다고 말하되, 아는 것은 자신 있게 말하면 충분히 매력을 보일 수 있습니다. 면접 시간이 길어져도 집중력을 잃지 말아야 합니다. 바닥을 보거나 다리를 떨거나 두리번거리지 말고 이 시간을 충분히 즐기시길 바랍니다.

합격 꿀 Tip

면접에서 중요한 것은 지식을 과시하는 것이 아니라 가진 지식을 자신만의 방식으로 어떻게 업무에 적용할지를 보여주는 것입니다. 면접 당일까지 외우지 못한 답변이 있다고 해서 긴장하지 말고 아는 내용을 최대한 자신만의 방식으로 표현할 수 있도록 집중하세요.

10 실패 없이 스터디 활용하기

몇 년 전부터 정부 교육기관에서 취업 강의를 하고 있습니다. 이 교육은 하루 8시간씩 진행되는 데도 교육생 중 상당수가 교육이 끝난 후 자발적으로 스터디 모임을 합니다. 스터디하는 교육생은 대부분 열정적이고 그만큼 원하는 기업에 합격하는 비율도 높은 편입니다. 스터디는 장점이 많은 활동입니다. 채용전형에 맞춰 몇 달 동안 장기 스터디를 할 수 있고 면접전형에 맞춰 며칠간 단기 스터디를 할 수도 있는데요, 기간별로 스터디를 어떻게 활용하는 것이 좋을까요?

장기 스터디는 처음부터 세부적인 규칙을 정하는 것이 좋습니다. 시작할 때는 의욕적으로 뭉치지만, 중간에 이탈자가 생기면 분위기가 흐려질 수 있습니다. 스터디 기간에 합격자가 생기는 것 역시 다른 학생들에게 영향을 줄 수 있으니 스터디 기간에 생길 수 있는 다양한 상황을 고려해 규칙을 정하는 것이 필요합니다. 스터디원 모두의 생각이 반영될수록 참여율이 높아지겠죠. 상황마다 세부적으로 항목을 나눠 규칙을 정하고 공유하세요. 모든 구성원에게 역할을 주면 책임감을 느끼고 참여하는 데 도움이 됩니다. 자기소개서, 면접, 필기시험, 시사상식 등으로 파트를 구분하거나 요일별로 리더를 정하는 것도 좋은 방법입니다.

면접 준비를 위해 단기 스터디를 할 때는 유형별로 파트를 나누는 것이 좋습니다. AI 면접, 인성 면접, 직무 면접, PT 면접 등 자주 나오는 면접 유형을 나눠 담당자를 정한 후 정보를 수집하고 실전에 들어가는 것이 좋습니다. 스터디원도 고려해야 합니다. 회사와 직무가 동일한 지원자와 함께 스터디하면 기업과 직무 정보를 많이 공유할 수 있다는 장점이 있으나 과도한 경쟁심이 생길 수도 있습니다. 반면 직무가 다른 경우는 직무 정보를 얻기 어렵다는 단점이 있지만, 경쟁자가 아니므로 서로를 위해 피드백할 수 있다는 장점이 있습니다. 시간이 며칠 남지 않았으니 자신의 상황에 잘 맞는 스터디에 참여하는 것을 추천합니다.

합격 꿀 Tip

영업점 방문, 직무 선배 인터뷰, 애플리케이션 활용 등 스터디원들과 함께 다양한 경험을 해보세요. 매장을 방문한다면 매출액 등을 기준으로 세 곳 매장을 골라 주중, 주말 등 요일이나 시간대별로 몇 차례 방문하세요. 팀원들과 함께 인상적인 점과 개선할 점을 비교하면 시야가 더 넓어질 것입니다.

PART

아는 만큼 보이는
핵심 면접 유형 5가지

01 AI 면접

1. AI 면접이란?

AI 면접은 지원자의 무의식적 반응과 성향을 분석해 역량을 판단하는 온라인 기반 면접입니다. 기업 재직자의 성과 데이터 및 AI 면접 결과 데이터 등을 기반으로 응시자의 미래 성과를 예측할 수 있습니다. 국민은행, 한미약품, 한국토지주택공사, 한국자산관리공사 등 많은 기업이 AI 면접을 진행하고 있습니다. AI 면접 영상을 검토한 후 면대면 면접 시 참고자료로 활용하거나 또는 예의에 어긋나거나 상식 밖의 답을 하는 지원자는 사전에 불합격시키기도 합니다.

2. AI 면접 특징

AI 면접은 사전 준비를 제외하면 보통 60분간 진행됩니다. AI 면접에서 공통 질문(자기소개·지원동기·장단점)과 성향체크는 기존 면접 및 인성검사와 비슷하며 역량게임은 AI 면접에서만 볼 수 있는 독특한 유형입니다. 지원자가 지원 직무에 따라 공 옮기기, 무게 맞추기, 카드 뒤집기, 방향 맞추기 등 10가지 게임을 진행하면 게임 결과를 통해 지원자의 성향을 확인합니다. 예를 들어 카드 뒤집기 게임은 카드 선택에 따라 점수를 얻거나 잃을 수 있는데 지원자의 선택 패턴을 분석하면 안정성, 위험감수성 등의 성향을 파악할 수 있습니다. 지원자의 게임 응답과 검사 전반에 나타난 태도를 분석해 의사결정력, 정보활용유형, 집중력 등의 특성을 도출합니다.

개별 질문으로는 공통 질문과 성향체크, 역량게임을 바탕으로 한 지원자별 심층 질문이 나옵니다. "약속에 자주 늦는 친구에게 어떻게 말하겠는가?"와 같은 질문이 나올 수 있습니다. AI 면접이 끝나면 기업은 지원자의 면접 영상을 통해 직군 적합도, 응답 신뢰 가능성, 세부 역량 등을 파악할 수 있습니다.

3. AI 면접 준비방법

AI 면접은 미리 학습한다고 해서 점수를 올릴 수 있는 면접이 아닙니다. AI 면접은 정답률이 높은 고득점자 선발이 아닌 응답 패턴, 응시 속도 등 행동 데이터를 분석하여 사전에 지원자의 성향을 판단하는 것을 목적으로 하기 때문입니다. 예를 들어 풍선이 터지기 전 클릭을 해서 이익을 얻는 게임의 경우 풍선이 터진 후 어떤 반응을 했는지를 확인합니다. 낯선 면접 방식에 당황한 기색을 보이면 긍정적 평가를 받기 어려우므로 미리 AI 채용솔루션을 운영하는 기업 홈페이지와 다양한 동영상 자료를 통해 면접 진행순서와 진행방법을 살펴보는 것이 좋습니다.

AI 면접 안내 메일에 따라 준비물을 체크하고 유의사항을 꼼꼼히 확인하기를 바랍니다. 면접 전 PC, 웹캠, 마이크를 준비해야 하며, PC 내장 카메라와 내장 마이크를 사용해도 괜찮습니다. 온라인으로 진행하는 만큼 면접에서 권장하는 환경에 맞추지 않으면 오류가 생길 수 있으니 주의하세요. 기본적으로 유선 네트워크 사용을 권장합니다. AI 면접 결과를 회사에서 한 번 더 확인하므로 옷차림과 헤어스타일을 단정히 하는 것이 좋습니다.

성향체크를 할 때 긍정적인 답변만 하면 신뢰도가 낮게 나옵니다. 고성과자라고 해서 긍정적인 면만 갖추고 있는 것은 아니므로 있는 그대로 자신의 성향과 생각을 보여주는 것이 가장 중요합니다. 또한 말하는 내용보다 자연스러운 표정과 말투가 나올 수 있도록 신경써야 합니다. 카메라를 보고 말하는 것이 어색하다면 PC 화면을 보며 말하는 것도 괜찮습니다. 지나치게 긴장하면 자신감, 안정감 등의 점수가 낮게 나올 수 있고, 잘 보이기 위해 과한 모습을 보이면 작위적으로 보일 수 있으니 평소 모습 그대로 면접에 임하는 것이 좋습니다.

4. AI 면접 진행 과정

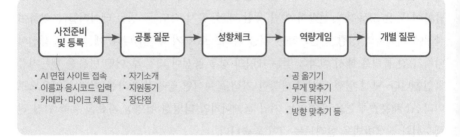

사전준비 및 등록	공통 질문	성향체크	역량게임	개별 질문
• AI 면접 사이트 접속 • 이름과 응시코드 입력 • 카메라·마이크 체크	• 자기소개 • 지원동기 • 장단점		• 공 옮기기 • 무게 맞추기 • 카드 뒤집기 • 방향 맞추기 등	

합격 꿀 Tip

AI 면접은 표정과 목소리, 자극에 대한 반응이 중요합니다. 얼굴 68곳의 변화와 목소리 톤·크기·속도 등을 분석해 표정과 감정 등을 파악하므로 감정적으로 불안정하거나 욕설·비속어를 사용한 경우 '신뢰 불가' 판정을 받을 수 있으니 주의하세요. HR 전문기업 마이다스인 공식사이트를 방문하면 AI 역량검사 백서(www.midashri.com/aicc)를 통해 자세한 정보를 얻을 수 있습니다. 잡다(www.jobda.im/acc/tutorial), 뷰인터(front.viewinter.ai) 사이트도 AI 면접을 체험하는 데 유용합니다.

02 인성 면접

1. 인성 면접이란?

인성 면접은 기업이 추구하는 가치와 조직문화에 적합한 인재를 뽑기 위한 면접입니다. 기업은 인성 면접을 통해 지원자의 인성과 태도를 평가하여 지원자가 기업에서 성장하고 발전할 수 있는 인재인지를 판단합니다. 그동안 많은 면접 유형이 새로 등장했지만 인성 면접은 모든 면접의 기본이자 가장 중요도가 높은 면접입니다.

2. 인성 면접 특징

다대다 면접이나 다대일 면접으로 진행합니다. 30분씩 개별 심층 질문을 하는 기업도 있지만 개인당 10분 정도 면접을 보는 경우가 많습니다. 기업에 따라 임원 면접은 물론 실무 면접에서도 인성을 평가합니다. 임원과 실무자(팀장, 부서장), 외부위원이 면접관으로 참여하기도 합니다. 기업 임원이 면접관으로 참여하면 주로 인성과 조직 적합도를 평가하고, 실무자가 면접관으로 참여하면 주로 인성과 직무 이해도를 평가합니다. 인성 면접에서 인성검사 결과를 참고하기도 합니다. 이런 경우 지원자의 인성검사 결과와 면접 질문에 대한 답변이 일치하는지를 확인하고, 지원자가 자신의 성향을 잘 알고 있는지, 검사 결과 부족한 점은 어떻게 보완하고 있는지 평가합니다.

인성 면접 질문은 경험 질문, 상황 질문, 돌발 질문 등 다양합니다. 예를 들어 고객 불만에 대처했던 경험(우리은행), 인생에서 가장 크게 이룬 성과(LG유플러스), 많은 공기업 중 한전을 선택한 이유(한국전력공사), 반도체에 관심을 두게 된 계기(SK하이닉스), 인턴생활을 하면서 다뤄본 분석기기 종류(한미약품), 전공과 다른 직무에 지원한 이유(삼성전자), 자연재해 발생 시 농협의 지원 대책 방안(NH농협은행) 등 다양한 질문이 나올 수 있습니다.

3. 인성 면접 준비방법

인성 면접에서 자신이 입사지원서에 기재한 내용을 숙지하는 것은 필수입니다. 예를 들어 입사지원서에 "통계 수업을 통해 빅데이터에 흥미를 느꼈다."라고 썼다면 해당 수업의 어떤 점에서 빅데이터에 흥미를 느꼈는지, 무엇을 배웠는지 질문할 수 있습니다. 이력서도 꼼꼼히 살펴봐야 합니다. 프로그램 활용에 능숙하다고 기재했다면 해당 프로그램 사용 목적과 주요 기능, 다룰 때 주의사항도 확인하는 것이 필요합니다. 전공, 인턴, 봉사활동, 동아리, 외부교육 등 개인 이력을 바탕으로 한 질문에 막힘없이 답할 수 있도록 준비해야 합니다.

면접전형까지 올라온 지원자의 역량은 대부분 비슷하므로 사소한 것 하나에 면접 결과가 달라질 수 있습니다. 따라서 공통 질문에 대한 답변을 확실하게 준비해야 합니다. 자기소개, 지원동기, 장단점, 회사 이슈, 마지막으로 하고 싶은 한 마디 등 필수 질문에 능숙하게 답변하지 못하면 좋은 결과를 얻기 힘듭니다. 성취 경험, 팀워크 경험, 갈등 사례 대처방법 같은 주요 스토리 질문도 반드시 정리하세요.

학교를 오래 다녔거나 공백 기간이 있거나 혹은 회사를 자주 옮기는 등 이력에 특이사항이 있다면 특이사항에 관해 설명할 수 있어야 합니다. "네, 맞습니다만 제 생각은 이렇습니다."라고 하는 'YES-BUT 화법'을 활용하면 압박 질문에 좀 더 유연하게 대처할 수 있습니다.

4. 인성 면접 진행 과정

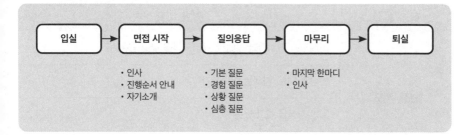

입실	→	면접 시작	→	질의응답	→	마무리	→	퇴실

- 인사
- 진행순서 안내
- 자기소개

- 기본 질문
- 경험 질문
- 상황 질문
- 심층 질문

- 마지막 한마디
- 인사

합격 꿀 Tip

자기소개 시 누구나 아는 표현이나 평범한 스토리는 면접관의 마음을 사로잡을 수 없습니다. 자신만의 구체적인 사례를 들어 소개하면 면접관에게 본인이 어떤 사람인지 어필할 수 있고 긍정적인 인상을 남길 수 있습니다.

5. 인성 면접 평가 기준

평가 항목	평가 내용
인성·태도	바람직한 가치관과 직업관, 윤리의식을 갖고 있는가?
	인상과 태도, 자세는 어떠한가?
	일반 상식을 갖고 있는가?
	입사 의지가 명확한가?
공통 역량	의사소통을 원활하게 하는가?
	자신감과 논리력을 바탕으로 의견을 표현하는가?
	대인관계능력은 어떠한가?
	고객지향 마인드가 있는가?
조직 적합성	회사 비전과 미션, 핵심가치를 이해하고 있는가?
	사업영역을 이해하고 기업문화에 잘 적응할 수 있는가?
	인재상에 부합하는가?
	업무에 대한 열정과 프로의식을 갖추었는가?
	입사 후 발전 가능성은 어떠한가?

* 위 평가 기준은 특별부록의 '모의 면접 평가표(p.324)'로도 수록하였으니 스터디에서도 활용하시기 바랍니다.

합격 꿀 Tip

답변 내용은 물론 태도와 자세도 신경 써야 합니다. 특히 인성 면접에서 예의는 필수이며 질문 의도에 맞춰 핵심만 간결하게 말하고, 대화하듯 자연스럽게 말하는 것이 중요합니다.

03 직무역량 면접

1. 직무역량 면접이란?

직무역량 면접은 직무에 대한 지식과 직무 적합도를 검증하는 면접입니다. 인성 면접이 주로 지원자의 과거 경험을 묻는다면 직무역량 면접은 앞으로 하게 될 업무에 대한 이해와 직무능력을 평가합니다.

2. 직무역량 면접 특징

주로 해당 분야의 팀장급 실무자들이 면접관으로 참여해 다대다 면접을 진행합니다. 직무이해 및 수행능력을 체크하는 면접이기에 직무 관련 질문이 나옵니다. 해당 직무를 선택한 이유, 해당 직무담당자가 갖춰야 할 역량, 직무 관련 경험처럼 기본적인 질문을 시작으로 딥러닝과 머신러닝의 차이(IT 서비스), 재고자산회전율의 정의(회계), 유체역학은 기구설계에 어떻게 작용하는지(R&D), 제품수명주기에 따른 마케팅 전략(마케팅)과 같은 직무에 필요한 기초 지식과 활용능력을 검증하는 질문을 합니다.

BGF리테일, 농협은행, IBK기업은행 등이 채택하고 있는 RP(Role-Playing) 면접은 직무역량을 확인하기 위한 면접 방식입니다. 업무 현장에서 생길 수 있는 가상의 상황에서 지원자의 대처 방식을 평가합니다. 예를 들어 점주 역할을 하는 면접관을 설득하거나 고객 역할을 하는 면접관에게 제품을 판매하는 과정에서 설득력과 논리력, 기업 제품에 대한 관심도를 평가할 수 있습니다.

3. 직무역량 면접 준비방법

직무역량 면접 전 전공지식과 직무 이슈를 정리해야 합니다. 연구개발, 회계 등 전공지식 중요도가 높은 분야는 전공서적을 보면서 전공지식을 이해하고 이를 업무에 어떻게 활용할 수 있을지 고민해주세요. 전공지식을 여러 직무 이슈에 적용하는 능력도 평가하므로 관련 분야 주요 이슈를 정리하고 입사 후 해당 이슈에 어떻게 대처할 것인지, 어떻게 개선할 것인지도 생각해야 합니다.

직무 특징도 명확히 파악해야 합니다. 예를 들어 제약회사 영업직에 지원한다면 제약영업과 타 업종 영업과의 차이를 묻는 것처럼 산업별 해당 직무 특징은 필수 질문입니다. "일반 영업은 불특정 다수를 고객으로 한다면 제약회사 영업은 의사와 약사를 대상으로 전문 영업을 하며 고객과의 평균 미팅 시간이 5분 내외로 짧기 때문에 고객이 짧은 시간에 관심 가질 만한 전문지식을 끊임없이 공부해야 합니다."처럼 구체적인 답변을 준비하세요.

RP(Role-Playing) 면접은 낯설더라도 상황에 맞는 자연스러운 표정과 말투는 필수이며 논리력과 설득력도 필요합니다. 직무 담당자가 해결해야 할 문제 상황에 무엇이 있는지 살펴보고 역할극 연습을 해야 합니다. 상황 자료가 주어지는 경우 데이터를 근거로 답변해야 합니다. 그래프와 표가 많이 들어 있는 시장 보고서를 보며 관련 내용을 빠르게 파악하는 연습도 필요합니다.

4. 직무역량 면접 진행 과정

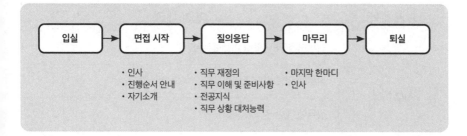

입실 → 면접 시작 → 질의응답 → 마무리 → 퇴실

- 인사
- 진행순서 안내
- 자기소개

- 직무 재정의
- 직무 이해 및 준비사항
- 전공지식
- 직무 상황 대처능력

- 마지막 한마디
- 인사

합격 꿀 Tip

직무 관련 회사 서비스와 시스템을 파악하는 것은 필수입니다. "우리 회사의 안전관리 시스템에 대해 알고 있는 것과 보완해야 할 점은 무엇인가?"와 같은 질문에 막힘 없이 답변하면 준비된 지원자라는 인상을 줄 수 있습니다. 이미 기업이 진행하고 있는 서비스를 아이디어로 제시하지 않도록 주의하세요.

PART 3

5. 직무역량 면접 평가 기준

평가 항목	평가 내용
직무 이해	직무 역할을 명확히 이해했는가?
	직무에 필요한 요구 역량을 파악하고 있는가?
	직무에 대한 열의가 남다른가?
	직무에 대한 포부가 구체적인가?
직무 전문성	직무에 필요한 지식을 갖추었는가?
	과거의 경력과 경험 등이 직무와 연관성이 있는가?
	업무수행능력이 뛰어난가?
	직무에서 필요로 하는 전문성을 지녔는가?
성장 가능성	직무수행을 위한 자질과 인성을 갖추었는가?
	직무에 대한 애정을 품고 있는가?
	책임감, 팀워크, 글로벌 역량을 갖고 있는가?
	미래지향적인 사고를 지녔는가?

* 위 평가 기준은 특별부록의 '모의 면접 평가표(p.325)'로도 수록하였으니 스터디에서도 활용하시기 바랍니다.

합격 꿀 Tip

업무를 효율적으로 처리하기 위해서는 체계적인 절차가 필요합니다. 업무 프로세스, 작업 순서도, 업무흐름도 등을 살펴보고 단계를 익히는 것은 물론 추가로 개선할 점도 고민해보세요.

04 PT 면접

1. PT 면접이란?

PT 면접은 지원자의 주제 발표 및 질의응답으로 진행하는 면접 방식입니다. 짧은 준비 시간에 주제에 대한 자기 생각을 정리하고 질문에 답변하는 과정을 통해 지원자의 역량을 평가합니다.

2. PT 면접 특징

PT 면접은 보통 면접관 2명과 지원자 1명의 다대일 면접입니다. 주어진 주제 중 하나를 선택하여 이에 대한 전공지식을 설명하거나 문제해결 방안 및 아이디어를 제시하는 방식으로 진행됩니다. 제품 마케팅 전략 수립, 디지털 신사업 아이디어 제시처럼 자주 나오는 주제는 미리 대비해야 합니다. 트렌드 또는 경제 변화에 민감한 산업의 경우 주로 최신 시사·경제 이슈와 기업 사업을 연계한 주제가 나옵니다. 예를 들어 환율 및 유가 변동이 기업에 미치는 영향, 자영업 현황 분석과 금융권 대응 방안, 중국의 저가 물품 공급 대응 방안 등이 나올 수 있습니다.

면접 전 지원자에게 자료가 제공되지 않는 단순 발표와 자료가 제공되는 분석 발표로 나뉘는데, 최근 들어 분석 발표 비중이 늘고 있습니다. 제한 시간(20~30분) 동안 A4 5페이지 이상의 자료를 분석해 해결 방안을 제시하고 발표(5분 내외)와 질의응답(10분 내외)의 과정을 거칩니다.

3. PT 면접 준비방법

PT 면접은 시간관리가 중요하므로 준비 시간과 발표 시간을 잘 활용해야 합니다. 준비 시간에 주제 이해, 내용 파악, 답변 구성, 전지 작성, 발표 준비, 후속 질문 대비 등 해야 할 일들이 많으므로 시간 계획을 잘 세워야 합니다. 준비 시간이 20분 정도로 짧다면 발표 내용 준비에 많은 시간을 쏟기보다 적은 내용이라도 논리적으로 구성하고 자신감 있게 발표하는 데 신경을 써 주세요. 주제에 대한 자료가 주어질 경우 짧은 시간에 자료를 분석하고 파악해야 하므로 평소에 직무 및 기업 관련 기사, 매출 그래프, 현황 이슈가 담긴 이메일, 고객 인터뷰 등의 정보를 정리해두는 것이 좋습니다.

논리적으로 발표하기 위해서는 과제에 따라 구성을 달리 하는 것을 권합니다. 서론·본론·결론이 기본 구성이지만, 문제해결 과제라면 ① 목적·배경 ② 현황·문제점 ③ 원인 분석 ④ 해결 방안 ⑤ 실행 계획 ⑥ 한계점·기대 효과 ⑦ 요약·마무리 단계로 순서를 정하는 것이 좋습니다. 발표 시간이 3분 정도로 짧은 경우에는 현황과 문제점, 해결 방안을 2분 이상 비중 있게 다루고 나머지는 상황에 맞게 적용하기를 바랍니다.

발표가 끝나면 면접관의 질문이 이어집니다. 여러 발표 주제 중 해당 주제를 선택한 이유, 발표했던 해결 방안 또는 아이디어를 실행했을 때 예상되는 문제점 등의 질문이 나옵니다. 면접관이 지적하더라도 당황하지 말고 자신이 그러한 결과를 도출한 이유를 차분하게 설명하세요. 답변하기가 어렵다면 "그 부분은 제가 미처 생각하지 못했습니다. 다음에 좀 더 신중하게 고려하겠습니다."와 같이 부족한 점을 인정하고 자신이 준비한 내용을 논리적으로 설명하는 것이 좋습니다.

4. PT 면접 진행 과정

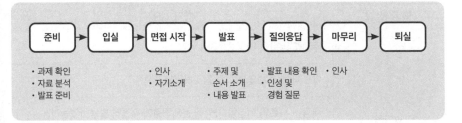

합격 꿀 Tip

PT 면접 발표 주제로 실제 기업 현안이 나오므로 평소에 기업과 산업 관련 자료를 정리해 두는 것이 좋습니다.

5. PT 면접 평가 기준

평가 항목	평가 내용
분석력 · 논리력 · 창의력	주제를 명확히 파악했는가?
	발표 내내 주제를 확실히 강조하였는가?
	제공된 자료의 핵심을 파악해 문제해결에 적절히 활용하였는가?
	구성의 흐름이 적절한가?
	주장의 전개가 논리적인가?
	근거를 바탕으로 주장하는가?
	발표 내용이 독창적이고 요구 사항에 부합하는가?
전달력	발표 시 열의를 보이는가?
	발표 시간을 준수하였는가?
	면접관의 질문에 적절히 대답하였는가?
	목소리 크기와 속도, 자세가 자연스럽고 발표 상황에 적절한가?
	자료의 글씨 혹은 그림이 시각적 효과를 주는가?

* 위 평가 기준은 특별부록의 '모의 면접 평가표(p.327)'로도 수록하였으니 스터디에서도 활용하시기 바랍니다.

합격 꿀 Tip

발표 내용에만 신경을 쓰고 발표 태도를 소홀히 하는 경우가 많습니다. 자신감 있는 목소리, 적절한 눈 맞춤, 예의 바른 태도는 필수입니다. 발표하는 모습을 영상으로 촬영해 자세를 점검하고 보완해야 합니다.

05 토론 면접

1. 토론 면접이란?

토론(Group Discussion) 면접은 하나의 주제에 대해 여러 명의 지원자가 찬반 또는 두 개의 의견으로 나뉘어 토론하고 합의점을 도출하는 과정을 평가하는 면접 방식입니다.

2. 토론 면접 특징

보통 40~50분 동안 6명 내외의 지원자가 토론 면접에 참여합니다. 면접 진행 방식은 크게 사회 이슈 찬반토론이나 기업 이슈 해결 방안 토의로 나뉩니다. 과거에는 주로 공유경제 논란, 도서정가제 폐지 등 사회적인 이슈에 대해 찬반토론을 했다면, 최근에는 주로 기업 이슈에 대해 팀원과 문제를 해결하는 토의로 진행됩니다. 환승객 증대 방안(인천국제공항공사), 일본 수출규제 피해기업 금융서비스 지원 방안(국민은행)처럼 회사 현황을 반영한 주제가 나옵니다.

때에 따라 사전에 시장 현황, 자사 및 경쟁사 현황, 고객사 요청 이메일 등 관련 자료를 제공하고 이를 활용해 논의하는 과정을 평가하거나 토의 후 답변을 정리해 A4용지 한 장에 제출하기도 합니다. "미중무역갈등이 장기화될 경우 우리 회사는 내수에 집중해야 하는가, 해외 투자를 확대해야 하는가?"와 같이 하나의 주제에 대해 두 개의 안을 제시한 후 그중 하나를 선택해 주장하는 방식도 있습니다.

3. 토론 면접 준비방법

토론 면접에서 상대방을 설득하기 위해 적극적으로 의견을 개진해야 하지만 그렇다고 해서 타인의 생각을 무시하고 자신의 의견만 강요하는 태도는 감점 요소입니다. 논리적으로 말하되 타인의 말을 경청하는 태도를 갖춰야 하며, 튀는 사람보다 팀에서 필요한 사람이 되기 위해 노력해야 합니다. 무리하게 팀을 이끌거나 발언을 독점하지 말고 자신이 맡은 역할을 충실하게 수행해주세요.

대화를 자연스럽게 이어가는 것도 중요합니다. "OOO님 이야기 잘 들었습니다.", "네, 좋은 의견입니다." 같은 문장을 반복적으로 사용하면 오히려 어색할 수 있습니다. 상대방에게 질문을 할 때도 형식적인 말은 줄이고 토론·토의 방향에 도움이 되는 질문을 하는 것이 좋습니다. 메모하기, 고개 끄덕이기와 같은 경청 태도를 의도적으로 보이기보다는 자연스럽게 팀에 융화되어 참여하는 모습을 보여주는 것이 중요합니다.

최근 토론 면접에서 점점 전문적인 지식을 요구하는 주제가 제시되고 있으므로 평소에 경제 동향은 물론이고 산업 이슈를 파악하고 있어야 합니다. 한국개발연구원, 에너지경제연구원, LG경제연구원, 하나금융경영연구소, KB경영연구소 등 국책·민간 연구기관에서 발표한 최신 보고서를 보는 것이 좋습니다. 수출 비중이 높은 기업 면접을 준비한다면 대외경제정책연구원과 한국무역협회가 발행한 보고서를 추천합니다. OECD 디지털세 기본 합의안의 주요 내용과 전망, 지속가능금융 정책 현황과 시사점, 중동 불안이 국제유가와 수출입에 미치는 영향, 주요 업종별 수출경기 등 유용한 자료를 얻을 수 있습니다.

4. 토론 면접 진행 과정

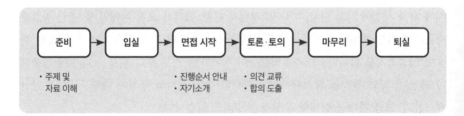

준비 → 입실 → 면접 시작 → 토론·토의 → 마무리 → 퇴실

- 주제 및 자료 이해
- 진행순서 안내
- 자기소개
- 의견 교류
- 합의 도출

합격 꿀 Tip

영업 담당자와 고객 등 팀을 나눠 토의하는 협상 면접에서도 소통능력이 중요합니다. 상충되는 입장에서 협상을 하다 보면 상대 팀을 이겨야 한다는 압박감에 언성이 높아지고 면접 분위기가 삭막해지는 경우가 있습니다. 계속해서 합의가 이루어지지 않는 경우 서로 입장이 상충된다는 것을 인정하고 일정 부분 양보하며 차선의 합의 과정을 도출하는 것을 권합니다.

5. 토론 면접 평가 기준

평가 항목	평가 내용
논리성	토론 주제를 명확히 이해하고 있는가?
	객관적이고 논리적인 근거를 바탕으로 의견을 제시하는가?
	논리의 근거가 다양하고 참신한가?
	상대방의 주장과 근거를 논리적으로 반박하였는가?
소통능력	언어적 표현과 전달 능력은 적절한가?
	타인의 말을 경청하였는가?
	타인의 생각과 의견을 존중하며 대립 시 갈등을 잘 해결하였는가?
	토론의 규칙과 예절을 준수하였는가?
문제해결능력	적극적으로 문제해결에 참여하였는가?
	공통 의견을 도출하기 위해 협동하였는가?
	문제해결에 도움이 되는 지식을 제공하였는가?
	토론 진행에 발전적 영향을 미치고 있는가?

* 위 평가 기준은 특별부록의 '모의 면접 평가표(p.328)'로도 수록하였으니 스터디에서도 활용하시기 바랍니다.

합격 꿀 Tip

토론 면접은 지원자와 면접관 간의 소통보다 지원자 간 소통이 중요합니다. 토론 도중 면접관을 의식하지 말고 토론에 집중해야 합니다. 논리적인 설득과 자연스러운 경청을 통해 의도하지 않아도 면접관에게 좋은 인상을 남길 수 있습니다.

PART

실전 대비
면접 질문 100가지

- 필수 질문(01~19)

- 직무(20~37)

- 기업(38~56)

- 경험(57~89)

- 상황(90~100)

01 당신을 뽑아야 하는 이유가 무엇인가요?

건강보험심사평가원, 기아, 삼성디스플레이, 아모레퍼시픽, 포스코, 포스코인터내셔널, 현대제철, GS칼텍스, KT, LG CNS, SK이노베이션, S-Oil 기출

지원자가 회사에 어떤 도움이 될지를 직접적으로 묻는 말로 지원자의 차별화된 강점을 중심으로 답변해야 합니다. 직무역량을 키우기 위해 어떤 노력을 했는지 자세히 설명해주세요. 지원 분야를 잘 이해하고 있으며 해당 직무에 자신이 적합하다는 것을 강조해야 합니다. 일반적인 스토리보다는 입사 후 직무 성과에 기여할 수 있는 대표 역량을 소개하는 것이 좋습니다.

👎 WORST 답변

책임감이 강하다는 장점을 갖고 있습니다. 학창시절 새벽에 아르바이트한 적이 있습니다. 주인의식을 갖고 성실하게 노력했습니다. 일을 그만둘 때 사장님께서 일하고 싶으면 언제든 와도 좋다고 말씀하셨습니다. 저는 이처럼 맡은 일을 성실하게 하는 책임감을 갖고 있기 때문에 OO 기업에서도 꼭 필요한 인재가 될 수 있습니다.

답변에 질문의 핵심이 담겨 있지 않습니다. 책임감은 중요한 장점이지만, 이 장점이 어떻게 업무에 도움이 되었는지에 대한 설명이 부족합니다. 또한 어떤 아르바이트를 했고 어떤 방식으로 노력했는지 언급하지 않아 답변이 추상적입니다. "책임감이 강하다."라는 주장만 내세우지 말고 구체적인 사례를 제시해주세요.

준비된 영업인입니다. 대학교 기숙사에서 혼자 주먹밥을 판매하면서 기획부터 판매까지 프로세스를 체험했습니다. 기숙사 아침식사가 부실하다는 부분을 깨닫고 제가 직접 만족도 높은 아침식사를 제공하고 싶었습니다. 판매 전략으로 기숙사, 연구실, 교직원 사무실 등을 방문해 주문방법과 메뉴, 가격이 적혀있는 명함을 나눠주며 홍보했습니다. 주기적으로 부스를 설치해 시식 행사를 진행하고 설문조사를 하며 고객의 의견을 들었습니다. 이러한 과정을 거쳐 메뉴의 수를 6가지에서 3가지로 줄였고 그 결과 효율이 높아진 것은 물론 목표했던 일일 100개 판매를 달성할 수 있었습니다. 이러한 경험을 살려 입사 후 유통채널을 효과적으로 관리하고 매출 성과를 높이는 데 기여하겠습니다.

영업직에 맞는 판매 경험을 어필했습니다. 자발적으로 문제점을 찾고 이를 해결하기 위해 도전한 점도 돋보입니다. 식품 영업직에 지원한다면 주먹밥 판매 경험을 골라 대표적으로 소개하는 것은 현명한 선택입니다.

합격 꿀 Tip

가장 임팩트 있는 경험을 강조하거나 직무역량에 맞춰 노력한 것을 2가지 측면에서 소개해주세요.

02 자신을 한 단어로 표현한다면 무엇인가요?

새마을금고중앙회, 한국농어촌공사, 한국수력원자력 기출

지원자의 강점을 파악하기 위한 질문으로 '1분 자기소개', '당신을 뽑아야 하는 이유'와 비슷한 질문입니다. 답변을 통해 지원자의 강점을 확인하는 것은 물론 선택하는 단어에 따라 지원자의 감각도 확인할 수 있습니다. 갑자기 키워드를 고르기 어려울 수 있으니 미리 생각해 두는 것이 좋습니다. 지원 회사의 특징을 잘 표현할 수 있는 단어도 함께 고민해보세요.

👎 WORST 답변

저는 에스프레소 같은 사람입니다. 주변 상황에 잘 어울리기 때문입니다. 뜨거운 물을 부으면 아메리카노가 되고 여기에 우유를 타면 카페라테가 됩니다. 우유와 거품을 넣으면 카푸치노가 됩니다. 이처럼 주위 사람들과 원활하게 잘 지낼 수 있다는 장점이 있습니다.

이 답변을 처음 보면 '센스 있다.'고 생각할 수 있습니다. 하지만 이 내용은 과거에 유행했던 '올드 버전'입니다. 인터넷에서 인기를 끄는 영상이나 베스트셀러 글귀, 영화 속 명대사 등은 활용하지 않는 것이 좋습니다. 지나친 비유는 면접 답변으로 어울리지 않습니다. 근거가 없는 말장난처럼 느껴질 수 있기 때문입니다. 만일 자신이 에스프레소와 닮았다고 생각한다면, 팀 프로젝트 경험 등 보다 명쾌한 사례를 예시로 소개해야 합니다.

저를 키워드로 소개하면 'High speed Lee'입니다. 카투사 복무시절 저의 적극적인 태도를 인정한 미군이 불렀던 별명입니다. 처음에는 부족한 영어 실력 탓에 좌절감을 많이 느꼈습니다. 소통이 필수인 상황에서 제대로 말하거나 듣지 못하는 제가 너무 부끄러웠습니다. 미군과 한국군 부대원들에게 인정받기 위해 자기 계발에 집중했습니다. 외박도 반납해가며 부대에 머물러 업무 관련 영어를 공부하고 회화능력을 키우기 위해 노력했습니다. 그 결과 일 처리에 능숙해졌고 미군이 선호하는 근무 파트너가 되었습니다. 나중에는 미국 전 대통령이 용산기지에 방문했을 때 경호를 맡고 카투사를 대표해서 그분과 악수하는 영광도 얻을 수 있었습니다.

질문 의도에 맞게 핵심을 정확하게 잘 표현했습니다. 열정, 긍정적인 마인드 등의 추상적인 표현을 쓰지 않았음에도 장점이 잘 드러납니다. 언어 장벽을 극복하기 위해 노력했던 점과 그 성과를 구체적으로 제시한 점도 좋습니다.

합격 꿀 Tip

자신을 잘 표현하는 키워드는 어떤 것을 골라도 괜찮지만, 별명을 선택하는 것도 괜찮습니다. 별명은 외모나 성격 특징을 바탕으로 주변 사람이 지어 부르기 때문에 객관성을 갖습니다. 물론 지나치게 가볍거나 부정적인 별명은 소개하지 않아야 합니다.

03 자신의 강점과 약점은 무엇인가요?

국민건강보험공단, 국민연금공단, 근로복지공단, 삼성생명, 삼성전자, 아모레퍼시픽, 주택관리공단, 한국토지주택공사, 한미약품, 한화, GS칼텍스, IBK기업은행, LG CNS, LG전자, S-Oil 기출

직무를 수행하기 위해서는 여러 가지 지식과 스킬, 태도가 필요합니다. 이 중 지원자가 가진 강점은 무엇인지, 부족한 점은 무엇인지 확인하는 질문입니다. 강점은 근거를 명확하게 제시하고, 약점은 보완하기 위해 어떤 노력을 하고 있는지 강조해주세요. 특히 약점을 이야기할 때는 조직에서 타인과 생활을 하거나 업무를 담당할 때 부정적인 영향을 크게 미치는 것을 고르지 않도록 주의해야 합니다.

👎 WORST 답변

강점은 주변 사람들에게 관심을 두고 배려하는 마음입니다. 학창시절 별명은 '엄마'였습니다. 제가 가진 정보를 친구들에게 공유하는 것은 물론 준비물도 여유 있게 챙겨갔습니다. 주변 사람들이 저에게 고민을 이야기하면 경청하며 상담을 많이 해주었습니다. 반면, 약점은 상대를 너무 배려하다 보니 제가 손해를 보는 일이 많다는 것입니다. 배려도 좋지만, 상대방이 기분 나쁘지 않게 거절하려고 노력하고 있습니다.

강점과 약점 모두 평범합니다. 이런 내용으로는 면접관의 눈길을 끌기 어렵습니다. 강점은 업무 성과에 직·간접적으로 영향을 미치는 역량을 선택해주세요. 또한 약점을 보완하기 위해 구체적으로 어떤 노력을 했는지 덧붙여주세요.

강점은 철도 산업에 대한 이해가 높다는 것입니다. 전기철도 분야의 전문기술 인력 양성 과정에 참여해 국내·외 철도 사업 현황을 공부했고 철도 분야의 다양한 용어와 작동 원리를 배웠습니다. 또한 철도 시공과 설계, 감리 등 분야별 사업과 역할을 살펴보고 기업을 방문해 현장을 둘러보았습니다. 이를 통해 현재 철도 산업의 문제점과 개선 방안을 고민해보았습니다. 반면, 전문성과 실무 경험이 부족합니다. 이를 보완하기 위해 철도 산업 공공기관에서 인턴을 하며 사소한 부주의가 대형 사고를 일으킬 수 있다는 '안전의 중요성'을 배웠습니다.

지원 분야를 이해하기 위해 전문 교육을 듣고 인턴을 했습니다. 이러한 노력이 답변에 잘 나타납니다. 철도 현장에서 중요한 안전의식도 잘 표현했습니다. 이처럼 직무역량을 키우고 산업을 이해하기 위해 자발적으로 노력한 점이 있다면 꼭 강조해주세요.

합격 꿀 Tip

강·약점을 답할 때 성격을 소개하는 경우가 있습니다. 물론 문제가 되는 것은 아니지만 성격을 말하다 보면 추상적이고 평범한 인상을 주는 경우가 많습니다. 채용공고와 직무기술서에 답이 있습니다. 업무 내용, 필요역량, 우대사항 등에서 강·약점을 찾을 수 있습니다. 예를 들어 지원자격과 우대사항에 브랜드 마케팅 전략 수립 경력 보유자, 마케팅·통계 전공자, 글로벌 컨설팅 회사 업무 경험 보유자, 제2외국어 능통자 등이 쓰여 있다면 이 중 경쟁력은 강점으로, 부족한 점은 약점으로 선택하는 것을 추천합니다.

04 인생에서 가장 중요한 가치가 무엇인가요?

국민건강보험공단, 농협은행, 도로교통공단, 우리은행, 한국수력원자력, 한국전기안전공사, 한국전력공사, 한국토지주택공사, 현대모비스, 현대자동차, 현대제철, LG화학, S-Oil 기출

지원자가 무엇을 중요하게 생각하며 살고 있는지 묻는 것으로, 인성 면접 때 자주 나옵니다. 가치관, 생활신조와 비슷한 질문입니다. 정답은 없지만, 개인적인 가치보다 기업 입장에서 직장생활에 도움이 될만한 가치를 선택해주세요. 답변할 때는 가치를 중요하게 생각하는 이유도 함께 소개해야 합니다.

👎 WORST 답변

가장 중요하게 생각하는 가치는 균형입니다. 저는 직장생활을 할 때도 일과 취미가 균형을 이루는 워라밸을 원하고 있습니다. 업무 시간 이외 일정한 시간에 제가 좋아하는 취미를 하거나 학원에 다니며 자기 계발을 할 때 업무 능력이 향상될 수 있다고 생각합니다. 레버리지를 활용해 주변의 자원을 최대한 활용하고 효과적으로 일하겠습니다.

지원자가 기업을 선택할 때 워라밸을 중시한다는 것을 자연스럽게 알 수 있습니다. 답변이 잘못된 것은 아니지만 면접에 어울리지는 않습니다. 입사에 대한 간절함이 느껴지지 않기 때문입니다. 이렇게 말을 꺼내면 "취미와 연관된 중요한 약속이 있는데 퇴근 시간에 갑자기 급한 일이 생겼습니다. 어떻게 대처할 것인가요?" 같은 후속 질문이 나올 수 있습니다.

인간관계의 출발점인 신뢰를 중요하게 생각합니다. 특히 문제가 생겼을 때 신뢰를 잃지 않도록 노력하고 있습니다. OO 기업에서 인턴사원으로 일할 때 데이터 매칭 작업을 하던 중 부주의로 다른 데이터를 처리한 적이 있습니다. 바로 상사께 보고하고 실수를 만회하기 위해 점심 시간에도 쉬지 않고 일을 했습니다. 그다음에는 엑셀로 데이터를 구분해서 관리했습니다. 같은 실수가 생기지 않도록 노력하는 모습에 비중 있는 업무를 배울 기회도 주어졌습니다.

기업이 중시하는 핵심 가치 중 하나가 신뢰입니다. 특히 고객과의 신뢰를 중요하게 생각합니다. 실수할 때 중요한 것은 '그것에 어떻게 대처하는가?'입니다. 빠르게 잘못을 인정하고 노력하면 실수가 기회로 이어지기도 합니다. 지원자는 자신의 실수를 바로 보고하고 업무를 처리하기 위해 노력했습니다. 다시 실수하지 않기 위해 스스로 대책안을 세운 점도 책임감이 잘 느껴집니다.

PART 4

합격 꿀 Tip

면접을 앞두고 있다면 지원하는 기업의 인재상과 핵심 가치를 찾아보세요. 도전, 협업, 창의성, 실행력, 전문성, 혁신, 고객지향 등 다양한 키워드 중에서 자신이 가장 중요하게 생각하는 가치는 무엇인지 생각하고 경험을 간단히 정리해두는 것이 좋습니다.

05 인생의 궁극적인 목표가 무엇인가요?

삼성전자, 하나은행, GS칼텍스, LG CNS, SK하이닉스 기출

뚜렷한 인생 목표를 가진 사람은 그리 많지 않습니다. 고등학교 때는 대학 입학을, 대학을 졸업하면 막연히 취업을 목표로 합니다. 인생 목표를 가진 것과 그렇지 않은 것은 그 차이가 매우 큽니다. 주어진 것에서 나아가 목표를 향해 도전하며 성장할 수 있기 때문입니다. 인생 목표는 단기적인 업무 성과에서 그치지 말고 장기적인 비전을 소개해 주세요. 추상적인 질문일수록 구체적으로 답하면 유리합니다.

👎 WORST 답변

사업을 해서 성공하는 것이 목표입니다. 물론 지금 당장은 자본과 능력이 부족하기 때문에 10년 정도 회사에 다니며 열심히 일을 배울 것입니다. 그리고 나중에 기회가 생기면 좋은 아이템으로 사업에 도전하고 싶습니다.

솔직함이 항상 정답은 아닙니다. 회사를 그만두고 싶은 지원자를 뽑고 싶은 면접관은 많지 않습니다. 10년 동안 회사에 다닌다고 말했지만, 마음이 다른 곳에 가 있기 때문에 회사를 쉽게 그만둘 수 있다는 인상을 줄 수 있습니다.

제가 가진 기술로 세상 사람들에게 편리함을 제공하고 싶은 것이 목표입니다. 특히 장애를 가진 분들에게 도움이 되고 싶습니다. 아이폰에는 VoiceOver 기능이 있습니다. 특정 버튼을 세 번 클릭하면 배터리 상태는 물론 누가 전화를 거는지, 지금 손가락에 닿아있는 앱은 무엇인지 설명을 들을 수 있습니다. 점자 디스플레이 없이도 직접 점자 입력이 가능해 이미지까지 읽어주는 것이 인상적이었습니다. 빠르게 발전하는 기술의 혜택에서 소외되는 사람이 없도록 제 목표를 실천하고 싶습니다.

엔지니어로서 사회에 도움을 주고 싶다는 진정성을 느낄 수 있습니다. 아이폰의 사례를 구체적으로 잘 설명했습니다. 애플이 아닌 경쟁 회사를 지원할 때는 아이폰을 직접 언급하는 것보다 간접적으로 말하는 것을 추천합니다. 경쟁사 제품의 강점을 이야기하면 지원 회사 제품의 강점과 약점을 확인하는 질문도 나올 수 있으니 함께 대비하세요.

PART 4

합격 꿀 Tip

인생 목표와 입사 후 포부는 구분해서 답해야 합니다. 회사생활은 인생의 목표가 아니라 과정이겠죠. 일반적으로 인생 목표가 입사 후 포부보다 더 장기적이고 달성하기 어려운 면이 있습니다. 미국의 시인 랄프 왈도 에머슨의 시 『무엇이 성공인가』를 참고하세요.

06 인생관에 가장 큰 영향을 미친 요인이 무엇인가요?

삼성물산, 새마을금고중앙회, 우리은행, 하나은행 기출

과거는 현실을 비추는 거울입니다. 인생관이나 가치관은 과거 사건이나 인물, 환경 등에서 영향을 받아 형성됩니다. 면접관은 지원자의 현재를 알기 위해 과거를 함께 묻고 있습니다. 이 질문에 답할 때는 자신의 인생관, 인생관에 영향을 미친 요인, 해당 요인을 통해 바뀐 점 등을 종합적으로 고려해서 답변해주세요.

👎 WORST 답변

제 인생관은 아버지로부터 얻었습니다. 아버지께서는 택시를 운전하십니다. 주간 근무를 하실 때는 새벽 5시부터, 야간 근무를 하실 때는 다음날 새벽 5시까지 근무를 하십니다. 항상 근무 시간을 철저히 지키시는 모습을 보면서 자랐습니다. 이러한 영향으로 저도 학교 다닐 때 결석을 하지 않고 열심히 살고 있습니다.

부모님은 자식에게 가장 큰 영향을 주는 사람입니다. 하지만 부모님의 장점만 소개하는 것은 좋지 않습니다. 면접관이 궁금한 대상은 아버지가 아니라 지원자입니다. 답변에서 가장 중요한 것은 지원자가 성실하게 생활했던 사례입니다. 학생이 결석하지 않고 학교에 다니는 것은 당연한 모습입니다. 이처럼 평범한 내용으로는 눈길을 끌기 어렵습니다.

다양한 TED 강의가 제 인생관에 영향을 미쳤습니다. 특히 몇 년 전 심리전문가 브레네 브라운 교수의 강의를 접하고 불완전할 용기를 갖게 되었습니다. 'Courage(용기)'는 심장을 의미하는 라틴어 'Cor'에서 왔다고 합니다. 저의 부족한 점 때문에 의기소침할 것이 아니라 부족한 점을 솔직히 드러내니 좋은 관계를 만드는 힘이 생겼습니다. IoT 종합설계를 비롯해 전공 프로젝트에서 제가 참여한 팀이 세 번 연속 1위를 하면서 교수님께 큰 칭찬을 받은 적이 있습니다. 서로의 부족한 점을 인정하며 협력한 것이 목표 달성에 효과적이었습니다. 입사 후에도 협업 프로젝트에서 저의 진가를 보여드리겠습니다.

자신의 이야기를 담백하게 잘 소개했습니다. 자신의 인생관과 영향을 미친 요인, 그 이유, 대표 사례 등을 조화롭게 제시했습니다. 거창한 일이 아니라도 자신이 경험하고 느낀 것을 구체적으로 말하면 인상적으로 다가옵니다.

PART 4

합격 꿀 Tip

인생관은 인생의 목적·의의·가치 및 그 의미를 이해·해석·평가하는 전체적인 사고방법을 의미합니다. 인생관, 가치관, 생활신조 등 인성을 확인하고자 하는 질문에 답할 때는 Opinion, Experience, Fact의 세 가지 측면에서 말해주세요.

07 가장 보람되는 일과 후회되는 일이 무엇인가요?

건강보험심사평가원, 삼성디스플레이, 삼성물산, 삼성전자, 한국전력공사, 한화, IBK기업은행, LG디스플레이
기출

지원자의 가치관과 대응 방식을 파악하는 질문입니다. 무엇이 가장 보람되고 후회되었는지를 보면 지원자의 성향을 알 수 있습니다. 두 번째는 대응 방식입니다. 또한 회사에서 업무를 진행하다 보면 성과를 내거나 실수·실패를 할 수도 있는데, 이 질문의 답변을 통해 입사 후 지원자가 어떻게 대응할지 예측 가능합니다. 실패한 경험이라도 원인을 분석하고 다시 실패하지 않기 위해 노력한 경험이 있다면 소개해주세요.

👎 WORST 답변

OO 박람회 출입 인원을 통제하며 성실히 봉사활동을 했습니다. 그 결과 봉사 우수 메달을 수상해 보람을 느꼈습니다. 후회되는 일은 학창시절 공부를 열심히 하지 않았던 것입니다. 그때는 공부의 중요성을 느끼지 못해서 친구들과 어울리는 데만 집중했는데 그 시절이 후회됩니다.

무엇 때문에 보람을 느꼈는지 정확히 나와 있지 않습니다. 메달 수상이라는 결과만 강조되어 아쉽습니다. 후회 사례도 추상적이고 가볍게 느껴집니다. 답변할 때는 진지한 태도로 임해야 합니다.

팀 프로젝트를 진행하면서 후회와 보람을 함께 느꼈습니다. 2년 전 팀원으로 프로젝트에 참여했을 때 기사 자격증 시험과 일정이 겹쳐 있어 '나 하나쯤이야.' 하는 마음으로 프로젝트에 신경을 많이 쓰지 못했습니다. 다른 팀원들도 상황은 비슷해 결과는 제대로 발표도 못할 수준이었습니다. 그때 가장 후회가 컸습니다. 이 경험을 계기로 그 후 팀 프로젝트를 할 때는 리더 역할을 지원했습니다. 주기적으로 만나 웹하드에 각자 진행 사항을 올려 서로 체크를 했습니다. 문제점이 생기면 같이 모여 이를 해결하기 위해 노력했습니다. 자세가 달라지니 우수한 결과를 얻을 수 있었고 함께 애쓴 만큼 보람을 느꼈습니다. 두 차례 협업 과정에서 소통과 책임감이 얼마나 중요한 것인지 깨달았습니다.

자신의 행동에서 부족한 점을 깨닫고 이를 고치기 위한 노력이 잘 드러났습니다. 처음보다 두 번째 프로젝트에서 성장한 모습을 느낄 수 있습니다.

PART 4

합격 꿀 Tip

'보람'은 한 일에 대해 나타나는 좋은 결과나 만족스러운 느낌을 의미하고 '후회'는 이전의 잘못을 깨치고 뉘우친다는 뜻이 있습니다. 질문에 답할 때는 경험과 함께 그 이유를 명확하게 설명해야 합니다. 어떤 면에서 보람과 후회를 느꼈는지 그 이유를 잘 설명해주세요.

08 살면서 가장 힘들었던 순간을 어떻게 극복했나요?

국민건강보험공단, 근로복지공단, 기아, 삼성물산, 삼성생명, 인천국제공항공사, 포스코, 포스코인터내셔널, 하나은행, 한국국토정보공사, 한국도로공사, 한국수력원자력, 한국철도공사, 한전KDN, 한전KPS, 한화, 현대모비스, 현대제철, LG화학, S-Oil 기출

직장생활을 하다 보면 예상하지 못한 어려운 일이 많이 생깁니다. 이때 어떤 자세로 상황을 대할지 평가하기 위한 질문입니다. 예를 들어 상사가 해결하기 힘든 일을 줄 때 "왜 나한테 이런 일을 시킬까?" 불평하는 직원이 있는 반면 "이 문제를 해결하면 나와 회사가 동시에 발전하겠구나. 한번 해보자."하며 긍정적인 태도로 임하는 직원이 있습니다. 기업은 힘든 상황도 기회로 바꿀 수 있는 지원자를 원합니다.

👎 WORST 답변

동아리 회장이었을 때 동아리가 사라질 위기가 있었습니다. 그때 가장 힘들었습니다. 회계 집행과 관련해 동아리 부원들과 임원들 사이에 갈등이 있었습니다. 분위기가 안 좋다 보니 참석률이 낮아졌으며 그만두고 싶다고 이야기하는 사람도 늘어나 동아리는 없어질 위기에 놓였습니다. 저는 회장으로서 임원들의 입장과 동아리 부원들의 입장을 듣고 합의안을 제시해 해결했습니다.

힘든 점과 극복 방안을 함께 물었는데, 답변은 동아리 위기 설명에 치우쳤습니다. 문제를 해결하기 위해 어떤 노력을 기울였는지 잘 나타나 있지 않습니다. 합의안 제시처럼 추상적인 표현을 쓰지 말고 구체적으로 어떤 노력을 했는지 행동을 자세히 제시해주세요.

대학교 2학년 때 교통사고로 다리를 다쳐 오랫동안 목발을 짚고 학교에 다녔습니다. 그때가 많이 힘들었습니다. 통학 시간이 평소보다 1시간 이상 늘어났고 오랫동안 걸어 다니다 보니 멍이 들고 다리가 부었습니다. 하지만 저는 그 속에서 긍정적인 부분을 찾으려고 노력했습니다. 더 크게 다치지 않은 것에 감사했고 다른 사람들의 시선도 저를 향한 걱정이라 생각했습니다. 한 달 이상 입원하다 보니 공부하고 싶은 마음도 커져 학교 도서관에서 밤늦게 공부하기도 했습니다. 시험 기간에는 집에 가는 시간이 아까워 학교에서 밤새워 공부했는데, 그때 학점이 가장 좋았습니다.

어려운 것은 상대적입니다. 자신에게 힘들었던 경험이지만 면접관이 공감하기 어렵다면 좋은 답변이라고 할 수 없습니다. 목발을 짚고 이동하는 어려움은 충분히 공감할 수 있는 소재입니다. 이런 상황에서도 긍정적인 생각을 하고 열심히 공부를 한 점도 인상적입니다.

PART 4

합격 꿀 Tip

질문에 답할 때는 힘든 짐을 구구절절 소개하기보다는 언제 힘들었고 어떻게 극복했는지 핵심만 간단히 전달해야 합니다. "살면서 가장 힘들었을 때는 언제인가?"라는 질문이 나온다면, 극복방법을 따로 말하지 않는 것이 좋습니다. 질문을 정확히 듣고 물어본 것만 포인트를 살려 답해주세요.

09 입사 지원 시 회사를 선택하는 기준이 무엇인가요?

건강보험심사평가원, 국민건강보험공단, 삼성물산, 삼성생명, 포스코, 포스코인터내셔널, 하나은행, 현대자동차, CJ대한통운, LG디스플레이, LG화학 기출

지원자의 가치관과 기업에 대한 관심을 동시에 확인할 수 있는 질문입니다. 기업을 선택하는 기준은 무엇이고, 그 기준에 우리 회사가 얼마나 부합하는지 판단합니다. 자기소개서에서도 자주 나오는 질문입니다. 답변을 통해 입사 후 오래 다닐 수 있는지도 엿볼 수 있습니다. 채용공고를 본 후 지원하면 한발 늦습니다. 정말 자신과 잘 맞고 꼭 가고 싶은 기업을 미리 정해 놓는 것이 중요합니다. 기업을 선택하는 기준을 정하고 잘 맞는 기업을 미리 정리해보세요.

👎 WORST 답변

기업을 선택하는 기준은 성장성입니다. OO 기업은 최근 3년 동안 매년 10% 이상 높은 성장률을 기록하고 있습니다. 최근에는 베트남에 공장을 설립하고 동남아시아로 진출을 준비하고 있습니다. 저도 OO 기업에서 함께 성장하고 싶어 지원했습니다.

회사의 외형적인 부분만 보고 지원한 느낌을 줍니다. "우리 회사 성장률이 낮아지면 회사를 떠날 건가요?"라는 추가 질문을 받을 수도 있습니다. 답변하기 곤란한 상황이 생기지 않도록 신중하게 말해야 합니다.

회사를 선택하는 기준은 도전입니다. 산업과 고객의 니즈가 빠르게 변화하면서 도전하는 기업만이 성장할 수 있습니다. 현대차는 최고 수준의 수소전기차 독자개발에 성공했고 최근에는 모빌리티, 자율주행, 커넥티드카에도 과감하게 투자를 하면서 계속해서 도전하고 있습니다. 저도 자율주행에 필수인 머신러닝을 배우기 위해 도전했습니다. 학부연구생으로 실제 프로젝트에 참여하며 에이다부스트와 같은 기계학습 알고리즘을 이해했습니다.

기업을 선택하는 기준과 이유, 사례를 잘 설명했습니다. 기업의 도전 사례와 자신의 경험을 함께 소개해 설득력을 높였습니다. 기업이 현재 관심을 두고 있는 자율주행의 세부 기술 분야에 도전한 점도 기억에 남습니다.

PART 4

합격 꿀 Tip

회사를 선택하는 기준은 개인마다 다릅니다. 연봉, 기업문화, 복지, 발전 가능성, 사회적인 책임, 기업 이미지 등 여러 가지가 있습니다. 면접장에서 답할 때는 연봉, 복지처럼 자신이 받을 수 있는 혜택에 초점을 맞추기보다 회사가 추구하는 방향과 자신이 잘 맞는다는 점을 보여주기 바랍니다.

10 우리 회사에 지원한 이유가 무엇인가요?

건강보험심사평가원, 국민연금공단, 기아, 삼성디스플레이, 삼성물산, 삼성생명, 주택관리공단, 포스코, 포스코인터내셔널, 한국도로공사, 한국철도공사, 한국토지주택공사, 한전KPS, 한화, 현대모비스, 현대자동차, 현대제철, IBK기업은행, LG전자, LG화학, SK이노베이션, SK하이닉스 기출

기업에 대한 관심과 애정을 평가하는 질문입니다. 취업이 힘든 요즘, 많은 지원자가 '묻지마 지원'을 하고 있습니다. 이 때문에 기업은 지원 회사와 산업을 잘 이해하고 오랫동안 준비한 지원자를 원합니다. 목표의식이 명확하고 준비를 많이 할수록 회사에 대한 애정도 크고 입사 후 성과도 좋습니다. 기업의 지원동기에 답할 때는 다른 회사가 아닌, 지원 회사를 선택한 이유를 강조해야 합니다.

👎 WORST 답변

CJ오쇼핑이 지역 사회와 상생하고 사회적 책임을 다하는 모습에 반해 지원했습니다. 이색 상품 전문 쇼핑몰 '펀샵'이 사회적 기업 '119REO'와 함께 공상불승인 소방관을 위해 기부 프로젝트를 진행하는 것을 알았습니다. 이처럼 차별화된 서비스를 제공하며 고객 만족을 이끌어내는 것은 물론 사회적 책임도 다하는 CJ오쇼핑에서 열심히 일하고 싶습니다.

만일 CJ오쇼핑이 위와 같은 기부 프로젝트를 하지 않았다면 지원하지 않았을까요? 설득력이 부족한 답변입니다. 자신이 CSR 부서에 지원하는 것이 아니라면 이러한 이야기는 크게 공감을 사기 어렵습니다. 면접관은 이런 패턴의 기업 칭찬을 많이 듣기 때문에 별다른 인상을 받지 못합니다. 또한 최근 기사만 언급하면 오랫동안 준비한 인상을 주기 어렵고 급조한 느낌을 줄 수 있으니 주의하세요.

CJ ENM 오쇼핑 부문에는 다른 곳에 없는 SCM이 존재합니다. CJ오쇼핑은 상품개발부터 배송까지 주관합니다. 제가 CJ오쇼핑의 SCM을 지원한 이유는 화주의 요구에 따르는 물류가 아니라 수요 예측부터 반품 물류까지 우리 회사가 주체가 되어 전 공급망을 관리할 수 있기 때문입니다. 또한 CJ오쇼핑은 해외 홈쇼핑과 역직구를 비롯해 옴니채널을 실행하고 있기에 SCM 전문 인력이 필요합니다. CJ오쇼핑에 꼭 필요한 SCM 전문가가 되겠습니다.

짧은 답변에서도 지원자의 열정이 잘 드러납니다. 지원 회사와 다른 물류 회사를 비교한 후 회사의 강점을 잘 뽑아냈습니다. SCM 전문인력이 필요하기 때문에 자신이 전문가가 되겠다는 부분에서는 지원자의 자신감을 알 수 있습니다.

합격 꿀 Tip

회사 지원동기를 물어보았을 때 답변을 잘했는지 확인하는 팁은 의외로 간단합니다. 지원 회사 명 대신 경쟁회사 명을 넣어보는 것입니다. 이렇게 했을 때 자연스럽게 말이 이어진다면 답변을 다시 고민해야 합니다. 지원 회사는 물론 경쟁사 분석도 필수입니다. 또한 홍보대사, 인턴, 현장 방문, 채용설명회 참석 등 기업과 인연이 있다면 꼭 어필해주세요.

11 직무 선택 이유가 무엇인가요?

국민건강보험공단, 국민연금공단, 기아, 삼성디스플레이, 삼성물산, 삼성전자, 주택관리공단, 포스코, 포스코인터내셔널, 한국도로공사, 한국전기안전공사, 한국철도공사, 한국토지주택공사, 한전KPS, 한화, 현대자동차, 현대제철, IBK기업은행, LG전자, LG화학, SK하이닉스, S-Oil 기출

지원동기는 크게 회사와 직무, 산업 세 가지로 나눠볼 수 있습니다. 이번에는 직무 지원 동기에 대한 질문입니다. 직무를 잘 이해하고 확신을 하는 것은 매우 중요합니다. 직무가 잘 맞지 않아 퇴사하는 직장인이 많기 때문입니다. 어떤 일이든 안 중요한 것이 없습니다. 직무의 매력과 가치를 잘 찾아 전달하기를 바랍니다.

👎 WORST 답변

백화점 영업관리는 소통능력과 문제해결능력이 중요합니다. 저는 대학교 때 학생회 임원과 동아리 회장을 하며 다양한 사람들과 소통을 했습니다. 또한 여러 모임에서 발생하는 문제들을 해결했습니다. 백화점 영업관리는 브랜드 사원들과 소통하고 매장에서 발생하는 문제점을 해결해야 합니다. 여기에 제가 적임자라고 생각해 지원했습니다.

직무를 선택한 이유로 자신의 장점과 필요 역량을 연결했습니다. 시도는 좋지만 뭔가 자연스럽지 않습니다. 영업관리가 왜 자신에게 맞는지, 여러 산업 중에서 왜 백화점 영업관리 직무를 선택했는지에 대한 근거가 부족합니다.

의상학 전공지식을 활용해 제가 잘할 수 있는 분야로 백화점 영업관리를 선택했습니다. 대학시절 등록금을 마련하기 위해 여러 가지 아르바이트를 했습니다. 특히 백화점 의류 판매를 하며 자연스럽게 패션 유통업에 관심이 생겼습니다. 의상학과 전공으로 패션 트렌드를 분석하고 반영해서 중년층 남성분들에게 캐주얼룩을 권해드리며 판매율을 높인 경험이 있습니다. 많은 상품 중에서 고객의 니즈에 부합하는 상품을 선택하고, 고객을 유인할 수 있는 홍보 방안을 찾고, 판매를 위해 노력하는 모든 과정에 큰 매력을 느꼈습니다.

백화점 영업관리를 선택한 이유가 자연스럽습니다. 전공과 경험, 직무가 잘 연결되고 분석력으로 판매율을 높인 성과도 좋습니다. 직접 경험을 해보니까 자신과 잘 맞는다고 어필하면 설득력이 높아집니다.

합격 꿀 Tip

직무역량을 쌓기 위해 충분한 경험을 아지 못했다면 직무를 이해하기 위해 노력한 점을 강조해주세요. 직무 전문가가 쓴 책을 읽거나 인터뷰 기사를 읽거나 선배를 만나 조언을 구하는 등 다양한 방면으로 노력을 해야 합니다. 이공계생이라면 전공과목을 수강하다가 해당 직무에 관심을 느끼고 심화 전공을 선택해 공부했다는 점을 이야기해도 좋습니다.

12 해당 산업에 관심을 두게 된 계기가 무엇인가요?

기아, 삼성디스플레이, 삼성물산, 삼성생명, 삼성전자, 포스코, 한국전력공사, 한국철도공사, 한화, 현대모비스, 현대자동차, 현대제철, CJ푸드빌, IBK기업은행, KT, LG디스플레이, LG전자, SK이노베이션, SK하이닉스, S-Oil 기출

산업에 대한 관심을 통해 지원 분야에 대한 애정을 확인할 수 있습니다. 영업, 인사, 회계 등 모든 기업에서 공통으로 필요한 직무에 지원한다면 왜 해당 산업을 선택했는지 그 이유를 제시해주세요.

👎 WORST 답변

신문 기사를 접하면서 반도체에 관심을 키웠습니다. 반도체 산업은 4차 산업혁명에서 가장 중요한 핵심 사업입니다. IoT, 자율주행차, 인공지능은 반도체가 없으면 불가능합니다. 정부는 10년간 시스템 반도체 연구개발에 많은 돈을 투자했습니다. 비전이 있는 산업이라는 생각이 들었습니다.

반도체 관련 기사를 읽고 해당 산업에 관심을 두게 되었다는 것은 괜찮습니다. 다만 그 내용이 평범하고 추상적입니다. "언제 어떤 기사를 읽었는가?"를 질문한다면 답변을 잘 할 수 있을까요? 또한 해당 산업에 관심을 두게 된 계기가 수동적인 인상을 줍니다. 보다 적극적이고 능동적인 자세를 보여주세요.

건설 현장에서 아르바이트하면서 건설업에 관심을 가졌습니다. 더운 여름에 벽돌과 건설 자재를 나르는 일은 힘들었지만, 건물 층수가 올라가는 것을 보면서 큰 보람을 느꼈습니다. 구조물 한 면에 들어가는 철근 수를 확인하는 노력 하나하나가 모여 건물의 완성도에 영향을 미치기 때문에 책임감을 느끼고 일해야겠다고 다짐했습니다. 이후 플랜트 전문 인력 양성 과정과 BIM 교육을 들으며 건설업에 필요한 지식을 쌓았습니다. 건설 산업은 경제의 뼈대와 같은 중심축을 담당합니다. 자부심을 느끼며 함께 일하고 싶습니다.

지원자가 직접 산업 현장을 경험하면서 느낀 점을 진솔하게 잘 표현했습니다. 한 번의 경험에서 그치지 않고 정부 교육을 받으며 산업 관련 지식을 쌓기 위해 노력한 점에서 지원자의 애정과 열정을 확인할 수 있습니다.

합격 꿀 Tip

건설 산업에 대한 열의를 강하게 보인 상황에서 다음으로 "다른 회사는 어디에 지원하셨나요?"라는 질문을 받을 수 있습니다. 이때 반도체, 자동차, 석유화학 등 다른 산업을 이야기한다면 진정성에 의문이 생길 수 있습니다. 지원한 회사와 산업에 대한 기준을 잡고 답하는 것이 필요합니다.

13 대학교 졸업 후 공백 기간에 무엇을 했나요?

삼성디스플레이, 삼성전자, 포스코, 포스코인터내셔널, 하나은행, 한국도로공사, 한국전력공사, 한국철도공사, 한화, 현대자동차, 현대제철, GS칼텍스, IBK기업은행, KT, LG디스플레이, LG전자, SK하이닉스, S-Oil 기출

졸업 이후 공백 기간이 길다면 그사이 무엇을 했는지 자주 나오는 질문입니다. 목표의식, 자기개발능력, 시간관리능력 등 다양한 점을 엿볼 수 있기 때문에 구체적으로 답하는 것이 중요합니다.

👎 WORST 답변

학교에서 진행하는 취업 프로그램에 참여해서 취업역량을 키우기 위해 노력했습니다. 또한 스터디를 통해서 산업 이슈를 분석하고 공유함으로써 시간을 전략적으로 사용했습니다.

취업 프로그램에 참여한 것은 면접 때 소개하지 않는 것이 좋습니다. 프로그램을 통해 면접 답변 스킬을 배워 말하고 있다면 지원자의 매력이나 진정성이 잘 전달되지 않기 때문입니다. 답변에는 시간을 전략적으로 사용했다고 했는데, 내용을 보면 전략적인 모습이 잘 느껴지지 않습니다. 근거보다 주장하는 메시지가 크면 포장하는 느낌을 줄 수 있으니 주의하세요.

인턴을 하며 소통능력을 키웠습니다. 지난 공채 때 떨어진 원인을 분석해보니 대민 업무에 대한 이해와 경험이 부족했습니다. 그래서 OO 공단에서 인턴을 했습니다. 주 고객은 60대 이상이었는데 규정에 전문용어가 많이 들어 있어 설명하고 설득하기가 어려웠습니다. 그래서 자주 나오는 질문 20가지를 중심으로 60대 이상 고객 맞춤형 응대 매뉴얼을 직접 제작했습니다. 이 작업을 할 때 다른 매뉴얼을 수십 개 참고하다 보니 자연스럽게 고객을 이해하고 소통하는 능력을 키울 수 있었습니다.

자신의 약점을 강점으로 변화시킨 사례를 잘 소개했습니다. 부족한 점을 파악하고 이를 보완하기 위해 인턴을 했습니다. 고객 대응 업무를 직접 경험하며 매뉴얼을 제작한 점도 돋보입니다. 면접관은 지원자가 조직 내에서 자발적으로 일을 수행한 경험을 선호합니다.

합격 꿀 Tip

졸업 이후 무엇을 하며 시간을 보냈는지 쭉 적어보세요. 단순히 영어 공부를 하고 입사지원서를 작성했다고 설명하면 면접관의 호감을 얻기 어렵습니다. 직무에 필요한 지식과 스킬, 태도를 다시 한번 살펴보세요. 부족한 점을 보완하기 위해 자격증을 취득하고 실무 경험을 쌓았다고 말하는 것이 좋습니다. 무작정 노력했다고 말하기보다 논리적으로 설명해야 합니다.

14 우리 회사에 인턴으로 지원한 동기가 무엇인가요?

국민건강보험, 기아, 롯데호텔, 예금보험공사, 포스코, 한국산업은행, 한국전력공사, 한국토지주택공사, 현대자동차, IBK기업은행, LG전자, SK텔레콤 기출

인턴의 종류는 체험형, 정규직 전환형, 채용우대형으로 구분할 수 있습니다. 인턴을 통해 실무경험을 쌓고 부족한 직무역량을 보완해 최종적으로 입사하고 싶다고 밝히는 것이 좋습니다. 인턴사원을 뽑을 때도 회사에 대한 애정과 열의를 중요하게 보기 때문입니다. 인턴이 할 수 있는 일은 제한되어 있지만, 그 안에서 좋은 성과를 내기 위해 노력하고 자발적으로 자신이 할 수 있는 일을 찾아 나서는 자세가 필요합니다.

WORST 답변

지난 공채 때 지원을 했는데 떨어졌습니다. 아직 취업 준비가 더 필요하다고 느꼈습니다. 부족한 역량을 보완하고 싶어서 지원했습니다. 인턴 기간 동안 선배님들께 듣고 많이 배우겠습니다. 제일 먼저 문을 열고 제일 늦게 문을 닫으며 열심히 하겠습니다.

솔직하지만, 정성이나 애정이 부족하게 느껴집니다. 기업은 학원이 아닙니다. 배움의 기회도 주고 급여도 줍니다. 그만큼 절실하고 준비된 사람에게 기회를 주고 싶어 합니다. 인턴 면접을 볼 때도 공채를 준비하는 마음으로 진정성 있게 접근하기를 바랍니다.

제 최종 목표는 OO 은행 행원이 되는 것입니다. 현재는 체험형 인턴만 뽑고 있어서 지원했습니다. 입행을 준비하면서 금융상품에 대한 이해와 판매 스킬이 부족하다는 것을 알았습니다. 인턴으로 근무하면서 연령별 우대상품의 특징을 분석하고 실제 고객님께 소개해드리며 고객 만족도를 높이는 데 기여하고 싶습니다. 4주의 인턴 기간에 4개의 보고서와 40개의 아이디어를 정리해 피드백을 받겠습니다. 인턴 때부터 열심히 배워 금융상품 기획 전문가가 되겠습니다.

Worst 답변과 가장 큰 차이점은 지원동기가 적극적이라는 것입니다. 단순히 "부족한 부분을 채우겠다."에서 나아가 자신의 역할을 제시했습니다. 금융 상품 기획 전문가가 되는 데 필요한 첫걸음이 OO 은행 인턴이라는 것을 알 수 있습니다.

합격 꿀 Tip

기업은 인턴에게 큰 기내를 하시는 않습니다. 하지만 너무 지원자 입장에서만 생각하고 답변하면 좋은 인상을 주기 어렵습니다. 회사와 직무에 대해 무관심한 사람을 뽑고 싶은 면접관은 없습니다. 예비 사회인으로서 프로의식을 갖고 임하세요. 직무에 대한 열의와 기업 분석은 필수입니다.

15 인턴 기간에 이루고 싶은 목표가 무엇인가요?

기아, 롯데호텔, 포스코, 한국전력공사, 한국토지주택공사, 현대자동차, IBK기업은행, LG전자, SK텔레콤 기출

인턴도 회사 구성원입니다. 제한적인 일을 수행하더라도 적극적인 자세는 필요합니다. 목표가 구체적일수록 입사하고자 하는 열정이 잘 드러납니다. 지원 회사의 사업 내용을 살펴보고 자신이 기여할 수 있는 부분에 대해 고민해주세요. 한 회사 인사담당자는 "목표를 물어보면 신나서 이야기하는 사람이 있다. 그런 지원자를 보면 같이 일하고 싶은 마음이 든다."라고 조언했습니다.

👎 WORST 답변

> 인정받는 인턴사원이 되고 싶습니다. 먼저 선배님들께 인사를 잘하고 웃는 얼굴로 편안하게 다가가겠습니다. 모르는 것은 질문하고 최선을 다해서 배우겠습니다. 주어진 업무는 열정을 다해 처리하고 일이 없을 때도 선배님들의 업무를 돕기 위해 노력하겠습니다. 노력하는 자는 즐기는 자를 이길 수 없다고 합니다. 인턴 기간에 즐기면서 일하겠습니다.

선배 사원을 존중하고 빨리 배우는 자세는 직장생활에 필수입니다. 이런 내용을 목표로 제시하면 차별화된 인상을 주기 어렵습니다. 인사를 잘하고 편하게 다가가는 것은 회사가 아니라 자신을 위한 목표 실행 방안에 가깝습니다. 더불어 명언, 사자성어, 속담처럼 많이 알려진 말은 면접 때 활용하지 않는 것을 권합니다.

고객 서비스 개선 방안을 찾고 고객 만족도에 기여하고 싶습니다. 서울교통공사 입사를 준비하면서 부산교통공사, 인천교통공사의 고객 서비스 헌장 이행 실적을 비교해 보았습니다. 서울교통공사가 잘하는 부분과 상대적으로 부족한 부분을 찾을 수 있었습니다. 보다 고객 만족도를 높일 방안을 직원과 고객의 입장에서 같이 고민하겠습니다. SNS를 활용해 고객의 의견도 취합하고 고객의 목소리를 내부에 전달하는 사원이 되겠습니다. 더불어 무슨 일이든 시켜주십시오. 엑셀의 달인도, SNS의 달인도 되고 싶습니다.

인턴과 신입사원의 회사 내 목표는 크게 다르지 않습니다. 회사 내부의 고민을 해결하겠다는 것에서 좋은 평가를 받을 수 있습니다. 이미 다른 지역의 교통공사와 비교해보며 강점과 약점도 파악한 상황입니다. 면접관에게 준비된 인재라는 인상을 줄 수 있습니다.

합격 꿀 Tip

인턴사원을 뽑을 때는 스펙보다 잠재력과 발전 가능성을 중요하게 판단합니다. '입사 후 포부'를 구체적으로 준비해가면 자신의 열정을 잘 보여줄 수 있습니다. 부족한 점에 집중하지 말고 가능성을 보여주세요.

16 다른 회사 어디에 지원했나요?

삼성디스플레이, 삼성물산, 삼성생명, 삼성전자, 포스코인터내셔널, 하나은행, 한미약품, 현대제철, KT, LG디스플레이, LG화학, SK하이닉스, S-Oil 기출

크게 두 가지 상황에서 자주 나오는 질문입니다. 먼저 우수한 지원자를 만났을 때입니다. '우리 회사에 합격했지만 입사를 포기하고 다른 기업으로 가지 않을까?' 하는 걱정에서 질문합니다. 취업이 어렵다고 하지만 역량이 뛰어난 취업준비생은 여러 회사의 기업에 동시 합격합니다. 면접관은 이 질문을 통해 지원자의 현황을 파악할 수 있습니다. 반대로 산업과 직무에 대해 이해가 부족할 때도 이 질문을 합니다. 목표의식을 갖고 지원하는지, 어떤 분야에 관심이 있는지 등을 확인할 수 있기 때문입니다.

👎 WORST 답변

취업이 어렵기 때문에 10여 군데 회사에 지원했습니다. 항공사 1차 면접을 봤고 다른 은행과 백화점에 지원했는데 현재 서류 발표를 기다리고 있습니다. 나머지 회사는 모두 서류전형에서 불합격했습니다.

불필요한 내용을 많이 이야기하고 있습니다. 상담하듯 구직 활동 과정을 자세히 말하지 않아도 괜찮습니다. 이 경우에는 "OO 은행 서류 발표를 기다리고 있고 항공사 1차 면접을 보았습니다."처럼 짧게 말하는 것을 추천합니다. 일반적으로 동종업계에 많이 지원하는데, 은행 면접을 보면서 항공사와 백화점 이야기를 꺼내면 의문이 생길 수가 있습니다. 정말 은행에 관심이 많은지 다시 한번 확인할 수 있으니 대비를 하기 바랍니다.

우리은행과 국민은행 등 다른 금융권 네 곳에 지원했습니다. 두 곳은 서류전형 결과를 앞두고 있고, 한 곳은 1차 면접 후 결과를 기다리고 있습니다.

은행 면접을 보는 상황에서 동종업계를 언급하면 산업에 대한 지원자의 일관성을 확인할 수 있습니다. 여러 회사에 지원했으니 면접관은 자연스럽게 "모두 합격한다면 어디를 선택하겠는가?"라고 질문할 것입니다. 이때 "여러 지점을 직접 방문해보니 제가 지원한 기업 중에 가장 가고 싶은 곳은 새마을금고중앙회입니다."처럼 경험을 바탕으로 입사 의욕을 보여주세요.

합격 꿀 Tip

불합격한 기업은 따로 이야기하지 마세요. 현재 전형 진행 중인 회사를 말하는 것이 좋습니다. 서류나 면접전형에서 떨어졌다고 하면 면접관은 지원사가 불합격한 이유를 찾으려 할 것입니다. 또한 면접 보는 회사 한 곳만 지원했다고 답변하는 경우도 있는데 요즘처럼 취업이 어려울 때 왜 한 곳만 지원했는지 궁금할 수 있습니다. 정말 한 곳만 지원했다면 그 이유를 명확하게 설명해야 합니다.

17 이직 사유가 무엇인가요?

기아, 삼성디스플레이, 삼성물산, 삼성생명, 삼성전자, 우리은행, 포스코, 포스코인터내셔널, 하나은행, 한화, 현대모비스, 현대자동차, 현대제철, GS칼텍스, KT, LG디스플레이, LG전자, LG화학, SK이노베이션, SK하이닉스, S-Oil 기출

이직한 적이 있거나 퇴사를 앞두고 있다면 자주 나오는 단골 질문입니다. 채용은 오랫동안 함께 일할 직원을 뽑는 과정입니다. 이직의 이유를 확인함으로써 우리 회사에 들어와서 쉽게 떠날 사람인지, 아닌지 확인하는 질문입니다. 타당한 이직 사유를 설명하는 것이 중요합니다. 이직 사유로 정말 하고 싶은 일을 찾았다는 부분을 어필해도 좋습니다. 직무에 대해서 피상적으로 이해하고 입사했는데 "직접 일을 해보니까 구매가 자신과 잘 맞고 더 매력적으로 느껴져서 OO 회사 구매로 지원했다."고 말하는 것도 괜찮습니다.

👎 WORST 답변

업무 강도가 너무 강해서 그만두었습니다. 야근은 필수였고 주말에도 출근하는 경우가 많았습니다. 주 52시간 미적용 사업장이라 개인 시간을 갖기 어려웠습니다.

이렇게 답변하면 면접관은 '우리 회사에서도 일이 늘어나면 쉽게 그만두겠구나.'라고 판단합니다. 직장인의 퇴사 이유는 낮은 연봉, 상사와의 불화, 근무 강도 등 기업과 직무에 대한 불만이 대부분입니다. 회사에 대한 불만을 직접적인 이직 사유로 말하는 것은 추천하지 않습니다.

막상 입사해보니 제가 원하던 일이 아니어서 이직을 결심했습니다. 설계 직무이기 때문에 제가 직접 설계하는 것으로 알았는데 그룹계열사인 OOO 엔지니어링에 설계를 의뢰하고 설계 사양과 도면 등 개발 일정관리가 주 업무였습니다. 제가 다닌 OOOO 건설은 기업문화도 좋고 부서 팀워크도 좋았지만 설계 엔지니어로서 직접 설계하고 싶다는 의지가 강했기에 퇴사를 결심했습니다.

전 회사의 설계 업무 시스템을 잘 알지 못하고 입사를 한 경우입니다. 설계를 직접 하는지, 외주를 주는지 신입 지원자가 알기는 쉽지 않습니다. 그렇기 때문에 이직하는 이유를 이해할 수 있습니다. 이직 사유를 말할 때는 회사보다 자신에게서 그 이유를 찾는 것을 권합니다. 회사에 대한 불만을 이야기하기보다 자신이 잘못 알았던 점을 팩트 위주로 말하면 보다 명쾌한 인상을 줄 수 있습니다. 이직을 결심할 정도로 설계에 대한 열의가 높다는 것도 어필할 수 있습니다.

합격 꿀 Tip

대기업의 경우 3년 이내의 경력은 인정을 안 해주는 경우가 많습니다. 만일 이직의 횟수가 잦다면 이력서에 짧은 경력은 지우는 것을 추천합니다. 이직 경험이 많다면 부정적인 편견을 갖고 지원자를 평가할 확률이 높기 때문입니다.

18 마지막으로 하고 싶은 말이 있나요?

건강보험심사평가원, 국민연금공단, 기아, 삼성디스플레이, 삼성물산, 삼성생명, 신세계, 주택관리공단, 포스코, 포스코인터내셔널, 한국도로공사, 한국철도공사, 한국토지주택공사, 한전KPS, 한화, 현대모비스, 현대자동차, 현대제철, IBK기업은행, LG전자, LG화학, SK이노베이션, SK텔레콤, SK하이닉스, S-Oil 기출

면접이 끝났음을 알리는 마지막 질문입니다. 면접 시간을 다 채웠다면 생략하기도 합니다. 입사 의지를 전달하고 마무리를 해주세요. 하고 싶은 얘기가 없다고 하면 회사에 대한 관심이 부족하다고 판단할 수 있습니다. 자주 나오는 질문인 만큼 미리 답변을 준비하는 것이 좋습니다. 마지막 메시지를 전달할 때는 기존보다 한 톤 올려서 강조하는 것을 권합니다. 꼭 들어오고 싶다는 마음을 담아 좀 더 의욕 있게, 씩씩한 모습을 보여주세요.

👎 WORST 답변

먼저 면접 자리까지 오게 해주셔서 감사합니다. 궁금한 점은 주 52시간 근무제도를 시행하고 있는지 알고 싶습니다. 뽑아주신다면 최선을 다해서 열심히 일하겠습니다.

마지막 질문을 통해 회사에 대한 관심과 센스를 확인할 수 있습니다. 지금까지 좋은 인상을 주었다고 해도 이런 질문을 하면 마이너스입니다. 지원자가 회사생활을 할 때 가장 중요하게 생각하는 것이 근무 시간이라는 것을 보여준 것입니다. '야근이 많으면 지원자가 회사를 오래 다니기 어렵겠네.'처럼 부정적인 평가를 할 수 있습니다. 열심히 하겠다는 말도 진정성이 없게 느껴집니다. 근무 시간, 연봉, 복지는 회사를 고를 때 중요한 요소이지만 이런 점은 면접에 합격한 후 확인해도 늦지 않습니다.

저는 IT 전공을 하면서 심리학에 관심을 두고 공부했습니다. IT 서비스를 기획하고 개발할 때 고객의 만족도는 매우 중요합니다. 제가 배운 심리학 지식을 IT 업무에 적용하고 싶습니다. 소비자심리 이론을 통해 고객의 요구사항을 정확히 파악하고 사회심리 지식을 통해 IT 트렌드를 파악하겠습니다. IT 전공과 심리학을 융합한 역량으로 금융 IT 트렌드를 이끄는 회사의 비전에 기여하겠습니다.

자신의 강점과 입사 의지를 명확히 전달했습니다. IT는 기획 단계에서 고객의 니즈를 정확히 파악해야 합니다. 고객의 마음을 소비자 심리학으로, 그리고 고객의 트렌드를 사회심리 지식으로 파악하겠다는 부분을 논리적으로 잘 설명했습니다.

합격 꿀 Tip

"궁금한 점을 이야기하라."는 것은 우리 회사를 얼마나 알고 있는지 다시 한번 확인하는 질문입니다. 기업 분석을 하다 보면 궁금한 점이 생길 것입니다. 무엇을 질문하는지를 보면 얼마나 회사에 관해 공부하고 살펴봤는지 쉽게 알 수 있습니다.

19 최근 사회적 이슈에 대한 의견을 말해보세요.

기아, 삼성디스플레이, 삼성물산, 삼성전자, 포스코인터내셔널, 한국전기안전공사, 현대엔지니어링, CJ프레시웨이, GS칼텍스, SK텔레콤 기출

사회 이슈는 범위가 넓습니다. 그중에서 어떤 부분에 관심을 두고 있는지를 보면 지원자의 관심사와 가치관을 알 수 있습니다. 회사와 관련된 사회 이슈라면 산업에 대한 관심이 높다는 것을 어필할 수 있습니다. 물론 그 회사와 연관된 이슈가 아니어도 괜찮습니다. 여기서 중요한 것은 관심을 두고 있는 이유와 그것에 대한 자기 생각입니다.

WORST 답변

빅히트 엔터테인먼트가 세계에서 가장 혁신적인 기업 4위에 올랐다는 점입니다. 저도 그룹 BTS를 좋아하는데 빅히트가 혁신 기업으로 선정된 것은 BTS 때문만은 아니었습니다. 빠르게 바뀌는 디지털 음악 시장에서 팬과 아티스트를 연결하는 플랫폼의 혁신을 이뤘다는 점에서 인정을 받고 있습니다. 최근 한국 영화가 아카데미 시상식에서 작품상을 받아 그 감동이 남아있는데, 이렇게 빅히트가 세계에서 혁신 기업으로 인정받아 자랑스럽습니다.

사회적 이슈를 말할 때는 자신의 의견을 명확히 덧붙여야 합니다. 우리나라 기업이 혁신 기업으로 인정받은 것은 축하할 일이지만 이슈에 대한 지원자의 의견은 담기지 않았습니다. 단지 신문 기사를 옮겨 답변하고 '자랑스럽다.'는 느낌을 말하는 데 그치고 있습니다.

마케팅에 관심이 있는 저는 데이터 3법 통과에 많은 관심이 있습니다. 이 법의 핵심은 비식별화한 정보를 개인 동의 없이 활용할 수 있도록 하는 것입니다. 민간 소비의 최전방에서 관련 데이터를 수집해온 신용카드 정보를 활용한다면 개인정보, 구매 패턴 등의 정보를 기반으로 개별 맞춤형 상품 마케팅이 가능합니다. 반면에 정보를 다루는 기업은 개인정보 유출에 경각심을 갖고 보안을 강화해야 합니다. 결국 소비자들에게 도움이 될 수 있다는 부분을 적극 어필해야 할 것으로 생각합니다.

직무와 연관된 데이터 3법 통과를 선택했기 때문에 시사상식은 물론 직무에 대한 관심도 함께 어필했습니다. 또 법안이 마케팅에 어떤 방식으로 활용 가능한지 구체적으로 설명했고 정보를 활용할 때 유의할 점도 인식하고 있습니다. 이슈와 직무를 연결해서 답변한 점이 돋보입니다.

합격 꿀 Tip

사회적 이슈를 고를 때는 정치, 종교 등 민감한 부분을 제외하는 것이 좋습니다. 근로기준법 6조(균등한 처우)를 보면 "사용자는 근로자에 대해 남녀의 성을 이유로 차별적 대우를 하지 못하고, 국적·신앙 또는 사회적 신분을 이유로 근로조건에 대한 차별적 처우를 하지 못한다."라고 쓰여 있습니다. 신입사원을 채용할 때도 마찬가지입니다. 정치, 종교는 자신만의 신념과 가치관에 따라 다른 선택을 할 수 있지만 한쪽의 입장에서 말하면 편향적인 사고를 하고 있다고 느끼게 할 수 있으니 유의해야 합니다.

20 지원한 직무를 한 단어로 표현해보세요.

직무를 한마디로 표현하기 위해서는 직무에 대해 충분히 이해하고 고민해봐야 합니다. 이 질문을 통해 직무에 대한 관심과 순발력을 동시에 확인할 수 있습니다. "마케팅은 희망이다."보다는 "마케팅은 파란색 바나나와 닮았다."처럼 표현하는 것이 좀 더 힘있게 다가올 수 있습니다. 물론 그렇게 생각한 이유도 논리적으로 제시해야 합니다.

👎 WORST 답변

회계는 경영의 언어입니다. 회계는 경영의 흐름을 숫자로 바꾸어 놓은 것입니다. 기업의 회계 정보는 기업과 이해 관계자인 주주와 고객, 직원들과의 의사소통 수단이 됩니다. 회사 내의 다양한 거래를 정리하고 요약하며 회계 문법인 IFRS에 맞춰 재무제표를 작성 후 공시해야 합니다.

회계를 경영의 언어라고 한마디로 표현한 것은 명쾌합니다. 다만, 이러한 내용은 널리 알려져 아쉽습니다. 흔히 회계를 기업의 언어, 비즈니스 공용어, 경영의 언어, 돈의 언어라고 합니다. 이런 내용을 언급하면 차별화를 주기 어렵습니다. 충분히 고민해서 자신만의 이야기를 전달해야 합니다.

영업은 '뚝심'이고 영업사원은 '뚝심의 해결사'라고 생각합니다. 영업사원은 고객에게 제품을 판매하는 것이 아니라 고객의 문제를 해결하기 위해 뚝심 있게 노력해야 합니다. 고객의 니즈는 빠르게 변화합니다. 일시적으로 문제를 해결했다고 해도 다음에도 우리 제품을 사용할지는 미지수입니다. 고객이 스마트폰을 구매할 때 항상 기존 회사의 최신 버전을 사는 것은 아닙니다. 사회가 변화하고 발전하면서 고객의 눈높이는 계속 높아지고 있습니다. 지속해서 고객의 문제점이 무엇인지 관심을 두고 뚝심 있게 노력해야만 신뢰를 쌓을 수 있다고 생각합니다.

뚝심이라는 단어를 활용해 영업 직무를 소개했습니다. 빠르게 변화하는 상황에서도 지치지 않고 끈기 있게 문제를 해결할 것이라는 힘이 느껴집니다. 해당 직무 역할과 중요사항 등을 고려해 단어를 골라주시기를 바랍니다.

PART 4

합격 꿀 Tip

현직자가 쓴 책에는 참고할만한 노하우가 한가득 들어 있습니다. 마케터 직무를 희망한다면 『MD의 정석』을, 영업 직무를 희망한다면 『영업은 배반하지 않는다』를, 해외영업 직무를 희망한다면 『해외영업으로 먹고살기』를 추천합니다.

21 지원한 직무의 주요 업무에 대해 말해보세요.

근로복지공단, 기아, 삼성생명, 주택관리공단, 하나은행, 한국국토정보공사, CJ올리브네트웍스, IBK기업은행, LG전자, LG화학 기출

직무에 대해서 기본을 갖추고 있는지 확인하는 질문입니다. 예상외로 해당 직무를 정확히 모르고 지원하는 취업준비생이 많이 있습니다. 직무에 대해서 정확히 알지 못한 채 상식을 바탕으로 말하면 좋은 점수를 받기 어렵습니다.

👎 WORST 답변

마케팅 직무는 기업의 제품이 자연스럽게 대중들에게 스며들 수 있도록 PR하는 것입니다. 저는 한 회사에서 6개월 동안 마케팅 인턴을 하면서 업무에 필요한 능력을 갖추기 위해 노력했습니다. 단순히 책상에 앉아 아이디어를 내는 것이 아니라 현장을 뛰어다니며 고객의 목소리를 듣고 제품에 대한 고객 반응을 조사했습니다. 경영학 전공지식과 통계지식을 바탕으로 누구보다 마케팅 업무를 잘 해낼 자신이 있습니다.

직무에 대해 정확히 알고 있다는 인상이 들지 않습니다. 게다가 질문의 초점과 다른 이야기를 많이 하고 있으며, 근거도 추상적입니다. 물어본 것에 대해서만 말하거나 물어본 것을 중심으로 답변해야 합니다.

👍 **BEST 답변**

영업관리는 매출관리, 매장 및 고객관리, 사원관리 등 백화점 현장에서 일어나는 모든 일을 담당하는 백화점의 트렌드리더입니다. 먼저 담당하는 브랜드의 매출 목표를 이루기 위해 각종 프로모션 행사를 기획하고 실행합니다. 사은 행사와 세일 행사를 기본 플랜으로 세우고 다양한 행사에서 차별화된 기획을 하기 위해 노력합니다. 백화점을 다니시는 선배님께서 영업관리 직무는 하루도 똑같은 일을 하는 경우가 없다고 말씀하신 적이 있습니다. 어떤 날은 브랜드 매니저와 종일 미팅을 하고 어떤 날은 갑작스러운 컴플레인으로 고객님 댁까지 상품을 배송해드리기도 하고 신규 매장 오픈 준비를 위해 밤을 새우기도 하고 이처럼 영업관리직은 한마디로 말할 수 없는 다양한 매력을 가졌다고 생각합니다.

백화점 영업관리 직무에 대해서 잘 소개했습니다. 특히 선배로부터 하루 일과와 주요 업무를 자세하게 듣고 생생하게 표현한 점이 돋보입니다.

PART 4

합격 꿀 Tip

지원 직무뿐만이 아니라 관련이 있는 직무에 대해서도 이해를 해야 합니다. "마케팅과 영업의 차이가 무엇인지 아는가?"라는 질문이 나올 수 있기 때문입니다. 마케팅·MD·홍보·영업의 차이를, 재무·회계의 차이를, 생산관리·생산기술의 차이를, 품질관리·품질경영·품질보증의 차이를 확인해주세요. 지원 직무와 함께 유관 직무를 조사하면 해당 직무의 매력을 보다 명확하게 파악할 수 있을 것입니다.

22 지원한 직무에 가장 필요한 역량이 무엇이라고 생각하나요?

건강보험심사평가원, 국민연금공단, 기아, 삼성디스플레이, 삼성물산, 삼성생명, 주택관리공단, 포스코, 포스코 인터내셔널, 한국도로공사, 한국철도공사, 한국토지주택공사, 한전KPS, 한화, 현대모비스, 현대자동차, 현대제철, CJ ENM, IBK기업은행, LG전자, LG화학, SK이노베이션, SK하이닉스, S-Oil 기출

직무역량은 업무에서 탁월한 수행을 하거나 뛰어난 결과를 내는 사람의 특성에 기초하고 있습니다. 이 질문에 답할 때는 막연하게 자기 생각을 말하기보다 해당 직무에서 요구하는 역량이 무엇인지, 일을 잘하는 직장인은 어떤 역량을 가졌는지 파악하는 것이 필수입니다. 그러한 역량 중에서 자신이 생각할 때 가장 중요한 것을 골라 소개해주세요.

👎 WORST 답변

연구개발에는 끈기가 필요합니다. 대학시절 프로젝트를 하며 '마이크로 마우스'를 제작했습니다. 만능기판에 50개가 넘는 전자 소자와 100개 이상의 전선을 배선하고 납땜했습니다. 마우스를 정확하게 제어하기 위해서는 모든 부분을 신경 써야 했지만 전선 연결을 확인하는 데 많은 시간을 쏟았습니다. 테스트하는데 제대로 작동하지 않았습니다. 문제점을 해결하기 위해서 전선을 하나하나 따라가며 확인하고 수정했습니다. 처음부터 끝까지 확인하고 수정하며 다시 납땜하는 노력 끝에 성공할 수 있었습니다.

연구개발에 끈기가 필요한 것은 맞지만 이 내용을 보면 전문적인 지식이나 스킬이 부족하다는 것을 알 수 있습니다. 위 문제 상황에서는 회로를 블록으로 나누고 동작이 안 되는 부분을 중심으로 트러블슈팅을 해야 합니다. 문제를 비효율적으로 해결하면서 끈기 있다고 주장하면 좋은 인상을 주기 어렵습니다.

효율적인 반도체 설계능력이 가장 중요하다고 생각합니다. 반도체 설계를 할 때 효율을 고려하지 않으면 설계 면적이 커지고 전력 소비도 증가하기 때문입니다. VLSI 수업에서 SRAM과 SRAM Controller 설계를 할 때 실패 경험을 통해 면적과 전력사용량을 줄였던 적이 있습니다. 실패 원인은 기생 커패시턴스(Parasitic Capacitance)와 소자배치였습니다. 재설계 시에는 전체적인 설계 방향을 미리 잡아 각 소자의 위치를 선정했습니다. 또 VDD, GND의 위치와 소자 간 대칭을 통해 LAYOUT과 공정단계에서의 Process Variation도 고려했습니다. 소자 Scheme부터 계획하니 기존보다 약 30%의 면적을 줄일 수 있었고 Metal Line의 감소로 기생 커패시턴스도 줄어들었습니다. 또한, 오류 분석과 수정이 쉬워져 프로젝트 진행에 효율이 높아졌습니다.

직무에서 필요한 역량을 잘 골랐고 역량에 맞는 경험도 구체적으로 소개했습니다. 가장 눈에 띄는 것은 문제점에 대한 원인을 분석해서 재설계를 했다는 점입니다. 실제 현업에서 고민하는 문제점인 면적 효율성과 배치의 중요성을 잘 표현했습니다.

PART 4

합격 꿀 Tip

역량은 측정할 수 있고 업무와 연관성이 매우 높습니다. 예를 들어 식품회사 구매 직무에 필요한 역량은 식품 및 포장재 원료 이해, 업계 동향과 시장 분석, 협상능력, 원료에 대한 기초 지식, 치밀한 원가분석능력, 주도적이고 책임감 있는 태도 등입니다. 회사 홈페이지의 직무소개 코너에 역량에 대한 정보가 자세하게 나와 있으니 확인해보세요.

23 직무수행에 있어 타인과 차별화된 경쟁력이 무엇인가요?

국민건강보험공단, 국민연금공단, 기아, 삼성디스플레이, 삼성물산, 인천국제공항공사, 포스코, 포스코인터내셔널, 한국도로공사, 한국철도공사, 한국토지주택공사, 한전KPS, 한화, 현대모비스, 현대자동차, 현대제철, CJ ENM, IBK기업은행, LG전자, LG화학, SK하이닉스 기출

직무역량 중 가장 뛰어난 것을 묻고 있습니다. 직무 분석이 일의 단계, 구성 요소를 분석하는 데 초점을 둔다면 역량은 비즈니스 성과 증대(Performance Improvement)에 초점을 둡니다. 이 질문에 답할 때는 단순히 지식이나 생각을 주장하기보다는 성과를 높이는 데 기여할 수 있는, 더욱 직접적인 경험을 소개하기 바랍니다.

👎 WORST 답변

통신사 영업관리 직무에 필요한 리더십을 갖고 있습니다. 학창시절 반장을 도맡아 했습니다. 고등학교 때는 부회장을 했습니다. 대학에서는 과 대표, 학생회 임원도 했습니다. 특히 학회장을 하면서 체육대회를 준비해 우승으로 이끈 경험이 있습니다. 이러한 리더십으로 영업 성과를 내기 위해 최선을 다하겠습니다.

리더십이 통신사 영업관리직에 가장 중요한 역량일까요? 만약 그렇다면 어떤 면에서 중요한 것인지 설명을 해야 합니다. 이 사례는 주장과 사례 모두 평범하고 추상적입니다. 맞춤형 준비가 필요합니다.

백화점 영업관리 직무에 필요한 두 가지 강점이 있습니다. 첫째, 아웃렛에서 1년 동안 판매 아르바이트를 하며 브랜드 사원들의 고충을 경험하고 목표금액보다 매출을 20% 이상 올린 경험이 있습니다. 이런 경험은 협력사원들과 커뮤니케이션할 때 큰 도움이 될 수 있다고 생각합니다. 둘째, 백화점 숙녀복 브랜드 디자인실에서 인턴을 하며 고객이 선호하는 상품을 보는 안목을 키웠습니다. 디자이너가 팔고 싶은 옷이 아니라 고객이 사고 싶은 옷을 디자인하기 위해 시장조사를 철저히 했습니다. 행사 기획을 잘하여 고객이 선호하는 제품을 판매하도록 노력하겠습니다.

주장하는 장점과 이를 뒷받침하는 근거가 잘 이어집니다. 이처럼 그동안의 경험과 필요역량, 지원 분야가 자연스럽게 잘 연결될 때 설득력이 높아집니다.

합격 꿀 Tip

자신의 경험이 차별화되었는지, 그렇지 않은지를 판단하는 기준은 간단합니다. 바로 남과 다른 경험을 하거나 같은 상황에서 다른 선택을 하는 것입니다. 예를 들어 아이스크림 판매점 아르바이트 경험이 있다면 상당수 지원자는 "친절하게 고객을 응대해서 점장님께 인정을 받았다."는 내용을 강조합니다. 다른 사람도 다 주장하는 내용을 밀하면 눈에 띄기 어렵습니다. 이때 "재고관리가 잘 안 되어 폐기되는 제품이 많아 제품별, 계절별 판매량을 분석했고 수요 예측을 통해 발주했다."고 설명하면 어떨까요? 이처럼 자신이 경험했던 것 중에서 분석력이나 실행력 등을 보여주는 대표 사례를 소개해주세요.

24 부족한 역량을 보완하기 위해 어떤 노력을 했나요?

삼성디스플레이, 삼성물산, 우리은행, 포스코, 포스코인터내셔널, 한국도로공사, 한화, 현대모비스, 현대자동차, 현대제철, CJ ENM, IBK기업은행, LG전자, LG화학 기출

질문 그대로 부족한 역량을 알고 있는지, 알고 있다면 어떤 노력을 했는지 확인하는 질문입니다. 입사해도 직무역량은 지속해서 개발해야 합니다.

👎 WORST 답변

고객 만족 경험이 부족해서 제과점 아르바이트를 했습니다. 고객이 혜택을 받을 수 있도록 계산을 할 때 할인과 포인트 카드 유무를 꼭 확인했습니다. 또 고객의 입장에서 생각하며 제품을 추천해드렸습니다. 연령과 성별에 맞춰서 빵의 식감과 당도 종류를 분석해서 추천해드렸더니 고객 만족도가 높았습니다. OO 은행에서 고객을 대할 때도 고객 만족도를 위해서 노력하겠습니다.

부족한 고객 만족 경험을 채우기 위해 고객을 상대하는 제과점에서 아르바이트를 한 경험은 좋습니다. 그러나 아르바이트하며 대처했던 행동은 자발적인 노력보다는 원래 해야 할 역할입니다. 당연히 해야 할 일을 잘했다고 주장하면 면접관의 호감을 사기 어렵습니다.

건설회사에 필요한 글로벌 경험을 쌓기 위해 '호주에서 건축 일을 하겠다.'는 목표를 세우고 떠났습니다. 50여 군데 이력서를 보냈지만, 졸업장이 없는 동양인을 써줄 곳은 없었습니다. 먼저 두려움과 영어를 이겨내야겠다고 생각해 레스토랑 일을 얻었고 하루 200명 이상 외국인 고객을 접하는 캐셔 직을 선택했습니다. 인도, 파키스탄, 호주 등 다국적 친구들의 시간표를 짜줄 정도로 언어와 문화를 익힐 수 있었습니다. 그다음에는 본래 목표인 건축 일을 하기 위해 현장을 직접 찾아가 인맥을 쌓아야겠다고 생각했습니다. 집 근처 공사장을 방문해 호주인 관리자에게 일하고 싶다고 의욕을 보였더니 CAD를 다룰 줄 아는 저에게 3개월간 CAD 도움을 통해 일할 기회를 주었습니다. 호주에서 두 가지 일을 하며 지속적인 노력은 결국 통한다는 것을 배웠습니다.

직무역량을 쌓기 위해 단계적으로 노력했음을 잘 전달했습니다. 발로 뛰는 열정이 잘 드러나 있습니다.

합격 꿀 Tip

누구나 약점이 있습니다. 하지만 그것은 채우기 위해 노력한 사람과 그렇지 않은 사람은 평가가 달라집니다. 대학시절 전공과목에 집중하지 않아서 학점이 낮은 지원자가 지식을 채우기 위해 자격증을 3개 취득하고 200시간의 정부 교육을 받았다면, 그 지원자는 지식에 성실함, 진정성이라는 경쟁력을 더할 수 있습니다.

25 직무수행 시 예상되는 어려움은 무엇인지, 어떻게 극복할 것인지 말해보세요.

국민건강보험공단, 삼성생명, 한국전기안전공사, 한국전력공사, 한국철도공사, GS칼텍스 기출

직무에 대한 이해를 확인하려는 질문입니다. 직무 분석을 통해 단점까지 분석을 했느냐 하는 질문은 난도가 있습니다. 다른 한편으로는 힘든 일이 있어도 잘 다닐 수 있는지를 알 수 있는 질문이기도 합니다.

👎 WORST 답변

회계팀은 결산이 중요합니다. 매월 결산 기간에 가장 일이 몰리고 바쁠 것이라고 예상됩니다. 특히 각 부서의 협조가 필요한데 회계처리 기한을 꼭 준수해주어야 합니다. 만일 기한을 넘어가면 일이 가중되고 회계원칙을 벗어날 수 있기 때문입니다. 이때는 단호하게 안 된다고 말을 해주고 회사 기준을 강조하면서 불이익에 관해 설명하겠습니다.

회계팀의 고충을 잘 이해하고 있습니다. 하지만 문제 시 대응 방안이 적절하지 않습니다. 회계팀은 회사 전체 부서와 관련이 있습니다. 그래서 소통 능력이 필요합니다. 기준을 지키는 것과 함께 다른 팀 관점에서 단계별 커뮤니케이션을 하는 시도가 중요합니다. 면접관은 원칙을 지키면서도 타 팀의 협조를 적극적으로 끌어낼 수 있는 지원자를 선호합니다.

회계팀은 프로세스의 끝에 서 있는 경우가 많습니다. 현업 부서는 회계 이슈에 있어서 전적으로 회계팀을 신뢰합니다. 회계팀은 올바른 가이드를 해주어야 합니다. 개략적인 가이드가 아니라 실제 어떻게 처리해야 하는지 A부터 Z까지 인지하고 있어야 하므로 신경 써야 할일도 많고 책임감이 필요합니다. 따라서 회계 업무를 충실히 수행하려면 회사 내 다양한 거래 관계에 관심을 기울이고 회계라는 문법을 철저하게 익히는 것이 중요합니다. 다양한 거래가 회계처리되는 방식을 정확히 이해하고 업무 범위 내 K-IFRS 기준서를 정확히 숙지하여 적용하겠습니다.

회계팀의 중요성과 책임감을 잘 설명하고 있습니다. 회계 가이드는 정확해야 합니다. 그렇기 때문에 실수하지 않고 노력하겠다는 모습도 자연스럽게 전달했습니다.

PART 4

합격 꿀 Tip

직무수행 시 예상되는 어려움을 머릿속으로 상상하지 마세요. 현직자를 직접 만나 물어보거나 인터뷰 기사를 보면서 직접 확인해야 합니다. 예를 들어 해외 브랜드 국내 바잉을 담당하는 MD(Merchandiser, 상품기획자)는 해외 본사와의 소통 과정에서 어려움을 겪을 수 있습니다. 나라마다 계약 형태나 시장 환경이 서로 다르기 때문에, 우리나라 시장에 대해 이해시키는 설득의 과정이 생각보다 길다고 합니다. 이처럼 실제 업무와 밀접한 이야기를 할수록 면접에서 좋은 인상을 줄 수 있습니다.

26 활동적인 성격으로 보이는데, 반복적인 업무를 잘 할 수 있나요?

지원자들은 입사하면 멋진 일을 할 것이라고 예상합니다. 하지만 신입사원은 회의실 예약, 복사 등 사소한 일부터 시작해서 입사 초기에 단순 반복적인 일을 할 수도 있습니다. 수출팀에 근무하면서 사무실에서 문서처리만 하고 외국에 한 번도 안 나가본 직장인도 있고, 설계팀에 근무하면서 엑셀만 입력하는 일이 주어지기도 합니다. 면접관은 적극적이고 활동적인 지원자가 이처럼 정적이고 반복적인 업무를 잘 수행할 수 있을지 걱정됩니다. 입사를 희망한다면 면접관의 우려를 덜 수 있도록 사례를 바탕으로 자신의 다른 면을 보여주기 바랍니다.

👎 WORST 답변

말씀하신 것처럼 활동적인 성격을 갖고 있습니다. 하지만 무엇이든 시켜주십시오. 잘할 수 있습니다. 군대에서 행정병 업무를 하면서 반복적인 업무를 할 때 사실 조금 힘들었습니다. 하지만 포기하지 않고 끝까지 업무를 수행해서 제대를 할 수 있었습니다. 입사 후 반복적인 업무가 주어져도 열심히 하겠습니다.

면접관에 따라서는 솔직해서 좋다고 평가할 수 있습니다. 하지만 면접을 준비하는 입장에서는 대부분의 면접관이 선호하는 답변을 하는 것이 좋습니다. 반복적인 업무를 대하는 자신만의 노하우가 따로 없다 보니 신뢰가 생기지 않습니다.

반복적인 업무도 잘 할 수 있습니다. 이전에 등록금을 벌기 위해 공장에서 아르바이트를 했습니다. 그때 리벳을 체결하는 일을 반복했습니다. 업무를 하면서 어떻게 하면 일을 효율적으로 할 수 있을지 고민했고 그 결과 리벳을 정렬해주는 리벳분리기를 만들 수 있었습니다. 반복적인 업무도 누군가 해야 할 일이고 중요하다고 생각합니다. 반복적인 업무에 대해서 업무 효율성을 높이기 위해 노력하겠습니다.

반복적인 일도 잘 할 수 있다는 부분을 공장 아르바이트 경험으로 잘 설명했습니다. 어떤 일이든 모두 중요합니다. '반복적인 일'에 대한 지원자의 생각도 돋보입니다.

합격 꿀 Tip

면접 질문을 살펴보다 보면 '는데' 질문이 꽤 많습니다. 전공이 다른데 왜 지원했는지, 공공기관 인턴을 했는데 왜 사기업을 지원했는지, 학점이 낮은데 이유가 있는지 등이 그것입니다. 면접관이 '는데' 질문을 하는 가장 큰 이유는 지원자에 대한 확신을 얻고 싶기 때문입니다. 면접관이 묻기 전에 그런데도 지원한 이유, 당신을 뽑아야 하는 이유를 직접 자신에게 질문해보세요. 스스로 답을 찾았다면 면접관을 설득시킬 확률은 더 높아질 것입니다.

27 전공이 지원한 직무에 적합하다고 생각하나요?

애경산업, 포스코, 포스코인터내셔널, 하나은행, 한국전력공사, 한국환경공단, 한미약품, 현대자동차, 현대제철, KT, LG디스플레이, LG전자, SK하이닉스, S-Oil 기출

전공이 직무와 연관성이 낮거나 일치할 때 모두 나올 수 있는 질문입니다. 면접관도 아는 내용을 지원자도 잘 알고 있는지, 혹은 면접관은 잘 모르는 내용을 지원자가 자신 있게 설명할 수 있는지 등을 확인할 수 있습니다.

👎 WORST 답변

경영학을 전공하며 재무관리, 중급회계, 기업 재무, 경영 전략, 경제학 과목을 수강했습니다. 재무회계에 대한 이해를 높일 수 있었고 경제적 사고와 모형, 비즈니스 사고력을 키웠습니다. 그 결과 한경TESAT, 매경TEST에서 우수한 성적을 받을 수 있었습니다. 이러한 역량으로 기획팀에서 기업의 중장기 사업을 기획하고 신사업 모델을 수립하겠습니다.

전공과목을 단순히 나열하다 보니 산만하게 느껴집니다. 주장하는 것이 무엇인지 핵심을 잘 알기 어렵습니다. 전공능력이 지원한 직무에 적합하다고 생각하는 이유를 물었는데, 이유도 정확히 알기 어렵습니다.

LG전자 구매 담당자는 업체를 발굴하고 협상, 계약을 진행합니다. 특히 개발구매는 연구소에서 선정한 부품의 가격 협상보다 부품설계 초기에 사전 원가절감 및 표준화가 가능한 부분을 검토해야 합니다. 저는 전자공학을 전공하며 전자부품에 대해 많이 공부했습니다. L, R, C 등의 수동형 부품부터 트랜지스터, 반도체와 같은 능동형 부품에 대해 타 전공자보다 전문성을 갖추고 있습니다. 이러한 역량으로 구매 업무를 보다 효과적으로 수행할 수 있습니다.

LG전자의 구매 직무를 잘 이해하고 있습니다. 업무에 맞춰 자신의 전공이 어떤 면에서 부합하는지 논리적으로 잘 설명했습니다.

합격 꿀 Tip

전공과 직무가 일치한다면 직무역량과 전공과목을 매칭해주세요. 단, 전공과목명을 단순히 나열하지 말고 특정 과목에서 배운 어떤 지식이 어떻게 직무에 도움을 줄 수 있는지 명확하게 소개해야 합니다. 한 반도체 장비회사는 면접 때 성적증명서를 제출받고 있습니다. 학교에서 배운 수업 내용을 기반으로 전공지식을 질문하기 때문입니다. 직무와 전공의 연관성이 높다면 이런 상황에도 대비해야 합니다.

28 지원한 직무와 전공이 다른데, 지원한 이유가 무엇인가요?

삼성디스플레이, 셀트리온, 한국국토정보공사, 한국수력원자력, 한국전력공사, 현대모비스, 현대제철, CJ프레시웨이, KT, LG전자, LG화학, SK하이닉스, S-Oil 기출

직무와 지원자의 역량 매치를 확인하는 질문입니다. 전공과 직무의 연관성이 부족할 때 자주 나올 수 있습니다. 이때 중요한 것은 자신감입니다. 지원자가 면접장까지 왔다는 것은 기본을 갖췄다는 것을 의미합니다. 전공이 다르지만, 해당 직무에 관심이 생긴 이유와 계기, 그 후 직무역량을 쌓기 위해 노력한 경험 등을 어필하면 자신만의 매력을 보여줄 수 있습니다. 4차 산업혁명의 키워드는 컨버전스(Convergence), 즉 융합입니다. 자신의 전공과 직무의 연관성이 부족하다는 것을 역으로 이용할 수 있습니다. 전공지식에 새롭게 도전한 직무 경험을 더하면 시야가 확 넓어질 수 있습니다.

👎 WORST 답변

전공을 살려서 취업하기 쉽지 않았습니다. IT 분야는 취업 문이 넓다고 해서 지원했습니다. 국비 지원 JAVA 3개월 교육을 이수했습니다. 완벽하지는 않지만, 팀 프로젝트를 진행하면서 어느 정도의 프로그램을 설계할 수 있습니다. 입사 후 열심히 배우겠습니다.

면접관에 따라서는 솔직한 면을 인정할 수도 있지만, 상당수 면접관은 '갈 곳이 없어서 우리 회사를 오겠다는 것인가?'처럼 부정적으로 평가합니다. 면접장에서는 선의의 거짓말도 필요합니다. 지원 전공과 자신이 가진 역량의 고리를 찾아서 잘 연결해주세요. 기업은 교육기관이 아니기 때문에 무조건 배우겠다는 모습도 피해야 합니다.

정형, 비정형 데이터에서 가치를 찾아 산업에 적용하는 빅데이터 분야가 매력적이기 때문입니다. 문화콘텐츠학을 전공한 저는 평소 문화콘텐츠나 사회현상 분석하기를 좋아했습니다. 그러나 인터넷 검색이나 문헌 정보만으로 근거를 만들다 보니 아쉬운 점이 많았습니다. 경영통계 과목을 수강하면서 데이터 분석에 관심을 가졌고 6개월 동안 빅데이터 교육을 받았습니다. 교육 과정을 통해 데이터를 분석하고 정제하는 과정을 거치면서 데이터를 통하여 해답을 찾을 수 있다는 것이 즐거웠습니다.

빅데이터에 관심을 두게 된 계기를 데이터 분석의 중요성을 바탕으로 잘 설명했습니다. 또한 비전공자로서 직무역량을 쌓기 위해 노력한 점도 잘 담았습니다.

합격 꿀 Tip

만약 전공과 지원 분야가 다른 경우에는 자신만이 강점을 찾아내 직무와 연결해주세요. 예를 들어 사회복지학을 전공했다면 프로그램 기획력을 어필해 기획팀에 지원할 수 있고, 법학과를 전공했다면 신뢰를 중시하는 자세를 강조해 은행에 지원할 수 있습니다. 학과 홈페이지와 성적증명서를 오랫동안 들여다보면 답을 찾을 수 있을 것입니다.

29 지원한 직무와 어울리지 않는 것 같은데, 어떻게 생각하나요?

면접관의 편견이 작용한 경우일 수도 있고, 큰 의미 없이 압박 질문을 한 경우일 수도 있습니다. 어떤 상황이든 부담을 갖지 않고 자신의 생각을 차분히 말할수록 유리합니다. "지원자의 강점은 무엇입니까?" 이 질문은 "지원한 분야와 어울리지 않는 것 같은데, 어떻게 생각하나요?"와 같은 맥락의 질문일 수도 있습니다. 둘 다 지원자의 강점을 파고드는 질문이기 때문입니다. 100점 만점의 지원자는 없습니다. 모두 부족하지만 자신의 강점을 중심으로 어필하고 있는 것입니다. 자신이 가진 역량이 지원 분야에 어떤 도움이 될지 분석하고 경험을 정리하는 것이 중요합니다.

👎 WORST 답변

그렇지 않습니다. 제가 지금 면접에서 너무 긴장해서 제 본 모습을 보여드리지 못한 것 같습니다. 저는 영업에 최적화된 성격을 갖고 있습니다. 입사 후 제가 얼마나 잘 맞는지 보여드리도록 하겠습니다. 믿어주십시오.

"그렇지 않습니다."라는 첫말이 들어간 것과 그렇지 않은 것은 차이가 큽니다. 이렇게 시작하면 지원자에 대한 부정적인 인상이 커질 수 있습니다. 부정어는 조심스럽게 사용해야 합니다. 영업에 최적화된 성격을 갖고 있다고 했는데, 근거가 부족합니다. 무조건 믿어달라고 하는 것도 무리가 있습니다.

👍 BEST 답변

내향적인 성격을 가진 제가 영업직에 잘 어울리지 않는다고 생각하실 수 있습니다. 하지만 고객에 따라 저와 같이 진중하고 담백한 대화를 선호하는 분도 있을 것입니다. 고객에게 부담을 최소화하면서 꾸준히 소통하는 방식으로 영업을 하겠습니다. 저는 한번 맺은 인연을 소중하게 생각하는 성격입니다. 고등학생 때부터 했던 봉사활동을 꾸준히 하고 있고, 5년째 같은 탁구 동아리에서 활동하고 있습니다. 마트 판매 아르바이트를 할 때도 고객에게 진정성 있게 다가가 단골손님을 늘렸으며 판매왕을 한 경험도 있습니다. 성격이 활발하지 않다고 해서 열정이 부족한 것은 아닙니다. 목표를 세우고 꾸준히 노력하는 모습을 보여드리겠습니다.

자신의 장점을 바탕으로 차분하게 매력을 전달했습니다. 답변이 논리적이며 장점을 명료하게 잘 보여줬습니다.

합격 꿀 Tip

면접 때 긴장을 안 할 수는 없겠지만 최대한 자신을 다스려야 합니다. 역량 면접에서는 면접관이 자기소개서를 바탕으로 한 가지 질문에 꼬리물기 식으로 연속된 질문을 합니다. 이는 자기소개서의 허위사실을 찾아내고, 지원자의 깊은 이야기를 듣기 위함입니다.

30 직무역량을 개발하기 위해 어떤 노력을 기울였나요?

삼성디스플레이, 삼성물산, 삼성생명, 주택관리공단, 포스코, 포스코인터내셔널, 한국도로공사, 한국전력공사, 한국철도공사, 한국토지주택공사, 한전KDN, 한전KPS, 한화, 현대모비스, 현대자동차, 현대제철, CJ ENM, IBK 기업은행, LG전자, LG화학, SK이노베이션, SK하이닉스, S-Oil 기출

직무를 선택한 이후에 어떤 노력을 했는지 확인하는 질문입니다. 부족한 역량을 개발하는 경우도 괜찮고 갖춘 역량을 더 강화한 경우도 괜찮습니다. 면접 때 좋은 평가를 받으려면 면접관이 되어 생각해보세요. 역지사지의 자세로 생각하면 답이 보입니다.

👎 WORST 답변

사무 분야에서 가장 중요한 것은 서류작성능력입니다. 정확하고 빠르게 실무를 하는 것이 중요하기 때문입니다. 도서관에서 아르바이트하면서 엑셀과 워드로 자료를 작성하는 일이 많았습니다. 업무를 원활히 수행하기 위해서 워드프로세서 자격증을 공부했었고 결국 취득했습니다. 전문적인 인재가 되기 위해 지금도 컴퓨터 관련 자격증을 취득하고자 노력하고 있습니다.

소재의 경쟁력이 부족합니다. 사무 분야에서 문서작성능력이 필요한 것은 맞지만, 다수의 지원자가 컴퓨터활용능력과 같은 자격증을 갖추고 있습니다. 면접에서는 다른 지원자들보다 경쟁력이 있다는 부분을 어필해야 합니다.

일반사무 직무는 고객과 내부 직원과의 의사소통능력이 중요합니다. 의사소통능력을 키우기 위해 보험회사 콜센터 아르바이트를 했습니다. 전화를 주시는 고객은 보험에 대해서 정확히 알지 못하셨습니다. 그래서 고객의 요구사항을 파악하기가 어려웠습니다. 이를 해결하고자 고객의 요구사항과 관련된 항목을 유형별로 정리하고 통화 시 요구사항을 한 문장으로 정리해서 확인 질문을 했습니다. 추가로 사내 CS 교육을 수강해 연령별 응대 요령을 익히고 업무에 적용했습니다. 이런 노력을 통해 배운 의사소통능력이 사무 업무에 도움을 줄수 있을 것입니다.

일반사무 직무에서 의사소통능력이 왜 중요한지 설명했습니다. 역량을 키우기 위해 자발적으로 어려운 환경이 예상되는 콜센터에서 근무했다는 것은 좋은 평가를 받을 수 있습니다.

PART 4

합격 꿀 Tip

신입사원에게 요구하는 것은 전문직인 지식이 아닙니다. 일마나 일에 내한 열성과 열의가 있고 배우고자 하는지가 더욱 중요합니다. 자신감을 가지고 신입사원으로서의 발전 가능성을 보여주세요. '나는 다른 사람과 다르다.'가 아닌 '다른 시각으로 어떤 것을 볼 수 있다.'라는 것을 정확히 예를 들어 설명해주세요.

31 입사 후 도전하고 싶은 업무는 무엇인가요?

근로복지공단, 기아, 삼성물산, 삼성전자, 포스코인터내셔널, 하나은행, 한화, 현대모비스, 현대자동차, 현대제철, 현대카드, GS칼텍스, LG화학, SK하이닉스 기출

자기소개서의 입사 후 포부와 비슷한 유형의 질문입니다. 면접관은 뚜렷한 목표 없이 면접에 오는 지원자를 선호하지 않습니다. '시키는 일은 무엇이든지 열심히 하겠다.'는 자세는 목표가 없기 때문에 나오는 공허한 메아리입니다. 면접은 지원 분야에 적합한 인재를 찾는 과정이므로 목표가 확고한 인재를 원합니다.

👎 WORST 답변

OO 기업에서 어려운 문제를 해결하여 No.1으로 성장시키고 싶습니다. 교육기관 행정 업무를 하면서 문제를 해결한 경험이 있습니다. 저희 팀의 가장 큰 어려움은 교육 과정에서 미달이 발생하는 것이었습니다. 목표를 달성하기 위해서 10년간 수료생들의 지역과 수도권 초, 중, 고 3,000여 곳에 공문을 월 1회씩 총 3회 발송했습니다. 그 결과 모집인원 미달을 피할 수 있었습니다. 문제해결을 위해 노력한 결과 목표를 달성할 수 있었습니다.

주장의 근거가 설득력이 부족합니다. 먼저 'No.1으로 만들겠다.'는 것은 목표가 현실적이지 않습니다. 도전 목표가 높은 것은 좋지만 현실과 거리가 있습니다. 문제해결력에서도 무엇이 강점인지 알기 어렵습니다. 면접에서 필수 덕목은 중용입니다. 과도한 자신감이나 지나친 소심함, 과장된 제스처는 역효과를 불러올 수 있습니다.

SCM 직무 지원자로 현장을 배우고 싶습니다. 카자흐스탄 창고에서 배운 물류는 책으로 배울 수 없는 경험이었습니다. 더욱 복잡해질 SCM을 위해 창고와 프로세스에 대한 이해가 필수적입니다. 특히 TV, 온라인, 모바일, 카탈로그로 분류된 상품관리를 해야 하므로 더욱 정교해야만 합니다. 현장에서 기본적인 물류 프로세스를 이해하고 재고 및 공급사 관리 노하우를 익히겠습니다. 이 과정에서 아마존의 예측배송 시스템과 같이 수요와 공급 사이의 리드 타임을 줄이고 재고 낭비를 제거하는 물류 프로세스를 도입하겠습니다.

현장의 중요성을 정확히 이해하고 있습니다. 현장을 바탕으로 재고 낭비를 줄이고 물류 프로세스를 도입한다는 것에서 물류를 정확하게 이해하고 있다고 평가할 수 있습니다. 도전의 목표도 현실적입니다. 도전이라고 하면 거창한 것을 생각할 수 있는데, 이처럼 현실적인 이야기를 하는 것이 보다 유리합니다.

합격 꿈 Tip

기업의 로드맵을 활용해 답변하면 좋습니다. 각 기업은 2030과 같은 미래 성장 목표를 갖고 있습니다. 기업 홈페이지에서 로드맵 키워드를 찾고 직무 역할과 연결해 답변을 준비해 주세요.

32 입사 후 자신의 역량을 어떻게 발휘할 것인가요?

국민연금공단, 건강보험심사평가원, 삼성생명, 주택관리공단, 하나은행, 한국전기안전공사, 한국철도공사, 한전KDN, 현대모비스, GS칼텍스, SK이노베이션 기출

포부에 대해 질문하면 "무엇을 하겠습니다."라고 답변하는 지원자들이 많습니다. 지금 껏 노력한 적이 없는데 앞으로 할 수 있다고 말하면 설득력이 부족합니다. 이 때문에 면접관은 자신이 가진 직무역량을 입사 후 업무에 어떻게 활용할 것인지 구체적으로 질문하고 있습니다. 직무역량을 강화하기 위해서는 직무전문가 육성 제도, 글로벌 역량 강화 등 회사 제도를 활용하겠다고 말하는 것을 권합니다. 단, 무엇을 위해 직무역량을 강화하려는 것인지 그 의도와 이유는 업무 활용에서 찾아야 합니다.

👎 WORST 답변

> SAP ERP를 활용한 경험이 있습니다. OO 기업에서도 ERP 활용능력을 발휘하고 싶습니다. 인턴 당시 사용빈도가 많은 기능은 정리를 해두었고 사용하지 않은 기능은 매뉴얼을 다운 받아 실습했습니다. 입사 후에는 문서작성능력을 강화하기 위해 선배들이 작성한 전자문서 를 보면서 엑셀, 워드의 실무적인 능력을 쌓겠습니다.

입사 후 활용 방안이 단편적입니다. 인턴을 할 때 ERP를 다루어 봤다고 소개했습니다. ERP는 전사적자원관리로, 기업에서 업무를 편리하게 해주 는 프로그램 도구입니다. 단기간 교육으로 쉽게 배울 수 있는 프로그램이 에 큰 경쟁력이 있다고 하기는 어렵습니다.

마케터는 고객 데이터를 활용해 상품의 전략을 세우기 위한 분석이 필요합니다. 이런 중요성을 깨닫고 빅데이터 교육을 이수하였으며 ADsP 자격증을 갖추었습니다. '생활 코딩' 사이트를 통해 프로그래밍 공부도 이어가고 있습니다. 입사 후 고객 눈높이에서 데이터를 바라보고 접근할 수 있는 분석 로직 설계능력을 강화하겠습니다. 고객의 패턴과 미세한 변화를 찾아서 빠르게 반응하고 이러한 분석역량으로 고객에게 맞는 마케팅을 기획하고 전략을 수립하겠습니다. 추가로 ADP 자격증을 취득할 목표를 세우고 있습니다.

마케팅 직무 지원자로서 데이터 분석역량을 갖추었습니다. 입사 후에도 데이터 분석에 관심을 두고 이를 활용해 마케팅 직무에 활용하겠다고 답변했고, 관련 데이터 자격증 취득에 대한 계획도 어필했습니다. 마케팅 직무와 데이터 분석역량에 대한 일관성이 눈에 띕니다.

합격 꿀 Tip

입사 후에도 지속해서 전문성을 추구해야 합니다. 내때 맡은 일에 대한 책임감과 애정을 가지고 전문성을 끊임없이 개발하는 것(전문성 개발)은 물론 최신 동향을 수집하며, 새로운 아이디어를 발굴하여 업무를 개선(전문성 적용)하는 노력과 전문 분야에 대한 노하우와 지식을 공식화하여 전파(전문성 전파)하는 시도가 함께 이루어져야 합니다.

33 10년 후 직업적 목표가 무엇인가요?

삼성디스플레이, 포스코인터내셔널, 하나은행, 하나투어, CJ대한통운, GS칼텍스 기출

지원한 직무에 관한 목표를 가졌는지를 확인하는 질문입니다. 목표를 가진 직원과 그렇지 않은 직원은 입사 후 성과에서 큰 차이가 있습니다. 지원 기업 직무에 맞춰서 목표를 제시해주세요. 신입사원이 10년 후 목표를 말할 때는 10년 차 현직자가 하고 있는 일을 기준으로 답변하는 것이 현실적입니다. 지원 부서의 KPI를 찾아보세요. KPI는 'Key Performance Indicator'의 약자로 핵심성과지표입니다. 매년 각 팀은 가장 중요하게 관리할 항목을 정합니다. 현직자와 친분이 있다면 꼭 KPI를 물어보고 이를 포부에 적절히 녹여주세요.

👎 WORST 답변

제조 혁신의 책임자로서 존경받는 팀장이 되겠습니다. 수준 높은 업무 기술과 정직한 윤리관을 가지고 인간성과 전문성을 바탕으로 생산 과정에서 발생하는 문제점을 자세히 분석할 것입니다. 개선 활동을 통해 지속적인 성과를 창출하는 모범 주체로 성장하겠습니다.

신입사원이 대기업에서 10년 후 팀장이 되는 것은 어렵습니다. 회사 승진 체계를 알면 좀 더 현실적인 목표를 말할 수 있을 것입니다. 짧은 분량에 거창하고 추상적인 단어가 너무 많습니다. 수준 높은 기술, 윤리관, 인간성, 전문성과 같은 키워드만 모여있다 보니 핵심이 잘 전달되지 않습니다. 이렇게 답변하면 추상적인 단어 하나하나에 대한 추가 질문을 받을 수도 있습니다.

👍 BEST 답변

환경 업무의 특징은 환경관리법과 관련되어 있어서 위반 시 법적인 책임을 져야 합니다. 국가기관에서 실시하는 정기, 비정기적 점검을 위한 대응을 하면서 신뢰관계를 쌓겠습니다. 또한, 시행되는 법에 대한 해석을 바탕으로 '사내 환경관리 매뉴얼'을 업데이트하고 환경 법규 준수를 하도록 하겠습니다.

환경 업무의 중요성과 관련된 자신의 역할을 잘 답변했습니다. 법 해석능력 향상, 사내 환경관리 매뉴얼 업데이트 등 현실적인 목표를 정확히 제시했습니다.

PART 4

합격 꿀 Tip

대답할 때 핵심 내용을 간결하고 명확하게 전달하는 것은 매우 중요합니다. 긴장한 탓에 의견 정리가 잘 안 되어 장황하게 답변을 늘어놓는 경우도 있습니다. 평소 면접을 준비할 때 질문의 의도를 파악한 다음 핵심적인 근거를 제시해 논리적으로 답변할 수 있는 연습을 해야 합니다. 말끝을 습관적으로 흐린다거나 끝맺음을 제대로 하지 않아 마무리가 부족한 것도 신경 써주세요.

34 입사 후 부족한 역량을 어떻게 보완할 것인가요?

국민건강보험공단, 삼성생명, 주택관리공단, 한국전기안전공사, 한국철도공사, 현대모비스, GS칼텍스 기출

기업·직무 분석을 통해 부족한 역량이 무엇인지 정확하게 파악하고 있다면, 현업에 적응하기 훨씬 수월할 것입니다. 기업은 신입사원이 모든 역량을 갖추고 있다고 생각하지 않습니다. 빠르게 변화되는 환경에 맞춰 끊임없이 지속해서 역량을 개발하는 인재를 원합니다.

👎 WORST 답변

대학에서 이론적 지식역량을 키우는 데 중점을 두었습니다. 입사 후에는 선배님들로부터 현장 실무에 대한 지식과 경험을 배우는 데 주력하겠습니다. 모르는 부분이 생기면 적극적으로 질문하고 완벽히 이해할 수 있을 때까지 노력하겠습니다. 외국어 공부도 꾸준히 할 계획입니다. 영어뿐만 아니라 중국 시장을 준비해 중국어도 공부하겠습니다. 글로벌 인재로 거듭나기 위해 4차 산업과 관련한 트렌드 변화도 지속해서 공부할 수 있도록 노력하겠습니다.

직장 선배들로부터 부족한 역량을 배우겠다는 태도는 피해야 합니다. 기업은 학교가 아닙니다. 스스로 자기 개발을 할 수 있는 인재를 원합니다. 여러 필요 역량을 나열해 노력한다는 답변보다 특정 역량을 개발하기 위한 구체적 계획을 제시해야 합니다.

비건 화장품에 필요한 인공 피부 개발역량을 위해 사내 대학원 지원 프로그램을 이용하고 싶습니다. OO 화장품은 인도 시장 진출을 선언했지만, 출시된 비건 화장품이 전혀 없는 상황입니다. 앞으로 세계에서 가장 큰 시장이 될 인도는 채식주의자가 40%에 이르고 이들을 위한 크루얼티 프리(Cruelty-free, 동물성 원료를 사용하지 않거나 동물 실험을 하지 않는 것) 화장품도 매년 급속도로 증가하고 있습니다. 비건 화장품 개발에서 가장 큰 장애 요소는 동물성 원료를 사용하지 않는 것과 동물 실험을 하지 않는 것입니다. 저는 인공 피부 개발역량을 기르기 위해 사내 대학원 프로그램에 지원할 계획입니다. 야간 대학원을 다니며 현업에 지장을 주지 않고 OO 화장품의 차세대 먹거리가 될 제품의 밑거름인 인공 피부를 개발하도록 하겠습니다.

입사 후 필요하다고 생각하는 역량인 인공 피부 관련 지식을 배우기 위해 어떤 계획을 세우고 있는지 잘 답변했습니다. 기업 정보를 통해 알게 된 사내 대학원 지원 프로그램을 제시한 점도 좋습니다.

합격 꿀 Tip

입사 후 부족한 역량에는 두 종류가 있습니다. 지원 직무에서 필수적으로 요구하는 역량과 미래 사업에 필요한 역량입니다. 직무 분석과 함께 약점을 분석했다면, 필수 역량 중 자신이 갖고 있지 않은 역량을 입사 후 길러야 합니다. 3~10년 차 현직자가 담당하는 업무와 기업의 신사업, 비전 등을 확인하면 미래에 필요한 역량이 무엇인지 알 수 있습니다.

35 자신의 어떤 역량이 해당 직무와 잘 맞는다고 생각하나요?

자기 분석과 직무 분석을 동시에 확인하는 질문입니다. 지원 직무의 역량 중에서 어떤 강점을 가졌는지 명확하게 설명하고 가장 경쟁력 있는 경험을 예시로 소개해주세요. 역량은 조직이 제시하는 성과 기준(BSC, KPI)과 직무수행 환경에 따라 달라질 수 있습니다. 기업별 성과 기준도 함께 살펴보면 맞춤형 대비를 할 수 있습니다.

👎 WORST 답변

인사 직무에 필요한 역량은 친화력입니다. 사람을 좋아하기 때문에 쉽게 친해집니다. 팀 프로젝트를 할 때도 서글서글한 성격으로 먼저 대화를 걸고 사람들도 부담 없이 제게 다가와 팀원들과 가장 먼저 친해집니다. 인사 직무를 할 때도 많은 사원과 친해져서 그들의 의견을 듣고 반영하겠습니다.

'친화력'이라는 키워드는 인사 직무에 대해서 겉으로 드러난 점만 알고 지원한 느낌을 줍니다. 해당 산업과 직무를 정확히 분석해 좀 더 전문적인 이야기를 전달해야 합니다.

IT 개발자에게 필요한 협업과 소통능력을 갖추었습니다. IT 직무를 수행할 때는 비전공자인 외부 고객이나 내부 고객과 협의를 할 때가 많습니다. 경제학과 IT를 모두 전공한 저는 소통 능력이 뛰어나 협업 업무에 강점이 있습니다. 작년 여름 빅데이터 챗봇 개발 프로젝트에 참여했습니다. 다양한 전공을 가진 사람들이 모여 협업하다 보니 기획팀과 개발팀 사이에 많은 충돌이 있었습니다. IT 기술에 대해 잘 모르는 기획팀이 제시한 챗봇은 개발팀의 역량으로는 구현하기 어려웠고 비용 또한 많이 들었습니다. 이때 제가 두 팀 간의 입장 차이를 조율하는 소통의 창구가 되었습니다. 오픈 소스, API 등 기획팀이 모를만한 IT 용어들도 따로 정리해 알려주고 기획서가 수정될 때마다 개발팀에게 피드백을 받고 수정했습니다. 서로 소통을 하니 기획 의도도 더욱 명확해지고 성과도 좋았습니다.

경제학, IT 복수전공을 한 지원자의 사례입니다. 자신의 강점이 해당 직무에 어울리는 이유를 명확히 설명했고, IT 전공자와 비전공자 사이에서 소통 창구 역할을 한 사례도 논리적으로 제시했습니다.

합격 꿀 Tip

한국전력공사 요금관리부 직원에게는 어떤 역량이 필요할까요? 한국전력공사는 전기를 판매해 수익을 창출하므로 정확한 요금 계산과 청구, 이를 적기에 회수하는 일이 중요합니다. 즉, 정확하게 업무를 처리하는 능력이 가장 중요합니다. 기한 내 실수 없이 정확하게 업무를 처리하는 능력, 이를 한국전력공사에서는 '업무확인력'이라고 합니다.

36 가장 좋아한 전공과목이 무엇인가요?

도로교통공단, 한국전력공사, 현대모비스, KT, LG전자, LG화학 기출

일반적으로 자신이 가장 좋아하는 일에 대해서는 열정적으로 임하고, 잘하려고 노력합니다. 그래서 제일 좋아하는 전공과목이 가장 자신 있는 역량일 확률이 높습니다. 이 질문으로 지원자와 해당 직무 사이의 연관성, 직무 전문성 그리고 관심사 등을 알 수 있습니다.

👎 WORST 답변

전공과목 중 건축제도를 가장 좋아합니다. 어려서부터 만화 그리기가 취미였던 저는 남들보다 손재주가 뛰어나다고 생각합니다. 그래서인지 건축제도 실습 과제에서 단 한 번도 최고점을 놓친 적이 없습니다. 친구들뿐만 아니라 교수님께서도 저의 건축제도능력을 칭찬해주실 정도로 빠르고 정확하게 도면을 그리는 것에는 자신이 있습니다.

만화 그리기를 좋아하고 손재주가 뛰어나서 건축제도를 좋아한다는 동기는 설득력이 부족합니다. 이유, 동기에 대해서 구체적인 표현이 필요합니다. 이후 답변에서는 자신의 자랑을 거창하게 이야기하고 있습니다. 빠르고 정확하게 도면을 그린다고 주장하고 있지만, 면접관을 설득시킬 수 있는 근거가 없습니다.

여러 전공 중 건축내진설계를 가장 좋아하고 자신 있습니다. 2017년 포항 지진 때, 할아버지 집 외벽이 무너진 일이 있었습니다. 다행히 아무도 다치지는 않으셨지만 이후 우리나라가 더는 지진의 안전지대가 아니라는 생각에 안전한 집을 짓고 싶다는 목표가 생겼습니다. 기초 역량을 기르기 위해 저학년 때 건축구조역학, 강구조설계를 수강했고 4학년 때 건축내진설계 과목을 선택해 A+의 성적을 받았습니다. 특히 작년 구조물 내진설계 경진대회에 참가해 2등이라는 좋은 성적을 거둔 경험이 있습니다. 이러한 저의 경험과 역량이 고층건물 구조설계 파트에 큰 도움을 줄 수 있다고 생각합니다.

건축내진설계를 좋아하게 된 이유를 포항 지진 경험으로 잘 표현했습니다. 구조물 내진설계 경진대회에 참가하는 등 내진설계 관심에 대한 진정성과 열정이 느껴집니다.

합격 꿀 Tip

단순히 잘해서, 좋은 성적을 받았기 때문에 좋아한다는 대답은 피해야 합니다. 면접관을 설득힐 수 있는 게기, 동기, 이유를 구세식으로 실냉해수세요. 선공시식이 숭요한 분야라면 지원한 직무와 연관이 있는 과목을 고르는 것을 추천합니다. 전공 선택 이유와 마찬가지로 가장 좋아하는 전공과목이 직무와 연결되면 입사 후에도 해당 직무에서 열정과 노력을 발휘할 것으로 예측할 수 있기 때문입니다.

37 전공지식에 관해 설명해보세요.

삼성디스플레이, 셀트리온, 포스코, 한국국토정보공사, 한국전력공사, LG전자, SK이노베이션, S-Oil 기출

직무 전문성을 알아보기 위한 질문입니다. 직무에서 요구하는 전공지식과 관련된 역량 중에서 지원자가 현재 가지고 있는 지식과 부족한 지식이 무엇인지 파악할 수 있습니다. 그리고 이 질문을 통해 지원자가 강점을 보이는 전공 분야나 관심을 두고 있는 분야가 어디인지 확인할 수 있습니다.

👎 WORST 답변

대학에서 컴퓨터공학과를 전공했습니다. 그리고 컴퓨터 구조, 시스템운영체계, C언어, 네트워크통신, Java 소프트웨어, 데이터베이스, 자료 구조 및 알고리즘, 파이썬, 암호학 등 다양한 전공과목들을 모두 B+ 이상의 훌륭한 학점으로 이수했습니다. 이러한 저의 전공지식을 바탕으로 전산팀에서 역량을 발휘하고 싶습니다.

언급한 전공들은 하나의 특정한 직무가 아닌 프로그래밍, 운영체제, 네트워크, 데이터베이스, 정보보안 등 여러 가지 직무와 관련지을 수 있습니다. 이러한 답변은 직무에 대한 전문성을 어필하기 어렵고 직무 분석이 미흡함을 보여줍니다. 단순히 이수한 전공과목을 나열하는 것은 추천하지 않습니다.

전자선행설계팀의 회로설계 직무는 선행팀 특성상 하드웨어설계는 기본이고 소프트웨어설계 능력도 필요합니다. 저는 기초 능력인 회로이론, 전자회로, 디지털회로, 반도체 구조 등의 과목을 우수한 성적으로 이수했고, 특히 부족한 소프트웨어 역량을 기르기 위해 추가로 프로그래밍언어, 마이크로프로세서, 임베디드시스템설계 과목을 모두 A0 이상의 학점으로 이수했습니다. 이를 바탕으로 OOO 반도체 회사에서 주최하는 지능형모형차 경진대회에서 우수상을 받은 경험이 있습니다.

전자선행설계팀에 대한 직무 분석을 통해 필요로 하는 전공지식을 정확하게 잘 답변했습니다. 차별성을 강조하기 위해 추가적인 소프트웨어 역량을 어필했고, 한발 더 나아가 입상 경력을 근거로 성과를 잘 표현했습니다.

PART 4

합격 꿀 Tip

자신이 이수한 전공지식을 단순히 나열하는 것은 오히려 지원자의 직무 전문성에 의문을 긋게 힙니다. 어러 진공지식 뭉 시원한 식부와 관련뵌, 나튼 사람보나 뒤어난, 자별성 있는 자신의 전공지식역량을 구체적이고 정량적 측정이 가능하도록 어필해야 합니다. 만약 부족하다고 느끼는 지식역량이 있으면 그것을 갖추기 위한 노력(자격증, 공모전, 외부교육 등)을 언급해주세요.

38 지원한 회사와 직무에 대한 정보를 어떻게 얻었나요?

지원자가 수집한 정보의 출처를 통해 정보수집능력뿐만 아니라 회사에 대한 관심, 이해도, 절실함을 알 수 있습니다. 얼마나 오랫동안 입사를 위해 준비해 왔는지도 확인할 수 있습니다.

👎 WORST 답변

OO 기업에서 관리하는 채용 사이트와 유튜브가 큰 도움이 되었습니다. 유튜브를 통해 기업의 신기술과 진행 중인 캠페인 사업, 직무 정보, 계열사 소개까지 많은 정보를 얻을 수 있었습니다. 특히 사내 매거진 사이트에 매주 게시되는 현직자들의 하루 일상을 보면서 제가 지원한 직무가 구체적으로 무슨 일을 하고 얼마나 중요한 업무를 담당하는지 알게 되었습니다. 얼마 전 신입사원들이 입사해 연수 프로그램에 참여한 것을 보았는데 저도 꼭 함께하고 싶다는 생각이 강해졌습니다.

최근 많은 기업이 홍보를 위해 자체 블로그와 유튜브를 운영합니다. 하지만 두 가지 채널만으로는 다른 지원자와 차별성을 얻기 힘듭니다. 자신이 기업과 직무에 대한 정보를 얻기 위해 노력한 남다른 내용을 어필해주세요.

대학교 3학년 때부터 1년 동안 각종 정보를 모니터링했습니다. 먼저 RSS(Rich Site Summary) 피드 프로그램을 이용해 뉴스, 블로그, 카페에서 OO 기업과 해당 직무에 대한 정보를 효율적으로 선별해 수집했습니다. 지난 5년간 공시 정보와 회장님 신년사 전문도 빠짐없이 보았습니다. 수집한 정보를 항목별로 정리해 주기적으로 업데이트하기도 했습니다. 현직자의 의견도 직접 듣고 싶어 현직에서 일하는 학과 선배님에게 직접 멘토링을 부탁했습니다. 또한 지난 한 달 동안 일주일에 한 번씩 이곳에 찾아와 선배님과 같이 점심을 먹으며 회사생활에 대한 조언을 들었습니다.

1년이라는 긴 시간 동안 계획적으로 정보를 수집했습니다. RSS 피드를 이용해 시간을 절약했고, 발로 뛴 정보 수집을 위한 노력도 좋은 평가를 받을 수 있습니다.

PART 4

합격 꿀 Tip

기업 정보를 다양한 방법으로 얻을 수 있습니다. 기업 홈페이지, 각종 기업 정보시스템(전자공시시스템, 중소기업현황정보시스템, 알리오), 증권사 종목분석 리포트, 지속가능경영 보고서, 취업 사이트, 뉴스, 신년사 등이 그 예시입니다. 정보를 얻기 위해 다양한 노력을 했음을 강조하고 정보를 얻기 위한 자신만의 노하우도 덧붙여주세요.

39 우리 회사에 대해 아는 대로 말해보세요.

도로교통공단, 삼성물산, 주택관리공단, 포스코, 한국수자원공사, 한국전기안전공사, 한화, 현대제철, CJ대한통운, KT, LG화학, LG디스플레이 기출

회사에 대한 관심과 이해도를 알아보기 위한 질문입니다. 답변을 통해 기업에 관심을 갖고 꾸준히 준비했는지 알 수 있습니다. 기업을 소개할 때는 기본적인 정보를 나열하기보다 회사 이슈, 대표 특징을 언급하는 것이 좋습니다. 회사 홈페이지, 증권사 발행 기업분석 리포트는 물론이고 산업 박람회 및 세미나 참가 등 다양한 경험을 통해 산업 이슈까지 어필하면 더 좋은 인상을 줄 수 있습니다.

👎 WORST 답변

셀트리온은 제약 산업의 불모지에서 세계 최초로 '항체 바이오시밀러'라는 신 산업을 개척한 대한민국 대표 글로벌 종합생명공학 기업입니다. 남들이 가지 않은 길을 개척하며 눈부신 성과를 일궈왔습니다. 비전은 차세대 바이오의약품 및 케미컬의약품 개발을 통해 인류의 건강과 복지 증진의 가치를 실현하는 세계적인 종합생명공학 기업으로 성장해나가는 것입니다. 핵심 가치는 창의성과 원칙 준수, 도전정신, 세계제일주의입니다.

홈페이지에 있는 기업 개요를 그대로 옮겨 말하고 있습니다. 회사 비전, 인재상, 연혁 등을 단순히 외워서 말하면 열정을 보여주기 어렵습니다. 다양한 방법으로 회사에 대한 정보를 얻고 자신만의 시각으로 지원 회사를 분석해 답변하려는 노력이 필요합니다.

셀트리온은 연구개발, 임상, 허가, 생산, 유통에 이르는 바이오의약품 사업 전 과정에 대해 차별화된 One-Stop 통합 솔루션을 제공하고 있습니다. 최근 글로벌 빅파마로 도약하겠다는 포부를 밝혔습니다. 2030년까지 매출을 12조 원까지 늘린다는 목표로 바이오시밀러와 신약 파이프라인 확대에 적극 나서고 있습니다. 바이오시밀러 분야에서 자가면역질환 치료제와 항암제를 중심으로 제형, 용법, 용량을 변경하여 기존 제품들과 차별화된 22개 제품을 확보할 계획입니다. 또한, 자체 개발 및 라이센싱을 통해 확보한 신약을 2030년까지 전체 매출의 40%까지 차지하는 목표를 세운 것으로 알고 있습니다.

셀트리온 사업 영역에 대해서 요약하고 이슈 사항을 답변했습니다. 회사 소식을 구체적으로 알고 있는 것은 물론 신문 기사와 증권사 보고서를 통해 꾸준히 회사 소식을 접해왔음을 강조하고 있습니다.

합격 꿀 Tip

회사에 대해 많은 공부를 했는데, 갑자기 인재상, 비전, 주식시세 등 난변석인 것들 질문할 수도 있습니다. 이때 답변이 떠오르지 않는다면 "긴장해서 비전은 정확히 기억나지 않지만, 제가 관심을 두고 준비한 OO 회사 사업 이슈를 말씀드려도 괜찮을까요?"처럼 적극성을 보여주는 것을 추천합니다.

40 우리 회사의 경영이념에 대해 말해보세요.

경영이념은 경영자가 기업 가치의 제고와 같은 기업의 궁극적인 목적을 설정하고, 이를 실현하기 위한 경영의 이상적인 관념을 의미합니다. 경영철학과 비슷한 뜻으로, 경영이념과 비전, 미션 등을 파악하고 기업을 이해하는 노력이 필요합니다. 특히 경영이념과 경영원칙 등은 다른 면접 질문에 답할 때도 유용합니다. 상황 질문이나 윤리적 딜레마처럼 판단하기 어려운 질문이 나올 때 각 기업의 경영원칙과 행동지침을 참고해 답변해주세요.

👎 WORST 답변

경영이념은 정확히 모르겠지만, 창의적 사고와 끝없는 도전을 통해 새로운 미래를 창조함으로써 인류사회의 꿈을 실현하는 것이 아닐까 생각하고 있습니다.

미리 살펴보지 않으면 잘 답변하기 어렵습니다. 확신을 하고 말하는 것과 그렇지 않은 것은 차이가 있습니다. 경영이념을 잘 모를 때는 경영철학, 인재상, 미션, 비전 등 자신이 알고 있는 다른 내용을 말해주세요. 기업의 경영이념을 모르는 상태에서 사업 현황, 경쟁사 시장 동향 등에 대한 배경지식도 없으면 합격하기는 쉽지 않습니다.

포스코 뉴스룸을 통해 포스코가 '더불어 함께 발전하는 기업시민'을 경영이념으로 삼고 있다는 것을 알았습니다. '기업시민'은 기업이 곧 시민과 같은 역할을 해야 한다는 것으로, 기업시민은 포스코의 새로운 아이덴티티이자 변화를 향한 열망을 담아내고 있습니다. 단순히 사회공헌에 그치지 않고 비즈니스, 사회, 사람, 경영 전반을 포괄하고 있습니다. 기업시민 대표 활동으로는 패각 재활용 사업, 스페이스워크, 리틀 채리티 등이 있습니다. 특히 패각 재활용 사업은 어촌 마을의 골칫거리인 굴 껍데기를 유용한 순환자원으로 재탄생시켰습니다. 매년 발생되는 30만 톤 이상의 패각을 재활용함으로써 지역의 환경오염 문제를 해결하는 것은 물론, 석회석을 대체해 천연자원을 절약하고 더 나아가 CO_2 감축 효과까지 거두었습니다. 기업시민 포스코에서 저 역시 사회에 긍정적 영향을 미치는 데 일조하고 싶습니다.

기업들은 홈페이지, 신문 기사 등을 통해 경영 이념을 널리 알리고 있습니다. 입사를 희망한다면 꼭 확인하여 경영이념에 대해 자세히 이해하시기 바랍니다. 만약 포스코 입사를 희망한다면, '기업시민'에 대해 자세히 알아야 하므로 포스코 공식 미디어 채널인 '포스코 뉴스룸'을 확인해보세요.

PART 4

합격 꿀 Tip

삼성전자 입사를 희망한다면 핵심 가치와 경영원칙, 행동규범을 꼼꼼하게 살펴주세요. 삼성전자가 추구하는 궁극적인 목표는 인재와 기술을 바탕으로 최고의 제품과 서비스를 창출하여 인류사회에 공헌하는 것입니다. 경영원칙은 세부원칙과 행동지침으로 구체화하여 삼성전자 임직원이 지켜야 할 행동규범(Global Code of Conduct)으로 제정했습니다.

41 우리 회사의 경쟁력이 무엇이라고 생각하나요?

아모레퍼시픽, 인천국제공항공사, 포스코, 현대모비스, 현대제철, CJ ENM, CJ올리브네트웍스, CJ제일제당, LG디스플레이, SK하이닉스, S-Oil 기출

회사의 강점에 대한 질문입니다. 경쟁력을 말할 때는 경쟁사와 비교하는 과정을 거쳐야 합니다. 제대로 기업을 공부하지 않으면 답변하기 어려우니 미리 준비해주세요.

👎 WORST 답변

LG생활건강은 고객의 아름다움과 꿈을 실현하는 최고의 생활문화 기업입니다. 고객에게 건강하고 아름답고 활기찬 가치를 제공하고 있습니다. 고객을 위해 끊임없이 변화하고 있는 것이 경쟁력입니다.

LG생활건강에 대해서 피상적으로 칭찬을 하고 있습니다. 고객을 위해서 변화한다는 것은 당연한 얘기처럼 들립니다. 근거도 없이 칭찬만 늘어놓은 듯한 느낌입니다. 이렇게 답변하면 면접관은 "우리 회사가 변화하고 있다는 사례가 무엇인지 말씀해주시길 바랍니다."라고 후속 질문을 할 것입니다.

LG생활건강의 가장 큰 경쟁력은 차별적인 컨셉의 다양한 럭셔리 브랜드를 보유한 것입니다. 궁중 브랜드 '후', 자연발효 브랜드 '숨', 피부과학 브랜드 '오휘', 클린뷰티 브랜드 '빌리프'와 같은 경쟁력 있는 럭셔리 브랜드를 보유하고 있습니다. 더불어 최근 소비자들의 피부건강에 대한 관심이 높아지고 있는 트렌드를 반영하여 더마화장품 라인업을 확대하고 있습니다. 더마화장품 브랜드 'CNP'와 럭셔리라인 'CNP Rx' 출시 등을 통해 더마화장품 제품 포트폴리오를 강화하였습니다. 이를 통해 LG생활건강은 더욱 경쟁력을 갖추었다고 생각합니다.

LG생활건강의 경쟁력에 대해 잘 설명하였습니다. 기업의 화장품 브랜드와 현황에 대한 이해를 바탕으로, 최근 소비자들의 트렌드를 파악하여 구체적으로 답변했습니다. 이처럼 기업에 관심을 갖고 다양한 정보를 파악하면 면접 때 보다 자신감 있게 말할 수 있으며 입사 의지를 강조하는 데 유용합니다.

합격 꿀 Tip

기업 분석에서 SWOT 분석은 필수입니다. 상장된 기업은 전자공시시스템 사업보고서를 다운 받아 '경쟁 요소'를 참고하세요. 경쟁사를 3개 이상 분석하다 보면 자연스럽게 산업을 이해할 수 있습니다.

42 우리 회사가 개선해야 할 점은 무엇이라고 생각하나요?

국민은행, 롯데하이마트, 인천국제공항공사, 하나은행, 한국전력공사, 한국철도공사, 현대제철, KT, LG디스플레이, SK이노베이션, SK하이닉스 기출

회사는 급변하는 환경에 살아남기 위해서 부족한 부분을 보완하고 좋은 방향으로 변해야 합니다. 하지만 내부에서는 개선해야 할 사항들이 잘 보이지 않을 때가 있습니다. 면접관은 회사 성장에 필요한 아이디어를 지속해서 제시할 수 있는 인재를 원하고 있습니다. 이 질문에 답을 잘하면 지원자에 대한 호감이 상승합니다. 면접관에게 인정을 받고 싶다면 이 질문에 대해 차별화된 답변을 미리 준비해주세요.

👎 WORST 답변

전문경영체제를 도입해야 한다고 생각합니다. OO 기업은 경영 세습을 통해 오너경영을 하고 있습니다. OO 기업은 오너경영을 통해 실패할 수도 있었던 사업을 지속해서 추진해 크게 성공할 수 있었습니다. 그러나 요즘처럼 급속도로 변화하는 시대에는 검증된 전문 경영인에게 경영을 맡겨 이런 변화에 빠르게 대처하는 자세가 필요하다고 봅니다.

입사를 희망하는 지원자가 경영자 교체를 이야기하는 것은 무례합니다. 기업은 기업과 같은 목표와 생각을 가진 지원자를 원합니다. 이런 답변을 하면 면접관은 '지원자가 우리 회사와 맞지 않는구나.'라고 생각할 것입니다.

모바일 애플리케이션을 고객이 잘 활용할 수 있도록 홍보가 중요하다고 생각합니다. 며칠 전, 국민은행에 오후 2시에 방문한 경험이 있습니다. 객장 안은 복잡하고 대기 인원도 많았습니다. 기다리면서 대기 시간을 줄일 수는 없을까 찾아보던 중 'KB스타뱅킹' 앱을 통해 사전에 대기표를 발행한 후, 지점에 방문할 수 있다는 것을 알게 되었습니다. 주변 국민은행을 이용하는 지인들에게 물어보니 장년층뿐만 아니라 20대 주변 친구들도 이런 시스템이 있다는 것을 잘 알지 못했습니다. SNS 홍보 또는 객장에서 고객을 응대하기 전에, 'KB스타뱅킹' 모바일 앱을 이용해 대기표를 발행하는 방법이 있다는 것을 함께 설명한다면 이후 방문할 고객의 불편함을 덜 수 있지 않을까 생각했습니다.

기업이 듣고 싶어 하는 개선사항을 잘 답변했습니다. 고객의 입장에서 좋은 서비스를 활용하지 못하는 안타까움을 전달했습니다. 단순히 아이디어를 말한 것이 아니라 근거를 바탕으로 구체적인 홍보 방안을 말한 점이 인상적입니다. 아이디어를 제시한 것은 물론 회사에 대한 애정도 담겨 있습니다.

합격 꿀 Tip

부정적인 단점을 직접적으로 말하는 것은 주의해야 합니다. 지원한 직무와 관련해서 자신이 개선할 수 있는 부분을 구체적으로 말하는 것이 좋은 방법입니다. "이런 부분을 개선해 보세요."가 아니라 "저도 같이 개선하겠습니다."라는 이미지를 주는 것이 필요합니다.

43 우리 회사의 경쟁사가 어디라고 생각하나요?

국민은행, 빙그레, 신세계백화점, GS칼텍스, HDC현대산업개발 기출

지원자가 회사를 얼마만큼 이해하고 있는지 확인할 수 있는 질문입니다. 지원 회사를 피상적으로 이해하고 있는지, 깊이 알고 있는지 파악할 수 있습니다. 지원 회사뿐만 아니라 경쟁사도 이해하고 있다는 것은 지원자의 큰 경쟁력이 됩니다.

👎 WORST 답변

현대자동차의 경쟁 회사는 기아입니다. 기아는 국내에서 현대자동차에 이어 점유율 2위인 기업입니다. 차종별로는 그랜저는 K7, 소나타는 K5, 아반떼는 K3와 경쟁을 하고 있습니다.

지원자는 자신이 잘 답변했다고 생각할 수도 있습니다. 세그먼트별로 경쟁 차종을 얘기했기 때문입니다. 하지만 현대자동차와 기아는 같은 그룹에 속해 있습니다. 현대차·기아는 연구개발도 같이합니다. 신기술도 함께 적용하고 품질 문제도 공유합니다. 현대자동차는 기아를 경쟁 상대로 생각할까요? 그렇지 않습니다. 몇 년 전 대한항공 면접을 보던 지원자가 경쟁사로 진에어를 언급하며 '이겨야 할 상대'로 주장했다는 일화가 있습니다. 여러분이 면접관이라면 어떤 생각을 할까요? 면접을 앞두고 있다면 회사의 계열사도 함께 공부하는 것이 필요합니다.

현대자동차의 경쟁 회사는 토요타라고 생각합니다. 국내에서 현대차·기아의 점유율은 90% 이상입니다. 하지만 국내보다 100배 이상인 미국 시장에서의 경쟁이 중요하다고 생각합니다. 미국에서 토요타는 판매 2위로 판매량이 200만 대 이상이고, 현대차·기아는 약 160만 대를 판매했습니다. 특히 투싼은 토요타의 RAV4와 경쟁하고 있지만, 판매량은 절반에도 미치지 못해 아쉬웠습니다. 입사 후에는 미국 점유율을 높이기 위해 노력하고 싶습니다.

지원자의 답변처럼 자동차는 내수 시장보다 해외 시장에서의 판매 대수가 훨씬 많기 때문에, 현대차·기아는 국내 시장보다 해외 시장에 관심이 많습니다. 이렇게 글로벌 시장을 살펴보고 경쟁사를 비교해서 개선점을 제안하면 높은 점수를 받을 수 있습니다.

합격 꿀 Tip

취업을 준비할 때 경쟁사를 정확히 아는 것은 필수입니다. 산업 내 경쟁사 대비 점유율, 매출액 등의 비교를 통해 개선점을 파악해서 제안해주세요. 이 부분이 신규 직원을 뽑는 가장 큰 이유입니다. 현재 성장하고 있는 회사도 괜찮지만, 미래의 경쟁 회사를 언급하는 것도 좋습니다. 쿠팡이 처음 나왔을 때 신세계가 경쟁 회사로 쿠팡을 언급한 적이 있습니다. 당시에는 백화점이 왜 인터넷쇼핑몰을 경쟁 회사로 생각했는지 의아했지만, 지금은 충분히 알 수 있는 것처럼 미래의 경쟁 회사를 이야기하면 넓은 시야를 보여줄 수 있습니다.

44 우리 회사의 고객은 누구라고 생각하나요?

기업은 이익을 추구하는 집단이고 이익은 고객으로부터 발생합니다. 회사의 고객을 안다는 것은 필수 중 필수입니다. 이 질문은 지원자가 기본을 갖추고 있는가를 확인하는 질문입니다.

👎 WORST 답변

한국전력공사의 고객은 전기를 사용하는 국민입니다. 한전은 전력을 안정적으로 공급해서 국민 경제 발전에 이바지해야 한다고 생각합니다.

답변 내용이 너무 평범합니다. 고객의 범위를 국민으로 제한하다 보니 다양한 고객의 요구와 기대를 파악하지 못한다고 평가받을 수 있습니다. 한국전력공사에 대한 관심과 이해도를 충분히 표현하지 못한 점도 아쉽습니다.

한국전력공사는 발전회사에서 생산한 전력을 한국전력거래소를 통해서 구입하여 일반 고객에게 판매하고 있습니다. 요금제에 따라 고객을 나눠보면 주택용, 일반용, 교육용, 산업용, 농사용, 가로등, 심야용 등 6가지 전력을 이용하는 국민으로 구분할 수 있습니다. 이외에도 주무기관인 산업통상자원부와 국회, 관련 기업들도 고객이라고 생각합니다.

고객의 범위를 폭넓게 인식해서 말함으로써 다양한 고객의 니즈를 파악하고 고객 만족도를 높일 것으로 기대를 모으고 있습니다. 또한 전기 생산부터 구입, 판매까지의 전 프로세스를 이해하고 요금제를 파악한 점이 인상적입니다. 고객의 범위를 넓혀서 드러나지 않는 고객인 산업통상자원부와 국회, 관련 기업에 대해서도 잘 답변했습니다. 공공기관 면접을 준비할 때는 주무기관에 대한 이해도 필요합니다.

PART 4

합격 꿀 Tip

기업의 고객을 알기 위해서는 소비재와 생산재의 개념을 알아두면 좋습니다. 소비재는 개인이 욕망을 충족하기 위해서 구매하는 재화, 식료품, 의류, 가구 등이 있습니다. 생산재는 생산 과정에서 필요로 하는 원재료나 반제품 등을 의미합니다. 소비재 기업의 고객은 대부분 B to C 모델로 고객을 쉽게 알 수 있습니다. 하지만 생산재인 B to B 고객을 알기 위해서는 공부를 해야 합니다. 비즈니스 모델 캔버스를 그려보면 핵심 파트너, 핵심 활동, 핵심 자원, 고객과의 관계 등을 알 수 있습니다. 면접 가기 전 기업의 비즈니스 모델 캔버스를 그려보는 것을 추천합니다. 이를 통해서 회사의 매출에 가장 큰 영향을 주는 고객이 누구인지 찾아보길 바랍니다.

45 우리 회사의 인재상 중 무엇이 본인과 일치한다고 생각하나요?

농협은행, 한국농어촌공사, 한국수력원자력, 한국전력공사, 한화, 현대제철, LG디스플레이, SK이노베이션, S-Oil 기출

인재상은 회사의 비전과 목표를 달성하기 위해 직원들에게 요구하는 현재 및 미래의 바람직한 모습을 의미합니다. 인재상은 회사에서 매우 중요하므로, 인재상을 분석하고 관련 경험을 찾아서 잘 정리하는 것이 필요합니다.

👎 WORST 답변

직업윤리 의식 중 '성실'이 가장 일치한다고 생각합니다. 대학 때 전공과목에 대한 족보가 돌고 있었습니다. 친구들은 공부를 하지 않고 족보만 외우겠다고 했습니다. 하지만 저는 족보를 활용하는 방법은 반칙이라고 생각했습니다. 시간이 오래 걸리더라도 꾸준히 교재로 공부를 했습니다. 기말고사 당일 족보와 관련된 문제는 출제되지 않았고 족보만 외운 학생들은 당황했습니다. 하지만 저는 정정당당하게 문제를 풀어 A+를 받을 수 있었습니다.

족보를 활용하는 것이 반칙이라면 친구는 잘못한 것이고 지원자가 한 선택은 당연한 행동입니다. 다른 학생과 비교해서 자신을 높이는 것은 추천하지 않습니다. 또한 학점 관련 소재는 큰 경쟁력이 아닙니다. 학생이 공부를 하는 것은 당연하고 학점이 높은 지원자가 많이 있기 때문입니다. "좋은 결과를 얻었습니다." 정도로 표현하는 것을 추천합니다.

인재상과 가장 일치하는 것은 '도전'입니다. 어려움이 있더라도 포기하지 않고 극복하기 위해 노력하기 때문입니다. 대학시절 해외에서 조정 동아리 활동을 하며 다양한 나라의 학생들과 팀을 이뤄 매일 새벽 6시에 연습을 했습니다. 처음에는 신체조건도 불리하고 아시아인에 대한 인종차별도 있어서 적응하기가 쉽지 않았습니다. 이를 극복하기 위해 제일 먼저 도착해 자발적으로 장비를 세팅했고 훈련 시간 이외 30분간 개인 훈련도 추가했습니다. 코치께 조언을 구해 탄산음료를 끊고 식단도 조절했습니다. 이러한 노력 끝에 성실함과 실력을 인정받아 1년 반 동안 팀의 일원으로 활동할 수 있었습니다.

해외에서 인종차별을 극복하기 위해 노력한 부분을 조정 동아리 경험을 바탕으로 구체적으로 잘 답변했습니다.

합격 꿀 Tip

스펙이 부족하지만 인재상에 부합하는 지원자와 스펙은 충분하지만, 인재상에 부적합한 지원자 중 기업은 누구를 더 선호할까요? 대부분 인재상에 부합하는 지원자를 원합니다. 인재상은 그만큼 중요합니다. 기업 홈페이지에서 인재상과 핵심 가치부터 살펴보세요. 보통 책임감과 협력, 열정이 뛰어난 인재를 선호합니다.

46 우리 회사 제품의 개선사항에 대해 말해보세요.

기업에 대한 직접적인 관심을 확인할 수 있는 질문입니다. 회사의 제품(서비스)을 사용하면서 무엇을 느꼈는지, 구체적이고 의미 있는 답변을 해야 합니다.

👎 WORST 답변

스마트폰을 사용하다가 배터리가 빨리 소모되는 것을 발견했습니다. AS를 받으러 가려고 했지만, 집과 먼 거리에 있고 기말고사도 있어서 며칠 뒤에 AS센터를 방문했습니다. AS센터에서는 보증 기간이 일주일 지났으므로 유상 서비스로 처리해야 한다고 했습니다. 개인적인 사정이 있어서 늦게 왔으니 어떻게 방법이 없는지 문의했으나 규정을 보여주며 방법이 없다고 했습니다. AS센터의 융통성 없는 대응에 실망했습니다. 조금 더 고객을 배려했으면 좋겠습니다.

고객의 관점으로서 느낀 불만사항을 표현했습니다. 서비스센터 직원은 규정을 지켰는데 고객이 불만을 가졌다는 것은 회사의 개선 사례로 부적합니다. 만일 고객 간담회라면 위와 같은 얘기를 해도 괜찮습니다. 하지만 이곳은 면접장입니다. 기업이 충분히 공감할 수 있는 사례를 들어 답변해야 합니다.

찾아오는 서비스와 찾아가는 서비스를 제안합니다. OO 은행을 가보면 입출금 창구에 젊은 세대보다는 부모님 세대들이 많이 계십니다. 그 이유는 은행 모바일 앱이 어렵고 익숙지 않아서입니다. 낯선 앱을 사용하다 보면 실수할 수도 있고 사용하기 어렵게 느껴지기 마련입니다. 아직은 60대 이상인 분에게 모바일 앱이 친숙하지 않고 신뢰도 낮습니다. 은행에서는 모바일 앱 사용자가 늘수록 창구처리 업무가 줄어 비용적인 부분도 절감할 수 있다고 생각합니다. 따라서 모바일 앱에 대한 교육을 늘리는 것을 말씀드리고 싶습니다. 은행에 오시는 어른들에게는 수시 교육을, 중장년층에게는 중장년층이 많이 찾는 부녀회·전통 시장을 방문해 모바일 앱 교육을 확대하는 것을 제안합니다.

은행 고객으로 느꼈던 개선사항으로 부모님 세대들이 모바일 앱을 어려워하는 부분을 말했습니다. 모바일 앱을 사용하지 않는 이유, 모바일 앱 활용 시 이점, 구체적인 개선 방안을 논리적으로 제시했습니다.

합격 꿀 Tip

브라운, 질레트, 오랄비, SK-II 등 세계적인 브랜드를 보유하고 있는 회사는 어디일까요? 바로 P&G(Procter & Gamble)입니다. P&G처럼 소비재 회사 취업을 희망한다면 직접 제품을 구매해 느낀 점을 정리하는 것은 필수입니다.

47 우리 회사의 주요 사업 중 어떤 부분에 기여하고 싶은가요?

삼성전자, 셀트리온, 포스코, 포스코인터내셔널, 한미약품, CJ프레시웨이, IBK기업은행, LG화학, SK이노베이션
기출

회사를 얼마나 알고 있는지 확인할 수 있는 질문입니다. 기업 분석을 통해 회사가 어떤 사업을 하고 있는지 살펴보고 어떤 일을 하고 싶은지 구체적으로 답변을 해야 합니다. 기업은 일반적으로 BU(Business Unit)로 구분되는 사업부를 갖고 있으며, 기여 방안은 직무 분석을 통해 목표를 밝혀야 합니다. 자기소개서에서 작성했던 입사 후 포부를 활용해도 괜찮습니다.

👎 WORST 답변

애경산업 국내 영업 분야에서 고객의 니즈를 파악하고 영업 전략을 수립해서 마켓 점유율을 높이고 싶습니다.

답변 내용이 많이 부족합니다. 기업에 대해 따로 공부하지 않으면 이런 질문에 답변하기가 쉽지 않습니다. 기여 방안 또한 마찬가지입니다. 영업 전략을 수립해서 마켓 점유율을 높인다는 표현은 추상적입니다. 국내 영업도 종류가 많기 때문에 어떤 사업부의 어떤 유통채널에서, 어떤 영업전략을 수립할 것인지 명쾌하게 말해야 합니다.

생활용품 사업 부문에서 근무를 희망합니다. 상권의 특성을 파악해 영업정책 전략을 수립하는 데 기여하겠습니다. 특히 오프라인 영업 중 H&B 스토어에서 영업 활동을 담당하고 싶습니다. H&B 스토어는 20대를 중심으로 구매 비중이 증가하고 있으며, 40대가 매출의 20%를 차지할 만큼 전 연령대가 이용하는 공간으로 자리 잡았습니다. 애경산업은 이런 변화에 대응하며 H&B 스토어만을 위한 상품을 출시해 판매하고 있습니다. 이러한 유통채널의 변화에 대응한 영업정책 또한 필요합니다. 상권에 적합한 프로모션을 진행했던 경험을 바탕으로 H&B 스토어를 상권별로 분류해 각각의 특성에 맞는 영업 전략을 구사하는 데 이바지하겠습니다.

지원자가 회사의 사업을 정확히 알고 답변하고 있습니다. 사업부 외에 직무와 관련된 유통채널 지식도 어필했습니다. H&B 스토어 특징을 언급하면서 높은 이해도를 갖고 상권 특성에 맞춰 영업 전략을 세우겠다고 포부를 잘 밝혔습니다.

PART 4

합격 꿀 Tip

애경산업은 크게 생활용품과 화장품 사업부늘 갖고 있습니다. 생활용품 사업 부문은 오프라인 유통채널인 대형할인매장, SSM(기업형 슈퍼), H&B 스토어, 편의점 등이 있고 온라인은 소셜커머스 등과 같은 온라인 몰이 있습니다. 이처럼 기업에 대한 다양한 정보를 충분히 이해한 후 자료를 참고하지 않고 술술 설명할 수 있도록 연습하는 과정이 필요합니다.

48 우리 회사의 최근 이슈에 대한 의견을 말해보세요.

국민건강보험공단, 삼성전자, 포스코, 하나은행, 한국수력원자력, 한국전력공사, 한국환경공단, 현대자동차, IBK 기업은행, KT, S-Oil 기출

회사의 이슈를 알고 있는지 확인하는 질문입니다. 답변을 통해 회사에 꾸준히 관심을 가졌는지 알 수 있습니다. 이슈뿐만 아니라 지원자의 의견도 묻고 있으므로, 질문을 꼼 꼼하게 챙겨서 답변해야 합니다.

👎 WORST 답변

SK하이닉스의 흑자 전환 이슈에 대해 말씀드리겠습니다. SK하이닉스는 지난해 4분기에 흑 자 전환을 이루어내고, 임직원들에게는 성과급뿐만 아니라 격려금도 결정했습니다. 반면, 삼성전자 DS부문은 이미 지난해 초과이익성과급이 0%로 알려졌습니다. SK하이닉스가 경 쟁사보다 높은 성과를 냈다는 점이 인상적이었습니다.

적자에서 흑자 전환을 했다는 것은 기업의 임직원들이 많은 노력을 했다 는 것을 의미합니다. 그에 대한 보상으로 성과급과 격려금을 지급하는 것 입니다. 단순히 성과급 지급 사실을 말하기보다 기업의 임직원이 어떤 노 력을 해서 어떤 성과를 낸 것이 인상적으로 다가왔는지를 강조해주세요. 더불어 지원자가 입사 후 성과를 위해서 어떤 역할을 할 수 있는지 덧붙이 는 것을 추천합니다.

SK하이닉스의 최근 이슈 중 HBM에 대해 말씀드리겠습니다. HBM은 고대역폭 메모리로 여러 개의 D램을 수직으로 연결해 데이터 처리 속도를 높인 초고성능 D램입니다. 고속 병렬연산에 적합하도록 메모리 대역폭을 높였습니다. HBM3는 고성능 데이터센터에 탑재되며, 인공지능(AI)의 완성도를 높이는 머신러닝과 기후변화 해석, 신약개발 등에 사용되는 슈퍼컴퓨터에도 적용될 수 있어 많은 기대를 얻고 있다고 알고 있습니다. 입사 후 저 역시 지원한 소자 직무에서 HBM의 양산 수율 경쟁력을 확보하기 위해서 노력하겠습니다.

회사의 최근 이슈에 대한 이해를 바탕으로 잘 설명했습니다. 지원 직무에서 자신의 역할을 제시한 것도 좋습니다. 회사의 최근 이슈를 살펴보고 장단점과 기회 및 위협요인을 파악한 다음 이에 대한 대응 방안도 고려해주세요.

PART 4

합격 꿀 Tip

산업 이슈는 '네이버 금융-산업분석 리포트'를, 기업 이슈는 '네이버 금융-종목분석 리포트'에서 찾아볼 수 있습니다. 리포트는 업종전문가인 증권사 애널리스트들이 작성한 것입니다. 내·외부 환경을 잘 분석해놓았기 때문에 시야를 넓히는 데 유용합니다. 최근 석유화학 이슈는 '국제유가반등 가능성', '유가 급락 대처 방안', 'PVC 강세' 등이 있습니다. 이런 키워드는 PT 면접 주제로 나올 확률도 높습니다. 전문가 의견에 자기 생각을 추가해서 정리해보세요.

49 우리 회사가 추진해야 할 신사업이 무엇이라고 생각하나요?

포스코인터내셔널, 현대자동차, KT, SK이노베이션, SK텔레콤, S-Oil 기출

회사에 대한 관심과 이해의 깊이를 파악하기 위한 질문입니다. 신사업을 제안한다면 현재 주력사업을 먼저 파악해야 합니다. 그리고 기업이 가진 강점으로 어떻게 확장할 수 있을지 제안해야 합니다. 물론 신입사원에게 명확한 답변을 기대하는 것은 아닙니다. 회사가 하는 고민을 지원자도 함께하기를 바라는 것입니다. 기업에 대한 관심이 깊다면 좋은 아이디어도 나올 수 있습니다.

👎 WORST 답변

카카오톡을 활용해서 배달 앱 서비스를 추진하는 것을 제안합니다. 배달의 민족이 최근 요기요를 운영하는 외국계 기업에 넘어갔습니다. 배달의 민족은 한민족을 의미했는데 그 부분이 설득력을 잃고 있습니다. 그래서 우리나라 기업이 배달 앱에 뛰어든다면 큰 영향력을 발휘할 수 있다고 생각됩니다. 카카오톡이 4천 5백만 명의 고객을 기반으로 배달 앱 서비스를 하는 것이 좋을 것입니다.

카카오톡 서비스에 대해 잘 모른다면 좋은 답변이라고 생각할 수 있습니다. 하지만 카카오톡은 '카카오톡 주문하기 서비스'를 출시했습니다. 이미 나와 있는 서비스를 알지 못하고 배달 서비스를 제안하는 것은 기업에 대한 이해가 부족하다는 것을 나타냅니다.

신사업은 아니지만, 서울교통공사 수익성 개선을 위해 부대사업에서 많은 비중을 차지하는 광고시설물의 수익을 높일 수 있는 방안에 대해 말씀드리겠습니다. 현재는 광고주 요청에 따른 일방향 광고를 하고 있습니다. 이 광고의 문제점은 광고에 노출되는 고객들의 연령, 성별, 시간대에 관련 없이 똑같은 광고로 인한 광고 효과성입니다. 만일 광고의 효과가 높다면 광고비용도 높일 수 있다고 생각했습니다. 제가 제안하는 방법은 4차산업혁명의 IoT와 APP을 활용하는 것입니다. 디스플레이 광고에 보행자 또는 탑승자의 정보(나이, 성별, 연령, 관심사 등)를 활용해서 커스터마이징 광고를 하는 방법입니다. 출근 이후 시간대에는 50, 60대 고객이 많고 강남, 홍대와 같은 역에는 20대 고객이 많습니다. 이처럼 지역, 나이, 시간대, 지하철 칸, 보행로 별로 타겟팅에 맞춰 광고를 맞춤형으로 변경하는 것을 제안합니다.

신사업은 새로운 사업 영역 발굴에 초점을 두고 있으며, 수익방안은 기존 사업 영역에서의 수익 증대를 목표로 한다는 점에서 차이가 있습니다. 지원자의 답변은 신사업보다는 수익창출 방안에 대한 아이디어라는 면에서 아쉽지만, 기업에 대한 관심을 바탕으로 구체적으로 답했기 때문에 면접관에게 좋은 인상을 줄 수 있습니다.

잘 모르는 질문이 나올 때도 관련된 경험이나 의견을 말할 수 있도록 대비해주세요. 평소 관심 있는 기업의 수익구조를 분석한 다음에 매출 증대, 비용 절감, 수익 모델 개선 등을 통해 수익을 향상시킬 수 있는 아이디어를 생각해보는 것을 추천합니다.

합격 꿀 Tip

대한항공 면접에서 한 지원자가 "유가 변동이 심하고 환율도 불안정하기 때문에 정유 회사에 투자해야 한다."라고 말한 적이 있습니다. 과거 대한항공은 에너지 투자 회사를 설립해서 S-Oil에 투자했다가 실패했습니다. 과거에 막대한 손해를 입은 경험이 있는데 또 투자하라고 한다면 기업은 어떤 생각을 할까요? 평소 꾸준히 관심을 두고 아이디어를 정리해야 합니다.

PART 4

50 우리 회사가 환율 변화에 대처할 수 있는 방법이 무엇이라고 생각하나요?

우리나라는 G20 국가 중 수출의존도와 수입의존도 모두 높은 나라입니다. 환율은 글로벌 시장을 무대로 활약하고 있는 기업에 지원할 때 꼭 필요한 지식 중 하나입니다. 수출입 기업은 환율에 큰 영향을 받습니다. 수출 기업은 수출량이 큰 폭으로 확대가 된다고 해도 환율이 하락하면 수익이 악화될 수밖에 없으며, 재료를 수입하는 기업은 환율이 높아지면 수입금액도 같이 높아집니다. 기업은 환율 변화에 민감하게 대처하고 있습니다.

👎 WORST 답변

환율은 시장 이슈에 따라 민감하게 반응하며 회사에 큰 영향을 미칠 수 있습니다. 환율에 따라 업종별 희비가 엇갈린다는 것도 뉴스를 통해 본 적이 있습니다. 환율이 상승하면 원재료 수입 의존도가 높은 우리 기업은 비용 부담이 커지게 됩니다. 해외에서 원유와 식자재를 수입하기 때문에 손실은 눈덩이처럼 불어납니다. 따라서 수익 감소에 대비하기 위해 원가절감을 해야 합니다. 입사 후 원가절감 활동에 적극적으로 참여해 기업의 이익을 높일 수 있도록 노력하겠습니다.

무난하지만, 전문성은 잘 느껴지지 않습니다. 회계·기획·구매 직무에 지원했거나 경영·경제·회계 전공자라면 환율지식을 바탕으로 더욱 전문적인 대처 방안을 고민해주세요.

환율 변화에 대한 대응으로 선물환거래와 리딩 앤드 래깅(Leading and Lagging)을 고려해야 합니다. 선물환거래로 미래 일정 시점에 주고받게 될 환율을 현재 시점에서 미리 정해둠으로써 미래의 환율 변동으로 인한 손실을 회피할 수 있습니다. 리딩 앤드 래깅은 외화자산이나 부채의 결제를 앞당기거나 늦춰서 환율의 움직임이 어느 정도 예측 가능할 때 결제 시기를 조정합니다. 이 두 가지로 환율 변화에 대처할 수 있습니다.

환율 대처 방안에 대해서 두 가지 방안으로 답변했습니다. 이처럼 미리 준비해서 자신 있게 답하기를 바랍니다.

합격 꿀 Tip

만일 1$에 1,000원이던 환율이 올라가 1$에 1,100원이 되었다고 하면 원화는 평가절하되어 원화 가치가 하락했다고 합니다. 이렇게 되면 수출 기업은 유리합니다. 기존보다 환율에서 여유가 있으니 가격을 할인해서 경쟁력을 가질 수도 있습니다. 반대로 수입 기업은 힘들어집니다. 참고로 일본이 아베노믹스로 엔화 약세를 유지한 이유가 수출 기업을 키우기 위한 방식입니다. '기준금리 변화에 따른 대응 방안'도 자주 나오는 질문이니 함께 대비해야 합니다.

51 산업 변화에 따라 우리 회사가 나아가야 할 방향을 말해보세요.

국민은행, 기아, 농협은행, 삼성물산, 하나은행, 현대자동차, CJ ENM, LG디스플레이, SK이노베이션 기출

산업은 빠르게 변하고 있습니다. 또한, 산업의 경계가 무너지고 있습니다. 이러한 변화에 적응해야 기업은 생존할 수 있습니다. 지원자가 현재 산업의 이슈를 알고 있는지, 알고 있다면 어떤 방안을 가졌는지 기업의 입장에서 고민한 내용을 확인하는 질문입니다.

👎 WORST 답변

이커머스의 성장으로 기존 오프라인 유통업체의 경쟁력이 약해지고 있습니다. 이에 대응하기 위해서 이커머스를 더욱 확장하는 것이 필요합니다. 적자를 내는 오프라인 사업은 정리하고 이커머스에 더욱 노력하는 것입니다. 현재의 물류 시스템을 보완해서 대응하면 마켓컬리, 쿠팡을 충분히 이길 수 있다고 생각합니다.

사업을 정리하는 결정은 경영자의 몫입니다. 이런 이야기를 신규 직원이 하는 것은 무례합니다. 제안을 할 수 있다고 해도 정확한 근거는 필수입니다. 이커머스에 집중해야 한다고 했는데 방안도 추상적이며, 깊이 고민하지 않고 성급하게 답변하는 인상을 줍니다.

리테일 아포칼립스라는 말이 있습니다. 이커머스의 성장에도 오프라인 유통업은 멈춰 있었습니다. 온라인에서 제공하지 못하는 색다른 가치를 제안해 소비자의 발길을 붙잡아야 합니다. 오프라인 매장을 중요한 쇼핑 채널로 만들기 위해 쇼루밍처럼 오프라인 매장에서 인터넷에서 본 제품을 직접 구경, 체험하는 서비스를 제안합니다. 물론 고객이 온라인에서 구입을 할 수도 있습니다. 그래서 주요 제조사들에 공간 사용 수수료를 받는 것을 권합니다. 이외에도 고객들이 직원 눈치를 보지 않고 오랫동안 머물도록 하되 문의를 하면 전문가 수준의 식견으로 응대해야 합니다. 오프라인에서의 강점을 살려서 고객이 찾아오도록 변화하는 것을 제안하고 싶습니다.

의견을 구체적으로 잘 제시했습니다. 쇼루밍을 운영하면서 제조사들에 공간 임대 수수료를 받는 것과 고객이 오프라인에서만 직접 구경, 체험할 수 있으며 전문가의 응대를 받을 수 있다는 점을 명확하게 소개했습니다.

PART 4

합격 꿀 Tip

산업에 대한 이해를 높이고 싶다면 해당 협회를 방문해보세요. 예를 들어 한국제약바이오협회 사이트(www.kpbma.or.kr)를 방문하면 협회에서 발행한 보고서를 다운받을 수 있습니다. 개량신약 제도 및 현황에 관한 고찰, 부패 방지를 위한 글로벌 협업과 국내 제약사의 글로벌 진출, 미국 유럽 현장에서 본 선진 시장 진출의 시사점 등 산업의 흐름을 읽을 수 있는 정보를 통해 자신만의 의견을 정리해주세요.

52 공공기관 취직을 희망하는 이유를 말해보세요.

건강보험심사평가원, 국민건강보험공단, 국민연금공단, 근로복지공단, 도로교통공단, 인천국제공항공사, 주택관리공단, 한국국토정보공사, 한국농어촌공사, 한국도로공사, 한국수력원자력, 한국수자원공사, 한국전기안전공사, 한국전력공사, 한국철도공사, 한국토지주택공사, 한국환경공단, 한전KDN, 한전KPS, IBK기업은행 기출

사기업이 아닌 공공기관을 선택한 이유를 말해야 합니다. 실제로 공공기관 취업을 희망하는 이유를 설문 조사한 결과, '직원 복지와 근무 여건이 좋을 것 같아서', '정년까지 안정적으로 일할 수 있을 것 같아서'가 1, 2위를 차지했습니다. 둘 다 공공기관의 가치보다는 공공기관이 주는 혜택입니다. 좀 더 본질적인 측면에서 공공기관의 매력과 가치를 충분히 알고 고민했다는 것을 보여줘야 합니다.

👎 WORST 답변

공공기관을 선택한 이유는 고용 안정성입니다. 아버지께서도 공공기관에서 근무하시고 계시며, 제가 진로를 선택할 때 적극적으로 추천해주셨습니다. 워라밸도 지켜지고 고용이 안정적인 공공기관에서 근무하고 싶어서 선택했습니다.

너무 솔직한 이유입니다. 많은 공공기관 지원자가 비슷한 생각을 하며 취업준비를 하고 있습니다. 하지만 우리는 기관의 입장을 고려해야 합니다. 또한 공공기관은 블라인드 채용을 진행하고 있기 때문에 지원자 개인정보를 공개하면 안 됩니다. 학교, 지역은 물론 부모님 직업도 말하지 않도록 주의해주세요.

👍 **BEST 답변**

저는 학창시절 집수리 봉사, IT 봉사 등 다양한 봉사활동을 하며 나눔의 중요성을 피부로 느꼈습니다. 공공기관은 사기업보다 공공성, 공익성, 공동체성이라는 사회적 가치를 추구하고 있기 때문에 저의 성향과 잘 맞는다고 생각했습니다. 특히 한 공단에서 서포터즈 활동을 하며 재직자분들을 인터뷰할 기회가 있었는데, 자신이 하는 일이 시민들의 안전과 직결된다고 생각하고 책임감과 자부심을 가지고 임하는 모습을 보며 큰 감동을 하여 저 역시 대국민 서비스를 하는 공공기관에 입사하고 싶다는 다짐을 했습니다. 국민건강보험공단은 건강보험을 담당하는 전 국민이 가입한 유일무이한 곳입니다. 고민하고 노력한 만큼 국민들이 건강해진다는 믿음을 갖고 공단의 비전을 달성하는 데 기여하겠습니다.

봉사활동, 서포터즈 활동 등의 경험을 바탕으로 공공기관을 선택한 이유를 차분하게 잘 설명했습니다. 또한 공공기관 선택 이유에서 포부까지 자연스럽게 잘 연결했습니다.

합격 꿀 Tip

공공기관은 정부의 투자·출자 또는 정부의 재정 지원 등으로 설립·운영되는 기관으로 공익을 중시하고 있습니다. 공공기관 입사를 준비한다면 사회적 가치 개념을 기억해주세요. 사회적 가치는 공공성(부처와 공공기관의 본연의 임무), 공익성(부처의 이익이 아닌 다수의 행복을 추구), 공동체성(형평성, 배려와 책임이 함께 하는 사회)이 함께 하는 의미입니다.

53 노조에 대해 어떻게 생각하나요?

삼성디스플레이, 삼성물산, 포스코, 한국철도공사, 한국환경공단, 현대자동차 기출

노조 때문에 어려움을 겪은 기업이 자주 하는 질문 중 하나입니다. 지원자가 노조를 정확히 이해하고 있는지, 바람직한 시각을 가졌는지 확인할 수 있습니다. 신문 기사를 보면 노사타협, 노사상생, 노사협상처럼 긍정적 이슈와 노사갈등, 노조파업 등 부정적 이슈가 함께 등장합니다. 관련된 기사를 살펴보면서 자신만의 균형 있는 생각을 정리해주세요.

👎 WORST 답변

강성노조로 인한 파업은 회사의 생산성과 브랜드 인지도를 떨어뜨려 근로자와 회사 모두에게 큰 피해가 갑니다. 회사와 노조 간에 배려와 화합을 통해 공통의 목표를 향해 나아가지 못하고 파업과 같은 극단적인 상황을 선택한다면 상호 발전적인 노사관계를 이루기 어렵다고 생각합니다.

질문은 강성노조가 아니라 노조입니다. 강성노조에 관해 이야기를 하는 것은 한쪽으로 치우친 인상을 줍니다. "노조는 불필요하다."처럼 강하게 말하는 것도 주의해주세요. 질문이 어려울수록 조심스럽게 단어를 선택해야 합니다.

아직 노조에 대해서는 깊이 생각해본 적이 없습니다만, 노조는 노동자의 이익을 대변하는 기구로 회사의 발전을 위해서 꼭 필요하다고 생각합니다. 회사의 중대한 결정에서도 직원의 의견을 반영하는 것은 중요합니다. 다만 너무 노조의 이익만을 생각하면서 활동을 하면 회사 성장에 도움이 될 수 없습니다. 회사도 경영진도 근로자도 회사라는 이름 안에서 모두 하나입니다. 노사가 함께 신뢰를 바탕으로 화합하고 소통하는 노사문화를 만들어가야 합니다.

노조의 목적과 필요성을 발전적인 시각에서 잘 제시했습니다. '노사화합 역량 강화 워크숍 개최' 등 노사상생 협력을 위한 발전적 논의와 방안을 모색할 수 있는 아이디어도 함께 생각해보기를 바랍니다.

PART 4

합격 꿀 Tip

인사 직무에 지원한다면 노조에 대해 좀 더 깊이 있는 고민이 필요합니다. 노사와의 관계 개선을 위해 필요한 3가지는 다음과 같습니다. 첫째, 경영 계획 및 실적·노무 현안을 투명하게 공개합니다. 이를 통해 정보 비대칭으로 발생할 수 있는 오해를 풀 수 있습니다. 둘째, 다양한 노사협력 프로그램 및 CEO와의 소통으로 CEO의 노조가 경영 비전을 함께 공유하고 자유롭게 토론하며 공감대를 가질 수 있습니다. 셋째, 노사상생을 통해 위기를 극복하는 것입니다. 회사가 어려울 때 노조의 자발적 상여금 반납 등으로 함께 고통 분담을 하고 위기를 이겨내야 합니다.

54 국제 감각을 키우기 위해 했던 노력이 우리 회사에 어떤 도움을 줄 수 있다고 생각하나요?

기업의 세계화 대응 전략을 위해 지원자가 국제 감각을 보유하고 있는지 평가하기 위한 질문입니다. 한 대기업 상무는 글로벌 커뮤니케이션 능력과 개방적 자세, 글로벌 경험이 중요한 글로벌 역량이라고 말합니다. 글로벌 기업에서 일하기 위해서는 세계 어디서든 자기 생각을 표현하고 소통할 수 있는 커뮤니케이션 능력이 필요합니다. 또한 세계인을 위한 제품과 서비스를 지속해서 창출하기 위해 그 나라 사람들의 문화와 성향을 이해해야 합니다. 이를 위해 필요한 것이 다양성의 수용입니다.

👎 WORST 답변

국제 감각을 키우기 위해 호주 워킹홀리데이를 다녀왔습니다. 최대한 영어를 많이 사용하고 싶어서 카페에서 근무했습니다. 장기간 일하면서 향수병 걱정도 했지만, 영어 공부를 위해 한국인을 만나지 않기로 했습니다. 처음에는 단순한 주문과 인사말밖에 사용하지 못했지만, 워킹홀리데이가 끝나갈 무렵인 8개월 뒤에는 단골손님과 농담도 하고 서로의 가족 이야기를 할 정도로 친해질 수 있었습니다.

영어 공부를 열심히 한 것보다는 현지의 문화를 이해하기 위해 노력했거나 외국인과의 트러블 극복 사례 등 실생활에서 외국어를 사용하며 겪은 경험을 이야기하는 것이 좋습니다.

다양한 해외 매거진과 견학 등 실제 경험을 통해 자동차 트렌드 변화를 공부하고 있습니다. 매년 서울 국제모터쇼에 참관할 정도로 자동차에 관심이 많은 저는 자동차 국제 감각을 기르기 위해 오토모티브 일렉트로닉스, 오토모티브 뉴스 등의 잡지를 구독하고 있습니다. 국내의 현대모터, Drive KIA와 해외의 벤츠, 아우디 매거진, 포르쉐의 크리스토포러스를 자주 살펴보고 있습니다. 또한, 유럽여행 중 독일 뮌헨과 슈투트가르트에 간 적이 있습니다. BMW, 벤츠, 포르쉐의 본사와 박물관을 견학하기 위해서였습니다. 우리나라에서는 보기 힘든 고급세단과 스포츠카의 여러 기능과 신기술을 직접 살펴보며 최신 자동차 트렌드를 습득했습니다. 저의 자동차 국제 감각을 발휘해 기술 선도에 이바지하고 싶습니다.

지원 분야에 맞는 국제 감각을 설명했습니다. 트렌드를 알기 위해 국내외 온·오프라인 매거진을 살펴보는 것 외에도 유럽 자동차 업체의 본사와 박물관을 경험하며 느낀 점을 포부와 함께 잘 답변했습니다.

합격 꿀 Tip

국제 감각은 외국어 능력뿐만 아니라 효과적인 소통을 위해 타문화(전통, 예절, 법규, 규정)를 이해하고 시장에 적응할 수 있는 능력을 말합니다. 자신의 업무와 관련해 국제 정세를 파악하고 적용할 수 있도록 원자재, 유가, 해외투자 등의 개념도 고려해주세요.

55 공공기관 근무자에게 가장 필요한 덕목이 무엇이라고 생각하나요?

국민연금공단, 근로복지공단, 인천국제공항공사, 한국전력공사, 한국환경공단 기출

공공기관은 공적인 이익을 목적으로 하는 기관이므로 공익성을 위해 직업윤리 가치관을 중요하게 생각합니다. 이 질문은 지원자의 직업윤리를 파악하고 공공기관에 적합한 인재인지 평가하기 위한 질문입니다. "고객 가치를 높이기 위해 헌신적으로 봉사한다 (헌신).", "청렴함과 업무처리에서의 공정함을 높여 대내외 고객으로부터 신뢰를 얻는다(청렴)."처럼 다양한 관점에서 이야기를 할 수 있습니다.

👎 WORST 답변

OO 공단은 이윤보다 공공의 이익을 우선으로 하는 기업이기 때문에 공정성이 가장 필요하다고 생각합니다. 공정성은 평등과 형평 모두를 포함합니다. 평등은 권리·의무·자격에 차별 없이 고르고 한결같은 것을 말하며 형평은 균형이 맞은 것을 의미합니다. OO 공단 직원으로서 학연, 지연, 혈연, 직위 고하, 성별 등 기타 환경들에 의해 흔들리지 않고 모든 일을 공정하게 처리할 수 있도록 노력하겠습니다.

면접에서 가치관을 질문할 때, 사전적 의미를 대답하면 좋은 평가를 받을 수 없습니다. 자신이 중요하다고 생각하는 공정성을 지키기 위해 노력했던 경험을 근거로 답변하는 것이 필요합니다.

제가 가장 중요하다고 생각하는 덕목은 주인의식입니다. OO 공사는 국민의 소중한 발이 되기 위해 노력하고 있습니다. 안전이 최우선인 만큼 주인의식을 갖고 내 가족의 생명과 관계된 일이라고 생각하며 일해야 합니다. 저는 유명 '맛집'에서 아르바이트를 한 경험이 있습니다. 잠시 앉을 틈도 없이 바빠 무의식적으로 불친절하게 행동하는 아르바이트생도 있었습니다. 하지만 저는 내 가게라는 생각으로 손님을 대했고, 테이블을 살펴보며 손님이 필요한 반찬이나 물을 먼저 가져다드렸습니다. 저의 주인의식을 알아봐 주신 사장님께서 2호점 오픈을 앞두고 매니저 역할을 제안하셔서 3개월간 일을 하기도 했습니다. OO 공사에서도 주인의식과 책임감으로 함께 일하고 싶은 직원이 되겠습니다.

지원자가 필요하다고 생각하는 가치관인 '주인의식'을 맛집에서 아르바이트한 경험과 함께 답변했습니다. 지원자의 주인의식과 성과를 함께 엿볼 수 있습니다.

PART 4

합격 꿀 Tip

공공기관은 사기업보다 직업윤리를 중요하게 생각합니다. 직업윤리와 연관된 요소는 근면성, 정직성, 공정성, 희생, 책임감, 준법정신 등이 있습니다. 자신의 가치관에 부합하는 덕목을 골라 경험을 기반으로 답변해주세요

또한, 공사는 수익을 창출하기 위한 활동을 하기 때문에 기업체 성격을 띠지만, 공단은 정부로부터 재정지원을 받고 회사의 이익보다는 국가 행정의 효율성을 목표로 합니다. 차이점을 확인하고 접근하는 것이 중요합니다.

56 인턴을 했던 회사가 아닌 우리 회사에 지원한 이유가 무엇인가요?

포스코, SK이노베이션 기출

인턴을 한 회사에 지원하는 것이 다른 회사보다 입사에 유리할 텐데 우리 회사에 지원한 이유를 면접관은 알고 싶어 합니다. 인턴 회사와 지원 회사를 비교해 직장 선택에 대한 가치관과 입사 의지를 보여줄 수 있습니다.

👎 WORST 답변

제가 인턴을 한 회사는 오래된 역사만큼이나 군대 같은 수직적인 조직문화를 갖고 있었습니다. 매일 아침 출근 시간 5분 전 조회를 하고 상사의 업무 지시를 절대적으로 따라야 하는 등 불합리한 인턴생활을 했습니다. OO 회사가 자유롭고 수평적인 조직문화로 잘 알려져 있어 지원했습니다.

다른 기업과 비교할 경우 험담만 늘어놓는 것은 바람직하지 않습니다. 편하게 직장생활을 하고 싶어 지원한 듯한 인상을 주기 쉽습니다. 게다가 전 직장 상사의 단점을 이야기하는 것은 위험합니다. "인턴 때와 마찬가지로 상사가 불합리한 지시를 할 때 어떻게 대처할 것인가?"처럼 꼬리 질문이 나올 수 있습니다. 면접관은 대부분 그 회사의 팀장 이상급, 즉 직장 상사라는 것을 잊지 마세요.

제가 OO 기업에 지원한 이유는 생산기술 업무를 보다 전문적으로 경험하기 위해서입니다. OO 기업은 조직 시스템이 잘 구성되어 있고 각 팀이 모든 업무를 전자결재로 진행해 유기적으로 맡은 업무를 수행, 협업하고 있습니다. 인턴을 한 기업에서는 아직 체계가 잡히지 않아 품질, 구매, 생산 등 여러 업무를 담당해야 했습니다. 여러 업무를 배울 수 있었지만, 자기 계발 측면에서 부족한 전문성을 느꼈습니다. 한 가지 업무를 보다 전문적으로 담당하고 싶어 지원했습니다.

인턴을 한 회사에 지원하지 않은 이유를 부드럽게 잘 설명했습니다. "직무에 전문성을 갖기 위해 지원했다."라는 이유가 기업 분석과 함께 어우러져 설득력이 높아졌습니다.

합격 꿀 Tip

인턴을 한 회사를 지원하지 않은 이유는 조심스럽게 답변해야 합니다. 조직문화, 연봉, 근무환경, 업무량, 대인관계 등 여러 가지 이유가 있겠지만 부정적인 내용을 그대로 말하면 지원자가 같은 이유로 다시 그만둘 수 있다는 인식을 줍니다. 전에 일했던 회사를 험담하는 것은 피해야 합니다. 회사는 오랫동안 근무할 수 있는, 갈등이 적은 사람을 원합니다. "담당 업무가 적성에 맞지 않았다", "지원한 기업의 비전을 보고" 등의 답변이 무난합니다. 인턴 회사의 단점을 말하기보다 지원 회사의 장점을 강조하는 것을 추천합니다.

57 윤리적인 딜레마에 처했을 때 어떻게 대처하였나요?

건강보험심사평가원, 국민건강보험공단, 국민연금공단, 근로복지공단, 주택관리공단, 한국도로공사, 한국보건복지인력개발원, 한국산업인력공단, 한국에너지공단, LG화학 기출

공공기관 면접에서 자주 나오는 질문입니다. 공익과 사익 사이에서 갈등했던 경험처럼 윤리적 딜레마 상황에서 어떻게 대처했는지를 통해 지원자가 공공기관에 적합한 인재인지 판단하고 있습니다. 일반적으로 공공기관에서 말하는 윤리적 딜레마는 도덕적 가치관과 원리, 원칙이 충돌할 때를 이야기합니다. 모든 업무에서 공정성을 중요하게 생각하기 때문에, 공정성을 지키기 위해 원칙을 지켜야 하는 경우가 많습니다. 윤리적 딜레마 상황에서 원리와 원칙을 지켰던 경험을 이유와 함께 답변하는 것을 추천합니다.

👎 WORST 답변

동아리 총무 시절, 윤리적 딜레마 상황에서 정직함을 택한 경험이 있습니다. 동아리 MT를 갔을 때, 지인이 운영하는 펜션에 머물게 되었습니다. 이튿날 일정이 모두 끝나고 짐을 정리하는데 지인께서 고맙다고 차비로 하라며 10만 원을 주셨습니다. 돌아가는 버스를 이미 예약한 후라 저는 이 돈을 차비로 쓸지 제가 갖을지 윤리적 딜레마에 빠졌습니다. 하지만 고민은 길지 않았습니다. 정직하게 동아리 사람들에게 이야기하고 총무로서 이 돈을 동아리 회비로 쓰자고 제안했습니다. 그리고 결국, 정직함을 우선한 선택으로 총무로서 의무를 다할 수 있었습니다.

윤리적 딜레마의 의미를 잘못 파악한 답변입니다. 윤리적 딜레마는 어느 한쪽을 선택하기 어려운, 말 그대로 진퇴양난의 상황을 이야기합니다. 위와 같이 돈의 유혹과 정직 사이에서 고민한 경험은 질문 의도에 부합하지 않습니다.

학회장 시절 친분과 원칙 사이에서 원칙을 택한 경험이 있습니다. 그동안 신입생들의 학과 잠바는 학교 앞 업체에서 주문 제작해왔었습니다. 사장님께서는 학생들 주머니 사정을 고려해 오랜 기간 인터넷 최저가보다 10% 저렴한 비용만을 받으셨습니다. 하지만 작년도에는 사정이 여의치 않아 부득이 만 원이 인상되었다는 소식을 듣게 되었습니다. 학과 운영진들과 회의를 해보았지만, 그동안 저희를 생각해준 의리를 선택할지 아니면 같은 품질에서 최저가 제품을 주문한다는 원칙을 지킬지 결론이 나지 않았고, 결정권은 학회장인 저에게 돌아왔습니다. 결국, 혜택을 받은 것은 고학년이고 신입생들에게 만 원이라는 추가비용을 강요할 수 없단 생각과 원칙을 지키자는 생각에 인터넷 최저가 제품의 구매를 결정했습니다. 죄송한 마음으로 그동안 도와주신 사장님께 찾아뵈어 인사드렸습니다. 힘든 결정이었지만 다행히 사장님께서도 이해해주셨습니다.

윤리적 딜레마 상황에서 자신의 소신과 원칙을 지켰던 경험을 구체적으로 잘 소개했습니다.

합격 꿀 Tip

대부분의 윤리적 딜레마는 어느 쪽을 선택해도 개운치 않은 결론이 납니다. 위의 Best 답변 사례와 같이 사장님과의 의리를 지키면 신입생이 피해를 보고, 최저가를 선택하면 그동안 할인을 통해 베풀어 주신 사장님의 은혜를 저버리는 상황이 생기게 됩니다. 이 질문에 답할 때는 가급적 원칙과 기준을 바탕으로 소신껏 선택한 경험을 소개하기를 권합니다.

58 전공 선택 이유가 무엇인가요?

삼성디스플레이, 삼성물산, 포스코인터내셔널, 한화, GS홈쇼핑, SK이노베이션 기출

지원자가 능동적이고 결단력 있는 인재인지를 평가하기 위한 질문입니다. 채용공고 자격조건에는 지원 가능 학과가 나와 있습니다. 학과 및 전공을 선택한 이유를 통해 직무 선택 이유를 유추할 수 있고, 지원자가 해당 직무 분야에 의지를 갖고 선택한 것인지 알 수 있습니다.

👎 WORST 답변

어려서부터 각종 수학 경시대회에서 입상했습니다. 수학과 물리를 좋아해 자연스레 고등학교에서도 이과를 선택했고, 특히 물리 과목을 담당하셨던 진학 담당 선생님이 제 성적을 보시고 선택과목으로 물리를 추천해 주신 적도 있습니다. 결국 대학 진학 시, 제가 자신 있어하는 수학과 물리를 바탕으로 앞으로 4차 산업혁명에 가장 핵심이 될 학문인 전자공학과에 진학하게 되었습니다.

"평소 관심을 두고 있던 전공 중에서 수능 점수에 맞춰 취업이 가장 잘되는 전공을 선택했습니다." 같은 답변은 성의 없는 것은 아니지만, 그렇다고 썩 좋은 답변도 아닙니다. 자신의 선택이 아닌 진학 담당 선생님의 추천은 수동적인 인상을 줄 수 있습니다. 기계과, 건축과 등 공대 전공 역시 수학과 물리에 대한 지식이 필요하므로 위 지원자의 의견은 전공 선택의 이유로 적절하지 않습니다.

👍 BEST 답변

학창시절 OO시 로봇대회에서 대상을 받은 이후 전자공학에 대한 매력을 느꼈고 기초를 다지기 위해 고등학교 선택과목 역시 물리II를 선택했습니다. 고3 때, 전자공학과에 입학하고 싶어 진로 상담 선생님께 여쭤봤을 때도 적극적으로 추천해 주셔서 전공에 대해 확신하게 되었습니다. 결국 목표한 대학의 전자공학과에 진학할 수 있었고, 대학에서 여러 실습 프로젝트를 수행할 때마다 용산에 직접 가서 발품을 팔아 부품 사는 것을 취미로 삼았습니다. 이러한 경험을 바탕으로 원가절감에 특화된 회로설계 전문가가 되는 것이 저의 목표입니다.

주도적인 지원자의 전공 선택 이유가 보입니다. 전자공학과 진학을 목표로 이과에서 물리를 선택한 점과 진로 상담에서 자신이 원하는 전공을 직접 말한 점, 용산에 직접 가서 부품을 구매하는 점 등 전공 선택과 노력 과정에서 지원자의 능동적인 자세가 돋보입니다.

합격 꿀 Tip

취업이 잘되는 학과라서, 아버지의 권유로, 수능 점수에 맞추나 보니 어쩔 수 없이 등의 답변은 성의 없거나 수동적인 인상을 줍니다. 자신의 의지가 포함된 구체적인 경험 사례를 들어 답변해야 합니다. 전공 선택 이유와 직무 선택 이유가 자연스럽게 연결되면 더욱 좋습니다.

59 학점이 높은 편인데 공부만 한 것은 아닌가요?

삼성전자 기출

사회성과 조직에 대한 적응력을 평가하고 있습니다. 높은 학점을 유지하기 위해서는 많은 시간을 공부에 투자해야 합니다. 학점이 높은 경우 "대학시절 너무 공부에만 매진한 것은 아닌가?"라는 질문을 받을 수 있습니다. 전공지식에 대한 역량 외 의사소통능력, 대인관계능력, 조직이해능력 등을 강조해주세요. 만약 단체, 조직에 대한 경험이 부족하다면 공부로 인한 스트레스를 어떻게 관리하는지 이야기하거나, 공부 외에 가장 관심을 두고 있는 분야를 구체적으로 답변해주세요.

👎 WORST 답변

저는 4.5점 만점에 4.42점으로 졸업했습니다. 대학 입학 시, 경제적으로 어려운 가정 형편상 제가 할 수 있는 일을 고민했고, 장학금을 목표로 4년 동안 노력했습니다. 시험 기간만 공부하는 것이 아니라 평상시에도 도서관에서 버스가 끊기기 전인 11시까지 매일같이 공부했습니다. 그 결과 매 학기 성적 장학금을 받으며 전체 수석으로 졸업을 할 수 있었습니다.

질문 의도를 정확히 파악하지 못하고 높은 학점을 받아야 하는 당위성과 노력을 설명했습니다. 면접관은 높은 성적을 받아야만 했던 이유보다 지원자가 학업에 몰두한 나머지 놓치기 쉬운 역량을 기르기 위해 어떤 노력을 했는지를 더 궁금해합니다.

4.3점이라는 학점으로 졸업을 했지만, 4년이라는 대학교 생활 동안 공부만 한 것은 아닙니다. 볼링 동아리에 가입해 공부로 인한 스트레스를 운동으로 풀었고 3학년 때 동아리 회장을 하며 성실히 이끈 경험도 갖고 있습니다. 또한, 방학 기간마다 농촌 봉사, 중학교 과학수업 봉사 등 다양한 봉사활동을 했습니다.

취미와 동아리 등 다양한 활동을 통해 스트레스 관리능력, 리더십, 조직이해능력 등 균형 있는 모습을 잘 어필했습니다. "대학시절 경험 중, 가장 일탈해 본 경험은 무엇인가요?"라는 추가 질문도 받을 수 있습니다. 지원자가 고지식하지 않고, 단체 생활에 적응할 수 있는 사회성을 보유하고 있는지 확인하기 위해서입니다. 법적 테두리 안에서 본인의 경험을 준비하는 것이 필요합니다.

합격 꿀 Tip

축구, 야구와 같은 단체 활동이나 등산, 마라톤 같은 취미가 있다면 이를 강소해주세요. 예를 들어 "마라톤은 정직한 운동입니다. 연습한 만큼 결과가 나옵니다. 마라톤을 하다 보면 Runner's High를 느낄 수 있습니다. 마라톤을 하는 마음으로 정직하게 일하겠습니다."처럼 입사 의지를 연결해 답변할 수 있습니다.

60 학점이 낮은 편인데 이유가 무엇인가요?

기아, 삼성디스플레이, 삼성물산, 삼성전자, 샘표, 한화, 현대모비스, 현대자동차, LG디스플레이, S-Oil 기출

지원자의 성실성, 또는 주 관심사를 알아보기 위한 질문입니다. 학점이 낮은 지원자 대부분은 대학교 저학년 때 공부보다 다른 곳에 많이 집중했거나, 졸업할 때까지 공부를 소홀히 한 경우입니다. 이 질문을 통해 지원자가 직장에서 꾸준히 일할 수 있는 성실한 사람인지 알 수 있습니다. 만약 공부에 소홀했던 이유가 다른 곳에 있다면 그 관심사가 무엇인지, 직무와는 연관이 있는지 확인할 수 있습니다.

👎 WORST 답변

솔직히 말씀드리자면, 대학교 저학년 때 여러 개 동아리 활동을 하고 학과 선후배들과 어울려 지내느라 학업에 소홀했습니다. 군 전역 후 CPA를 따기 위해 1년 동안 준비하느라 보시다시피 졸업 학점이 썩 좋지는 않습니다. 그렇지만 저는 여러 동아리 활동을 통해 누구보다도 훌륭한 인적 네트워크를 갖고 있다고 자부합니다.

사람을 많이 알고 있다고 해서 훌륭한 인적 네트워크를 갖고 있다고 판단할 수는 없습니다. CPA 공부도 결과물이 따로 없기 때문에 신뢰를 얻기 힘듭니다. '솔직히 말씀드리자면'은 불필요하고, '썩 좋지 않다.'는 면접장에 어울리지 않습니다.

BEST 답변

입대 전까지 공부에 소홀했던 것은 사실입니다. 게다가 전역 후에는 CPA를 1년여 동안 준비하느라 전공필수 과목을 제외한 다른 수업의 성적이 좋지 못했습니다. 하지만 3학년 때부터 계절학기 및 재수강을 통해 전공필수 과목들을 B+의 학점으로 재취득했고, CPA도 1차 시험에 합격하는 성과를 얻었습니다.

낮은 학점을 인정하고, 재수강, CPA 1차 합격 등 극복하기 위한 노력을 잘 표현했습니다.

BEST 답변

수학과에 입학 후 적성에 맞지 않아 진로에 대한 고민이 있었습니다. 그래서 3학년 때 제어계측공학과로 전과를 했습니다. 기초 지식이 없는 상태에서 좋은 학점을 얻기는 쉽지 않았습니다. 기초부터 확실히 다지자는 목표로 노력한 결과 비록 평균 학점은 낮지만 4학년 때는 4.0점의 학점을 받았고 졸업 작품도 최우수상을 받을 수 있었습니다.

전과를 한 경우 초반에 좋은 학점을 받기 힘듭니다. 전공과목 위주로 노력한 과정과 결과를 어필하는 것도 하나의 방법입니다.

합격 꿀 Tip

학점이 낮음에도 면접 자리까지 왔다는 것은 낮은 학점이 결격 사유가 아니라는 말과 같습니다. 만약 취미 활동에 열중해 학업에 소홀했다면 해당 경험을 통해 배운 점을 직무와 연결해 답변할 수도 있습니다.

61 팀 프로젝트를 하면서 무엇을 배웠나요?

한화, 현대모비스, 현대자동차, 현대제철, IBK기업은행, KT, LG전자, LG CNS, SK하이닉스 기출

직장생활은 협업의 연속입니다. 팀 안에서, 또는 팀 대 팀이나 회사 대 회사 간 업무를 처리할 때 팀워크, 협업 마인드가 없다면 여러 가지 문제가 생길 수 있습니다. 이 질문을 통해 지원자가 팀원으로서 목표를 위해 타인을 이해하고 협업을 할 수 있는지 알 수 있습니다.

👎 WORST 답변

'영화의 흥행도 예측 알고리즘'이란 주제로 팀 프로젝트를 진행한 적이 있습니다. 개봉 전 리뷰를 분석함으로써 흥행도를 측정하려 했지만, 다양한 감정을 표현할 수 있는 한글로 인해 고생하고 있었습니다. 고심하던 중 기존 흥행 영화들을 분석하자는 의견이 나왔습니다. 제가 앞서 흥행한 영화들의 개봉 전 리뷰를 수집해 기준을 만들고 이를 알고리즘에 적용했습니다. 그 결과 약 30%의 개선 효과를 얻을 수 있었습니다. 생각의 관점을 때로는 반대로 유연하게 해야 한다는 것을 배웠습니다.

질문의 의도와 맞지 않습니다. 좋은 경험이기는 하지만 문제해결능력을 보여준 내용이지 협업, 팀워크에 대한 답변이 아닙니다. 질문 의도에 맞는 핵심 경험은 '팀원들과 어떻게 흥행한 영화의 개봉 전 리뷰를 수집 분석하자는 결론에 도달했는가?'하는 협업 과정입니다.

게임 개발 프로젝트에서 정확한 의사소통의 중요성을 배웠습니다. 저는 팀장으로서 매주 두 번 회의를 통해 진행 상황을 점검했습니다. 하지만 한 달이 지난 회의에서 기획 방향과 다르게 개발되고 있음을 알고 다 같이 모여 원인을 분석했습니다. 문제 원인은 정보를 서로 전달할 때 말로만 해 정확히 전달하지 못하고, 자의적으로 이해했기 때문이었습니다. 문제 해결을 위해 이후 회의부터는 칠판을 사용해 그림, 표와 함께 정보를 설명했고, 각자 이해한 내용을 재차 확인했습니다. 회의 시간은 다소 길어졌지만, 개발 방향이 목표에 맞게 수정되었습니다. 입사 후에도 정확한 의사소통을 통해 프로젝트 수행 시 불필요한 시간 낭비를 줄이는 데 최선을 다하겠습니다.

조직에서 자주 발생하는 잘못된 정보 전달과 이해에 관한 경험을 원인, 개선안 결과에 맞추어 잘 답변한 사례입니다. 그림과 표, 그래프를 통한 의사전달은 이해를 쉽게 할 수 있도록 돕고, 피드백을 통해 상대의 의도를 파악하는 것 역시 중요합니다. 경험을 근거로 이를 잘 표현했습니다.

합격 꿀 Tip

협업 과정에서 생긴 문제를 자신의 노력과 희생만으로 해결한 경험은 좋은 답변 사례가 될 수 없습니다. 팀원과 함께 갈등이나 문제를 해결하기 위해 원인 분석을 하고 개선안을 도출하고 행동해 얻은 결과를 이야기해야 합니다. 그 과정에서 자신의 역할과 배운 점을 강조해주세요. 최근 채용에서 컬처핏(Culture Fit, 문화 적합성)을 강조하고 있습니다. 지원 기업이 강조하는 컬처핏이 협업이라면, 목표 달성을 위해 동료들과 협업한 경험을 꼭 준비하세요.

62 창업 동아리 활동을 통해 무엇을 배웠나요?

삼성전자, 하나은행, KT, LG전자, LG화학 기출

기업은 기본적으로 장기간 근무할 수 있는 인재를 뽑길 바랍니다. 면접관은 지원자의 창업 동아리 활동 경험이 직무역량을 기르기 위한 것인지, 창업에 대한 꿈이 있는지 확인하고자 합니다. 만약 창업을 희망한다고 해도 면접 자리에서 "제 꿈은 창업을 하는 것입니다."와 같은 이야기는 하지 말아야 합니다. 창업 동아리 활동을 통해 부족한 역량을 개선하거나 장점을 더욱 강화하거나 목표를 이룬 경험을 소개해주세요.

👎 WORST 답변

자동차 부품 사출 공장을 운영하고 계신 아버지의 영향으로 저 역시 사업에 대한 꿈을 키웠고, 창업 동아리 활동을 했습니다. '친환경 전기 배달 오토바이'라는 주제로 창업을 진행했는데, 기존 휘발유 오토바이를 전기 오토바이로 교체하는 사업 아이템으로 목표는 미세먼지 절감과 운영비 절감이었습니다. 오토바이 한 대당 매달 운영비를 30% 정도 절감할 수 있는 획기적인 아이디어였습니다. 그러나 기획안을 여러 공모전에 제출했지만 아쉽게도 당선되지는 못했습니다. 배터리 충전 시간과 충전소를 고려하지 못했기 때문입니다. 이를 통해 사업은 다각도의 분석이 필요함을 배웠습니다.

창업 주제에 대한 설명을 주로 말하고 있습니다. 면접관은 창업 아이디어를 알고 싶은 것이 아니라, 그 경험을 통해 지원자가 배운 점이나 부족함을 느껴 개선하고자 하는 역량을 확인하고 싶어 합니다. 사업에 대한 열망이 큰 지원자는 면접을 통과하기 어렵습니다.

다양한 업무를 경험하기 위해 게임 창업 동아리 활동을 했습니다. 소프트웨어 설계자로서 컴퓨터 앞에만 있기보다 '어떻게 게임을 기획, 개발하고 퍼블리싱 하는가?'를 배우고 싶었습니다. '타워디펜스' 게임을 개발한 저희 팀 5명의 목표는 개발 단계별로 업무를 차근차근 배우는 것이었습니다. 개발 시간에 구애받지 않고 1년 동안 단계별로 모두 참여해 다양한 업무를 배울 수 있었습니다. 이 경험을 통해 단순한 오퍼레이터로서의 설계자가 아닌 기획 의도와 개발의 흐름을 이해하는 설계자가 되고 싶다고 생각을 했습니다.

창업 동아리 활동을 통해 배운 직무역량을 명확하게 설명했습니다. 목적과 이유가 분명한 답변입니다. '기획과 개발 의도를 이해하는 설계자'라는 장점을 잘 어필했습니다.

합격 꿀 Tip

창업 동아리 경험에서 어필할 수 있는 키워드는 여러 가지가 있습니다. 사업 아이템을 선정한다면 시장 분석이 필수입니다. 경쟁사는 누구이고 무엇을 차별화할지 등에 대해 3C, 4P, STP 등 마케팅 전략을 바탕으로 말할 수 있습니다. 공학적인 아이디어라면 특허에 대한 이해를 바탕으로 선행기술조사능력을 강조할 수 있습니다.

63 대학원에 진학한 이유가 무엇인가요?

전공에 대한 열정과 노력, 전문성 등을 평가하기 위한 질문입니다. 지원자격이 학사 이상인 직무에 석사가 지원할 경우 이 질문을 종종 받을 수 있습니다. 지원자가 전공에 대한 목적의식 없이 취업 회피 수단이나 출신 학교의 네임밸류를 높이기 위해 대학원에 진학한 것인지 확인하기 위한 질문입니다. 대학원 졸업생은 면접 때 대학시절 프로젝트를 주로 말하는 것이 좋습니다.

👎 WORST 답변

졸업을 앞두고 대학원에 진학하는 것이 이곳 OO 기업 입사에 유리하다고 판단했습니다. 취업을 할 수는 있지만, 저의 역량과 가치를 더 높이고자 대학원 진학을 결심했고, 최선을 다한 결과 2년 만에 석사 과정을 모두 수료할 수 있었습니다.

전공에 대한 열정 없이 단순히 더 나은 취업을 위해 대학원에 진학한 인상을 줄 수 있습니다. 자신의 의도가 그렇다고 하더라도 지나치게 솔직한 답변은 피해야 합니다.

BEST 답변

5G 시대에 아날로그 회로 전문가가 되기 위해 대학원을 진학했습니다. 학부시절 가장 어려웠던 만큼 저의 호기심을 자극하는 전공과목이 아날로그 회로였습니다. 세상이 디지털화될수록 현실과 디지털을 이어줄 아날로그 인터페이스가 중요함을 깨달았고, 5G 시대에는 아날로그 반도체의 중요성이 더욱 높아지리라 예측했습니다. 아날로그 회로는 진입장벽이 높고 어려워 학부에서는 깊이 있게 배울 수 없기 때문에 대학원 진학을 결심했습니다. 이미지센서에 대한 산학 과제 논문을 작성한 경험을 바탕으로 OO 기업의 시장 진출에 도움이 되고 싶습니다.

대학원 진학의 이유를 학문적 호기심, 미래 전망을 통해 명확하게 답변했습니다. 자신의 전문 분야인 이미지센서를 언급함으로써 학부생과의 차별성도 강조했습니다. 대학원 진학 이유를 말할 때는 전공 학문에 대한 호기심이 강해서, 전공을 깊이 있게 알고 싶어서, 전문가가 되기 위해서 등의 학문적 이유를 답변하는 것을 추천합니다. 취업의 기회를 넓히고자, 대기업 입사를 위해, 연봉이나 승진 속도를 높이려고 등의 답변은 부정적인 인상을 줄 수 있으니 주의가 필요합니다.

PART 4

합격 꿀 Tip

기업에서 대학원 졸업자를 채용하는 가장 큰 이유는 직무역량, 즉 선분적인 지식을 갖추었기 때문입니다. 2년 이상의 대학원 생활 동안 대학생 때보다 깊이 있는 연구를 통해 직무역량을 쌓을 수 있습니다. 또한 조직 생활을 해봤기 때문에 회사 적응도 잘할 것으로 판단합니다.

64 휴학 기간에 무엇을 했나요?

삼성전자, 포스코, 한국농어촌공사, 한국전력공사, 한화, LG디스플레이, LG전자, S-Oil 기출

면접 때 자주 나오는 질문 중 하나입니다. 지원자의 목표의식, 관심사 등을 한 번에 볼 수 있기 때문입니다. 의미 없이 휴학했거나 답변을 머뭇거리면 신뢰하기 어렵습니다. 휴학 기간에 어떤 목적을 가지고 무슨 일을 했는지 명확하게 답변할 수 있어야 합니다. 당시 했던 일을 통해 관심사와 열정을 잘 보여주세요.

👎 WORST 답변

대학생활 중 미국 배낭여행을 가기 위해 1년 동안 휴학을 한 경험이 있습니다. 휴학 후 6개월간 가구 공장에서 아르바이트하며 여행 자금을 마련했습니다. 한 달 동안 여행 계획을 세웠고, 경비를 줄이기 위해 3개월 동안 메가버스를 이용하며 북미 전역을 여행했습니다. 특히 미국 각 도시에 방문할 때마다 메이저리그를 관람한 것이 가장 기억에 남습니다. 이는 저에게 큰 영감을 주었고 글로벌 인재가 될 수 있는 발판이 되었습니다.

미국 배낭여행의 목적이 무엇인지 알 수 없는 답변입니다. 단순히 여행 경험을 소개하는 것은 좋지 않습니다. 목표가 무엇이고, 무엇을 배웠는가가 중요합니다. 해외여행을 다녀왔다고 해서 모두가 글로벌 인재가 되는 것이 아닙니다. 경험을 통해 배운 점을 직무와 연결해 표현하는 노력이 필요합니다.

스페인으로 어학연수를 다녀왔습니다. 휴학 기간 중 6개월 동안 외국인 게스트하우스 프론트 서비스, 대형마트 판매직을 비롯해 세 차례 아르바이트하면서 돈을 마련했습니다. 그리고 스페인에서 어학연수를 하며 DELE 레벨 C1을 취득했습니다. 한 달간 페루, 볼리비아, 칠레 지역을 돌며 물건값을 흥정하고 페루에서 볼리비아까지 버스로 이동하면서 그 나라 문화도 익히고 적응력을 키웠습니다. OO 기업은 지난 5년간 글로벌 현지화 전략을 추진해 왔습니다. 하지만 그동안 남미 시장은 여전히 미개척 분야였습니다. 제가 쌓은 역량으로 OO 기업의 남미 시장 진출에 이바지하고 싶습니다.

휴학의 목적이 구체적이며, 어학 점수 획득을 통해 신뢰를 주고 있습니다. 기업에 대한 이해를 덧붙인 것도 현명합니다.

합격 꿀 Tip

휴학 기간 경험은 기업이나 직무와 연관된 것을 이야기할수록 좋습니다. 인턴, 아르바이트는 물론 자격증 취득을 위한 공부, 어학연수 등이 그 예시입니다. 단점을 극복하고자 노력했던 경험을 언급해도 좋습니다.

65 졸업 유예를 한 이유가 무엇인가요?

장기간 휴학한 지원자와 더불어 목적이 불분명한 졸업 유예 지원자 역시 기업은 선호하지 않습니다. 졸업 유예를 한 이유가 무엇인지 명확하게 답변해주세요. 일반적으로 기업은 졸업 유예에 대해 부정적으로 생각하지 않습니다. 졸업 유예를 통해 지원자가 무엇을 얻었는가가 중요한 포인트입니다.

👎 WORST 답변

졸업을 앞두고 어학 점수가 부족함을 느꼈습니다. 졸업 학점은 3.8점으로 나쁘지 않았습니다. 하지만 전공과목 공부에 매진한 나머지 영어 공부를 소홀히 했다는 것을 알고 졸업 유예를 결심했습니다. 블라인드 채용이 늘긴 했지만 영어 점수를 보는 기업이 많습니다. 영어 공부를 하면서 마지막 학교생활을 잘 마무리하고 싶었습니다. 이후 6개월 동안 토익학원을 하루도 빠짐없이 열심히 다닌 결과 850점이라는 높은 토익 점수를 얻을 수 있었습니다.

어학 점수를 높이기 위해 졸업 유예를 했다고 말하는 것은 적절하지 않습니다. 토익 점수가 졸업 자격조건이라면 사유가 될 수 있으나, 취업 때문에 토익 성적을 올리기 위해 졸업 유예를 결심했다는 것은 면접관을 설득시키기 어렵습니다.

👍BEST 답변

OOO 직무 지원을 위해 전문성을 확보하고자 졸업 유예를 결심했습니다. 해당 기간 동안 전기공학 전공자로서 전기기사 자격증을 취득하고, 추가로 전기공사기사도 취득하였습니다. 또한, OO 기업이 해외 진출을 추진하고 있어, 도움이 되고자 부족한 영어회화 실력도 6개월 동안 노력하여 오픽 AL로 향상시켰습니다. 더불어 1, 2학년 때, 부족했던 학점도 재수강을 통해 모두 A+로 만들며 기본 지식을 다시 한번 다질 수 있는 기회로 삼았습니다.

졸업 유예 기간 동안 직무에 필요한 우대사항 자격증을 확보하고, 추진하고 있는 사업에 매칭될 수 있는 어학 역량을 향상시킨 경험을 성과와 더불어 잘 답변했습니다.

합격 꿀 Tip

기업은 지원자의 직무 전문성을 매우 중요하게 생각합니다. 졸업 유예 기간 동안, 다른 지원자보다 상대적 차별성과 강점을 보유하기 위해 어떤 경험을 하였고 어떤 성과를 얻었는지 어필하세요. 복수전공이나 연구 프로젝트, 추가 자격증과 재학생 전용 프로그램 등이 이유가 될 수 있습니다.

66 학교생활 중 가장 기억에 남는 일이 무엇인가요?

롯데칠성음료, 현대제철, IBK기업은행, LG화학, SK하이닉스 기출

학교는 작은 사회입니다. 학교생활을 통해 지원자의 관심사뿐만 아니라 조직 적응력, 의사소통능력, 대인관계능력, 조직이해능력 등을 전반적으로 파악할 수 있습니다. 모의 세계평화총회에 2회 연속 참가한 경험, 봉사 동아리에 가입해 교육·도배·수해복구 등 다양한 봉사활동을 한 경험, 교내 산악부에서 활동한 경험 등 자신만의 스토리를 꺼내 이야기해주세요.

👎 WORST 답변

전국 대학 동아리 야구대회에서 4강에 오른 경험이 있습니다. 42개 대학 동아리 야구팀이 출전하는데 8개의 조가 풀 리그전을 통해 상위 2개 팀이 16강에 진출하는 방식으로 1년간 진행됩니다. 저는 유격수 겸 1번 타자로서 전 경기에 출전해 우리 대학교 야구 동아리 역사상 처음으로 4강에 오르는 데 일조했습니다. 그 경험이 가장 기억에 남고 뿌듯합니다.

전국 대학 동아리 야구대회를 장황하게 설명했습니다. 정작 팀이 4강에 오르기 위해 자신과 팀원들이 얼마나 노력했는지에 대한 과정은 설명하지 않았습니다. 경험 기반의 면접 질문에 답할 때는 자신이 어떤 노력과 행동을 했는지 구체적인 내용을 제시해야 합니다.

2년 전 42개 대학교 동아리 야구팀이 출전한 대회에서 8강에 오른 것이 가장 기억에 남습니다. 타 대학에는 야구선수 출신이 2~3명 있었지만, 저희 팀은 한 명도 없었습니다. 이를 극복하고자 한 학기 내내 일주일에 세 번 매일 아침 1시간씩 모여서 기초 훈련을 진행했고, 주말마다 순번을 정해 다른 팀 시합을 직접 관람하며 전력을 분석했습니다. 여름 방학에는 2주간 합숙 훈련까지 진행해 끈끈해진 팀워크를 바탕으로 선수 출신 없이 8강에 오를 수 있었습니다. 당시 저는 우익수 후보 선수였지만 백업 멤버로서 빠짐없이 훈련에 참여했습니다. 이 경험을 통해 개인적으로는 체력과 끈기를 얻었고, 제가 속한 조직의 목표 달성을 위해 노력과 준비하는 자세가 필요하다는 것을 배울 수 있었습니다.

적극성과 노력, 끈기가 잘 나타난 답변입니다. 자신이 한 행동을 구체적으로 표현했고 후보임에도 불구하고 최선을 다한 열정을 엿볼 수 있습니다. Worst 답변보다 한 단계 낮은 성적이지만, 야구에 대한 열정과 노력을 성실하게 담아냈습니다.

PART 4

합격 꿀 Tip

단순히 재미있었던 경험이 아니라 가장 기억에 남는 경험을 말해야 합니다. 직무 관련 경험이 아니더라도 괜찮습니다. 어떤 면에서 기억에 남는지, 그때 무엇을 배웠는지가 핵심입니다. 단체 활동이라면 지원자가 크게 기여를 했던 경험을 골라 이야기하는 것이 좋습니다.

67 어떤 일을 열정적으로 추진한 경험에 대해 말해보세요.

근로복지공단, 기아, 삼성전자, 인천국제공항공사, 한국도로공사, LG디스플레이 기출

열정은 어떤 일에 열렬한 애정을 가지고 열중하는 마음을 의미합니다. 이 질문은 지원자가 무엇에 큰 관심을 두고 실행하며 추진하는지 확인하기 위한 질문입니다. 경험을 통해 무엇을 배우고 느꼈는지, 입사 후에도 해당 직무에서 목표에 대한 열정을 지속적으로 발휘할 수 있는 인재인지 평가할 수 있습니다.

👎 WORST 답변

대학교 3학년 1학기 때 장학금을 목표로 열정을 불태운 경험이 있습니다. 2학년까지 학점이 좋지 않아 장학금을 목표로 수업이 끝나고 매일 도서관으로 출근했습니다. 주말에도 항상 집 근처 도서관에서 공부한 결과 50% 장학금을 받을 수 있었습니다. 이 경험으로 꾸준한 노력을 통해 공부하는 습관을 기를 수 있었습니다. 향후 입사하면 이런 꾸준함을 바탕으로 항상 노력하는 일꾼이 되겠습니다.

열정이 크게 와 닿지 않습니다. 장학금, 자격증, 어학 점수 등 다른 지원자가 자주 말하는 경험을 이야기할 때는 목표 수준이 매우 높아야 합니다. 장학금의 경우, 최근 많은 장학금 제도가 있어 희소성이 떨어질 수 있습니다. 단발성이 아닌 연속으로 받은 장학금을 이야기하는 것이 더 효과적입니다.

그리고, 위 답변은 경험을 통해 느낀 점 또한 평범합니다.

6개월 동안 유튜브 채널을 운영해 구독자 1,000명 목표를 달성한 경험이 있습니다. 일본의 소재 산업 수출 규제 이후, 부품 소재 국산화에 관심이 생겼습니다. 국산화가 필요한 부품 소재를 유튜브를 통해 소개하면서 목표를 구독자 1,000명으로 정했습니다. 처음에는 2~3분 분량의 뉴스 짜깁기에 불과했지만 이후 2차전지, 신소재 섬유 산업, 공작기계 등을 다루면서 자료의 중요성을 느꼈습니다. 시장조사를 하고 전문서적을 살펴보고 교수님께 질문하는 등 노력을 기울였습니다. 그 결과 6개월간 30여 개의 동영상을 제작해 올렸고, 구독자도 1,200여 명으로 늘었습니다. 이 경험을 통해 유용한 정보의 중요성을 새삼 깨달았고 이러한 정보를 얻기 위해 여러 방면에서 적극적으로 노력해야 한다는 것을 알았습니다.

 자신의 관심사를 유튜브에 소개하는 열정을 보였습니다. 자료의 부족함을 극복하기 위해 공부하고 교수님을 인터뷰하는 노력에서 열정을 엿볼 수 있습니다. 느낀 점도 적절하게 연결해 설명했습니다.

PART 4

합격 꿀 Tip

열정적인 경험을 말할 때는 직무역량과 함께 관심사를 소재로 다뤄도 괜찮습니다. 전문가 수준의 취미나 특기가 있으면 이러한 능력을 갖추기 위해 노력한 것도 좋은 평가를 얻을 수 있습니다. 그리고, 3개월 이상 장기간의 경험을 소개하는 것을 추천합니다. 열정, 도전, 전문성 경험을 이야기할 때 면접관은 단기간인지 또는 장기간의 경험인지를 통해 어려움이나 난이도를 유추하기도 합니다.

68 리더십을 키우기 위해 어떤 노력을 했나요?

삼성물산, 삼성전자, 하나은행, 현대제철 기출

리더십 역량을 평가하기 위한 질문입니다. 신입사원은 일반적으로 10년에서 15년 뒤 관리자가 됩니다. 또한 영업관리, 점포관리, 현장관리 등의 업무 담당자는 리더십 역량이 필수입니다. 이처럼 직무나 조직생활에 필요한 역량을 키우기 위해 어떤 노력을 기울였는지 확인하고 있습니다.

👎 WORST 답변

데이터베이스 팀 프로젝트를 진행하며 희생을 통해 팀원을 이끈 경험이 있습니다. 모두 팀장이 되기 싫어해 제비뽑기로 제가 팀장이 된 상황이었습니다. 과제수행을 하며 문제가 생겼습니다. 일부 팀원이 축제 준비로 바빠 기한 내 할당된 임무를 완수하지 못할 것 같았습니다. 저는 팀장으로서 책임감에 하루 1시간씩 바쁜 팀원들의 과제를 도와주었습니다. 저의 희생으로 프로젝트에서 좋은 점수를 얻고 팀원들에게도 칭찬을 받았습니다.

자신이 원하지 않은 상황에서 리더의 역할을 기대하기는 어렵습니다. 리더의 책임감이 어쩔 수 없이 발휘된 인상을 줍니다. 일방적인 희생은 리더의 덕목이 아닙니다. 희생을 통해 팀원들이 어떻게 변화했는지도 덧붙여주세요.

리더로서 발표력을 기르기 위해 학교 행사에 적극적으로 앞서 참여했습니다. 10대 시절 남들 앞에서 발표하는 것을 두려워했습니다. 이런 저의 성격을 고치고자 대학교 신입생 오리엔테이션 때부터 장기자랑에 나섰습니다. 당연히 모두 재미없어했습니다. 하지만 이후 MT를 갈 때마다 장기자랑에 참여했고 점점 남들 앞에 서는 것이 자연스러워졌습니다. 신병교육대 시절에는 다른 사람이 꺼리는 보고자도 자청했습니다. 이와 같은 노력에 여러 팀 프로젝트에서 발표자로 추천받을 만큼 저의 발표력은 향상되었습니다. 앞으로도 부족한 역량을 채우기 위해 급하게 생각하지 않고 꾸준히 노력하겠습니다.

리더로서 중요한 역량인 발표력을 기르기 위해 대학교에 입학한 순간부터 4학년 때까지 장기간 노력한 경험을 구체적으로 재미있게 답변했습니다. 발표력과 관련된 경험을 이야기할 때는 면접 자리에서 자신 있게 말하는 것이 중요합니다.

리더십이란 공동의 목표를 달성하기 위해 한 사람이 다른 사람들에게 지지와 도움을 얻는 사회상 영향 과정입니다. 현재 기업은 중요한 정치적·경제적 변화, 와해성 기술, 예측할 수 없는 기후 변화 등으로 인해 끊임없는 도전에 직면하고 있습니다. 신입사원에게 리더십이 바로 필요한 것은 아니지만 자질이 있다는 것은 강점이 됩니다. 변혁적 리더십, 서번트 리더십 등 다양한 리더십 유형을 살펴보고 자신은 어떤 리더십을 어떠한 경험을 통해 습득하였는지 생각해보세요.

69 타문화를 이해하기 위해 어떤 노력을 했나요?

글로벌화로 인해 많은 기업이 해외로 진출하거나 다양한 해외 기업과 협업을 하는 일이 늘고 있습니다. 이런 상황에서 지원자가 타문화를 어떻게 대하고 이해하는지는 중요한 평가 항목 중 하나입니다. 답변을 통해 해외 관련 업무에 얼마나 적합한지 평가할 수 있습니다.

👎 WORST 답변

> 저는 해외에서 근무하는 것을 목표로 영어 공부를 위해 밴쿠버에서 6개월간 어학연수를 한 경험이 있습니다. 처음에는 낯가림이 심해 먼저 인사도 하지 못했고, 수업 시간에도 입이 잘 떨어지지 않았습니다. 하지만 점차 적응해 가면서 여러 국가의 친구들과 어울릴 수 있었습니다. 그 결과 한국에 돌아와 토익스피킹 레벨 6를 받을 수 있었고, 여전히 그때 외국 친구들과 인스타그램을 통해 소통하고 있습니다.

지원자 상당수가 외국어 구사 능력을 위해 어학연수 경험을 이야기합니다. 레벨 6라는 결과도 중요하지만 노력하는 과정을 생생하게 전달해주세요. 낯가림을 극복하고, 타문화를 이해했다고 주장하기 위해서는 관련된 구체적 경험 사례를 근거로 제시해야 합니다.

다양한 현지어 구사로 외국 친구들에게 인정받은 경험이 있습니다. 1년 전 유럽 배낭여행을 갔을 때 일입니다. 영어에 자신 있던 저는 혼자 프랑스 레스토랑에서 주문했지만 웨이터가 알아듣지 못해 고생했습니다. 프랑스 국민은 영어를 할 줄 알아도 프랑스어로 먼저 인사를 하지 않으면 가끔 무시한다는 걸 알았습니다. 그 후 체코, 독일, 이탈리아, 스페인 등 다른 나라를 여행할 때는 사전에 인사말과 간단한 일상 회화를 미리 공부했습니다. 2달 후 유스호스텔에서 저녁을 먹을 때, 저의 외국어 구사 능력에 해외 친구들이 먼저 호감을 표하며 친해지길 원했습니다. 지금도 다른 나라의 언어와 문화를 조금씩이라도 이해하기 위해 노력하고 있습니다.

자신이 겪었던 곤란한 경험을 통해 원인을 이해하고 다양한 국가의 언어를 배워 인정받은 경험을 설명했습니다. 실제 업무에서도 해외 지사 담당자와 통화할 때, 친해지기 위해 사내 공용어인 영어 외에 서로의 언어를 배우고 가르쳐주는 경우가 많습니다.

PART 4

합격 꿀 Tip

문화의 다양성을 이해하고 적응하기 위해 적극성과 긍정적 마인드가 발휘된 경험이나 변화하는 국제 정세에 대한 지식을 쌓은 경험을 답변하는 것을 추천합니다. 월드잡플러스 (www.worldjob.or.kr), KOTRA 해외시장뉴스(news.kotra.or.kr)에서 나라별 정치·사회 동향, 해외시장 정보를 얻을 수 있습니다.

70 아르바이트(인턴)를 하면서 가장 힘들었던 점이 무엇인가요?

기아, 삼성생명, 신세계, 포스코인터내셔널, 하나은행, 한화, 현대모비스, CJ제일제당, KT, LG화학 기출

사회생활의 축소판인 아르바이트나 간접 경험인 인턴을 통해 지원자가 생각하는 가장 힘든 일은 무엇인지, 그 상황을 어떻게 받아들이고 극복했는지 알기 위한 질문입니다. 성실성, 책임감, 조직 적응력, 인내심, 끈기 등 여러 가지 요소를 평가할 수 있습니다.

👎 WORST 답변

인턴생활 중 연탄 배달 봉사활동을 나간 후 온몸이 아파 며칠 고생한 적이 있습니다. 언덕과 좁은 골목이 매우 많은 지역이었는데 다른 분들은 이런 봉사활동을 자주 하셨는지 괜찮아 보였지만 저는 체력이 약해 다리도 떨리고, 팔도 아파지기 시작했습니다. 10여 장이 넘는 연탄을 깨트렸지만, 끝까지 포기하지 않았습니다.

힘들었던 상황에서 포기하지 않고 책임감을 발휘한 점은 긍정적입니다. 하지만 가장 힘들었던 경험에 적합한지는 의문입니다. 직장인에게 체력은 또 하나의 경쟁력이 될 수 있다는 것을 기억하세요.

노래방에서 6개월 동안 아르바이트할 때 정신적 스트레스를 웃는 얼굴로 극복한 경험이 있습니다. 공장이 많은 지역이라 손님들의 연령층이 높은 편이었습니다. 손님 대부분이 반말과 무례한 말을 했고, 심지어 욕을 하는 일도 있었습니다. 이렇게까지 해야 하나 고민도 했습니다. 하지만 제가 먼저 바뀌어야겠다고 생각했습니다. 손님이 오면 먼저 웃으면서 인사하고 작은 친절을 베풀었더니 단골손님이 늘기도 했습니다.

고객을 직접 상대하며 어려웠던 경험을 잘 설명했습니다. 문제를 해결하기 위해 노력한 경험을 간단히 덧붙인 것도 좋습니다. 가장 힘들었던 경험을 묻는 것은 지원자의 고생담을 듣고자 하는 것이 아닙니다. 힘들었던 경험을 이야기할 때는 신세 한탄하듯 부정적인 내용을 늘어놓기보다 힘든 배경을 간단히 소개하고 상황을 어떻게 받아들이거나 개선했는지 덧붙이는 것이 좋습니다.

합격 꿀 Tip

답변 소재를 선택할 때는 면접관이 궁금해하는 이야기인지, 그렇지 않은지 판단해야 합니다. 예를 들어 "공장에서 아르바이트할 때 작업 속도를 높일 수 있는 환경 개선 아이디어가 있었는데, 기존 직원들은 그 일에 숙달된 상황이라 개선의 필요성을 인식하지 못하고 있었습니다." 같은 이야기를 하면 면접관은 이후 '어떻게 대처해서 상황을 개선했는지'를 궁금해합니다. 다른 사람과 중복되지 않는 자신만의 이야기를 꺼내주세요.

71 아르바이트(인턴)를 하면서 인정받은 적이 있나요?

기아, 삼성생명, 신세계, 포스코인터내셔널, 하나은행, 한화, CJ제일제당, KT, LG화학 기출

타인에게 인정을 받은 경험을 통해 지원자를 객관적으로 평가하고자 하는 질문입니다. 이 질문으로 지원자의 의사소통능력, 문제해결능력, 대인관계능력, 창의성, 성실성, 책임감 등 다양한 역량을 보다 객관적으로 평가할 수 있습니다.

👎 WORST 답변

OO 공사에서 일반사무행정 인턴직을 수행한 경험이 있습니다. 3개월이라는 시간 동안 단한 번도 지각이나 결근을 하지 않았습니다. 당시 일할 때 날씨가 정말 더웠는데 무더위에도 얼굴을 찡그리지 않고 웃으며 표정 관리하는 법을 배웠습니다. 마지막 회식 자리에서 많은 분들께서 "성실하다, 인사성이 바르다, 적극적이다."라는 칭찬을 해 주셨습니다. 저에게는 매우 뜻깊은 경험이었습니다.

구체적인 사례 없이 장점을 여러 가지 나열하는 것은 좋지 않습니다. 근태 관련한 내용은 직무에서 기본 사항이기 때문에 인정받은 사례로 적절하지 않습니다.

OO 기업에서 인턴으로 근무할 때 업무처리가 빠르고 정확하다고 '타짜'라고 불린 적이 있습니다. 자동차 와이어링 업체에서 인턴 근무 시, 바이러스로 인해 부품 수급 문제가 생겼습니다. 모든 직원이 직접 제품을 수작업으로 생산했는데, 일반 직원들이 제품 2개를 만들 때 저는 빠른 손놀림과 정확도로 3개를 제작했습니다. 주변 분들이 손이 눈보다 빠르다고 하시며 인턴 기간 내내 '타짜'라고 불러 주셨습니다. 신뢰성 평가팀에서도 모든 테스트를 기한 내 정확하게 처리하고 싶습니다.

인턴을 하며 인정받은 경험을 '타짜'라는 별명을 통해 잘 어필했습니다. 남들보다 1.5배 빠른 속도로 제품을 제작했다는 근거를 들어 구체적으로 설명했습니다.

합격 꿀 Tip

지원자의 긍정적인 면이 강조될 수 있는 구체적인 사례를 제시해야 합니다. 현장에서 적극적으로 문제를 찾고 아이디어를 제시한 경험, 누가 시키지 않아도 사발적으로 일을 찾아 나선 경험 등이 좋습니다. 인턴이나 아르바이트를 한 경험이 없다면 주변 친구나 선후배가 지원자를 어떻게 평가하는지를 말해도 괜찮습니다. 프로젝트 수행 시 조원들에게 긍정적인 평가를 받았던 경험을 소개해주세요.

72 실패 후 다시 도전했던 경험이 있나요?

국민건강보험공단, 포스코인터내셔널, 한국수자원공사, 한국철도공사, 한국토지주택공사, 한전KPS, 현대자동차, LG전자, SK이노베이션, SK하이닉스, S-Oil 기출

실패를 대하는 자세를 평가하기 위한 질문입니다. 실패를 경험할 때 좌절하거나 포기하지 않고 적극적으로 실패를 마주하는지, 원인을 분석하고 다시 도전할 수 있는 의지와 끈기가 있는 인재인지 파악할 수 있습니다.

👎 WORST 답변

살면서 큰 실패를 경험한 적이 없었습니다. 항상 긍정적으로 생각하려고 노력하다 보니 사소한 실패 같은 경우 크게 신경 쓰지 않습니다. 만약 이번 면접에서 떨어지게 된다면 다시 도전해 꼭 입사하도록 노력하겠습니다.

거창한 실패 경험이 아니어도 그 실패를 통해 무엇을 배웠는지, 그리고 다시 적극적으로 도전한 경험을 이야기해야 합니다. 실패와 도전은 같은 의미입니다. 큰 실패를 경험한 적이 없다는 대답은 도전을 많이 하지 않았다는 것을 보여줄 수 있습니다. 게다가 마지막 말은 불필요합니다. 면접 때 의미 없는, 부정적인 말을 하지 않도록 주의해주세요.

지역 배드민턴 대회를 개최해 실패한 후 다시 성공적으로 운영한 경험이 있습니다. 배드민턴 동아리 회장이 된 후 처음 맡은 업무가 지역권 배드민턴 대회였습니다. 심판만 잘 보면 된다는 생각에 안일하게 대했고 운영에서 큰 실패를 경험했습니다. 대회 공인 셔틀콕 문제부터 시간 배분을 잘못한 대진표로 일정이 바뀌었고, 사소한 음료수 공급 문제까지 더해져 최악의 대회라는 평가를 받았습니다. 이대로 끝낼 수는 없다는 생각에 동아리 회장을 연임해 다시 한번 대회를 책임졌습니다. 대회 운영을 위한 매뉴얼이 없다는 것이 실패 원인이라고 판단해 동아리 선후배들과 매주 두 번씩 회의하며 2개월간 대회 운영 매뉴얼을 완성했습니다. 그 결과 이듬해 대회를 성공적으로 개최하고 잘 마무리할 수 있었습니다.

실패 경험의 원인을 정확히 알고 이를 개선하기 위해 노력했습니다. 재도전을 위해 다시 한번 동아리 회장을 맡고 두 달간 매뉴얼을 만든 노력도 잘 보여줬습니다.

합격 꿀 Tip

목표 달성을 위해 노력을 했으나 실패하고 다시 도전한 경험을 이야기해야 합니다. 노력의 과정이 쉽거나 일반적인 경험은 좋지 않습니다. 실패를 극복하기 위해 원인을 분석하고 노력한 자세를 어필해야 합니다. 재도전 후 꼭 성공해야 하는 것은 아니지만 처음보다 성과를 거둔 경험을 소개하는 것을 권합니다.

73 전 회사에서 어떤 업무를 담당했나요?

건강보험심사평가원, 롯데칠성음료, 소상공인시장진흥공단, 아시아나항공, 주택관리공단, 현대백화점, 현대오일뱅크, KOTRA, LG화학 기출

직장 경력이 있는 지원자에게 자주 하는 질문입니다. 지원 직무와 같은 일을 했다면 직무 전문성을 알 수 있습니다. 만약 직무가 바뀌었다면 과거에 어떤 일을 했는지 파악할 수 있는 기회가 됩니다. 담당 업무를 소개할 때는 역할을 단순히 나열하지 말고 측정 가능한 지표를 근거로 대표 성과를 말해주세요.

👎 WORST 답변

FAE(Field Application Engineer)로서 OO 반도체에서 양산되는 LDO와 LED driver, 모터 IC, Relay driver 등의 제품을 담당했습니다. 국내 전자회사 가전제품들에 주로 사용되는 반도체 제품들로 각종 TV, 냉장고, 세탁기뿐만 아니라 공기청정기, 에어드레서 등 다양한 가전제품에 반도체를 적용한 이력이 있습니다. 다양한 제품개발 경험을 통해 OO 회사에서도 충분히 저의 역량을 발휘할 수 있다고 생각합니다.

담당 업무를 이야기할 때, 단순히 나열만 하면 안 됩니다. 이렇게 말하면 면접관이 지원자의 역량을 파악할 수 없습니다. 행동과 성과를 구체적으로 표현하는 것이 중요합니다.

OO 반도체 한국지사에서 자동차용 반도체 마케팅 매니저로서 작년 기준 43M$의 국내 매출을 담당했습니다. 이 수치는 2년 전보다 7% 증가한 것으로, 저의 다양한 프로모션이 효과를 발휘했다고 생각합니다. OOO 자동차, OOOO 자동차와 시트 통합 제어기 개발, 전자식 브레이크 전용 ASIC 반도체 개발, 전자식 퓨즈 개발 등 다양한 협업 프로젝트를 진행하고 완료했습니다. 가장 소개하고 싶은 부분은 이번에 개발되는 연 100만 대 생산 규모의 신차 모델에 최초로 적용되는 전자제어장치에 제가 담당하는 부품을 90% 적용한 것입니다. 이는 대당 5$로서 2년 뒤 개발 완료되어 양산되면 연 5M$의 매출 효과를 볼 수 있습니다. 이 프로젝트를 수주하기 위해 2년에 걸쳐 꾸준히 마케팅 활동을 하며 인적 네트워크를 다진 결실이라고 생각합니다.

담당했던 업무를 성과 위주로 잘 설명했습니다. 대표적인 성과를 예를 들어 명확하게 표현한 점도 돋보입니다. 경력자의 자신감을 엿볼 수 있습니다. 경력사원을 뽑을 때는 일반적으로 신입사원보다 면접 시간이 긴 편입니다. 실무에 대해 깊이 있게 파고드는 질문이 오가는 만큼 심층 질문에도 답변을 잘해야 합니다.

PART 4

합격 꿀 Tip

경력직 면접에서 거짓말은 절대 금물입니다. 재직했던 회사의 직장명, 재직 기간, 부서, 직위 등이 포함된 경력증명서를 요청하기 때문에 답변의 사실 여부를 금방 확인할 수 있습니다.

74 직장생활을 하면서 무언가를 성취한 경험이 있나요?

국립공원공단, 근로복지공단, 기아, 소상공인시장진흥공단, 주택관리공단, 현대백화점, 현대오일뱅크, CJ ENM, IBK기업은행, KOICA, LG화학 기출

직무 성취 경험을 통해 지원자가 직무를 대하는 태도, 직무역량, 열정을 평가할 수 있습니다. 이 경험을 통해 전 직장에서 지원자가 얼마만큼 중요한 역할을 해왔는지도 추측할 수 있습니다. 직장생활을 하며 목표를 달성했던 업무 중 가장 큰 보람을 느꼈거나, 성과를 얻었던 업무 경험을 이야기해주세요. 기업에 도움이 될 수 있는 경험을 선택하는 것이 중요합니다.

👎 WORST 답변

회사 연말 송년회에서 '스마일상'을 받은 경험이 있습니다. PM팀에서 7년 동안 근무하며, 저도 모르게 어느 순간 인상을 쓰는 버릇이 생겼습니다. 매일같이 이어지는 회의와 잦은 야근으로 인한 스트레스가 원인이었습니다. 동료 직원들도 저를 점점 어려워하는 것이 느껴졌습니다. 그래서 저는 연초에 항상 '웃으며 인사하고, 웃으며 회의하고, 웃으며 일하자.'라고 결심했습니다. 타 팀과 회의할 때와 업무가 밀려 야근할 때마다 고비가 있었지만 웃으려 노력했고, 그 결과 직원들이 투표해 주는 '스마일상'을 받을 수 있었습니다.

좋은 경험이지만 질문에 대한 대답으로 100% 부합하지는 않습니다. 경력 면접에서는 자신의 업무능력을 먼저 어필하는 것이 좋습니다. 면접관이 지원자의 전문성에 확신하고 난 이후 태도와 관련된 성취 경험을 이야기해도 좋습니다.

회로설계 파트장으로서 가장 큰 성취감을 얻은 업무는 팀의 설계 표준문서를 제정한 일입니다. 제가 신입사원일 때 회사는 시스템이 막 갖추어지는 과정이라 지침서나 가이드 같은 표준문서들이 따로 없었고, 그 결과 담당자마다 설계한 회로도가 달라서 불량이 자주 발생했습니다. 제가 파트장이 되었을 때 가장 먼저 한 일이 '표준 회로설계 지침서'와 '소자 선정 가이드'를 제정하는 것이었습니다. 여름 휴가 전까지 6개월 안에 완성하는 것을 목표로 표준 회로를 부분별로 만들고 소자 선정에 필요한 계산식을 모두 문서화했습니다. 업무 중 틈틈이 시간을 내어 만드느라 총 8개월이 걸렸지만, 완성 후 사내 웹에 올려 모든 후배가 편하게 참고할 수 있는 문서가 되었습니다. 회로설계 도면에 의한 불량 건수도 0%에 가깝게 줄어 가장 큰 성취감을 느꼈습니다.

조직의 시스템 문제를 자발적으로 개선해 모두의 인정을 받은 사례입니다. '회사에 표준이 없어서'라는 원인과 표준문서 제정이라는 목표, 결과물인 구체적인 문서 내용과 불량률 결과까지 차례로 잘 답변했습니다.

합격 꿀 Tip

면접관은 지원자가 입사하자마자 바로 실무에 투입되어 성과를 낼 수 있는 사람인지 궁금해합니다. 경력자 면접을 볼 때는 자신의 경력 사항을 충분히 설명할 수 있도록 시간을 주기 때문에 목표, 실행 계획, 측정이 가능한 결과를 포함해 답변하는 것을 추천합니다.

75 직장생활을 하면서 실패한 경험이 있나요?

답변을 통해 지원자가 업무에서 무엇을 실패라고 생각하는지 가치관을 알 수 있습니다. 또한 책임감, 끈기, 열정, 포기하지 않는 도전정신 등 다양한 태도를 확인할 수 있습니다. 실패를 통한 교훈과 개선 의지도 덧붙여주세요. 실패 경험을 말한 후에는 이를 극복하기 위해 어떤 노력을 기울였는지 추가 질문이 나올 수 있으니 함께 대비하기 바랍니다.

👎 WORST 답변

소프트웨어 설계에서 큰 실수를 한 적이 있습니다. 양산을 앞둔 OO 모델의 사양이 추가되어 급하게 소프트웨어를 변경해야 했습니다. 일정이 촉박했기 때문에 주말에도 출근하며 겨우 완성했습니다. 하지만 양산 뒤, 품질 담당자로부터 특정 조건에서 시동이 꺼지는 문제가 발생했다는 이야기를 듣게 되었습니다. 변경 전 소프트웨어를 적용 시 시동이 꺼지지 않는 것을 확인하고, 제가 변경한 소프트웨어에 문제가 있다는 것을 알게 되었습니다. 결국, 이미 판매된 약 5,000대의 자동차를 수배해 일일이 모두 업데이트하는 일을 했습니다. 이 사건을 통해 아무리 급한 일이라도 일정의 여유를 확보해 두 번, 세 번 확인하는 꼼꼼함을 갖게 되었습니다.

실패 상황만 이야기하고 있습니다. 지원자가 무엇을 실수했고, 그것을 개선하기 위해 어떤 노력을 했는지 대답해야 합니다.

제가 설계한 핸드폰이 정해진 기한 내 EMC 평가를 통과하지 못해 제품 생산에 차질을 빚은 경험이 있습니다. 신뢰성 평가팀으로부터 EMC 평가 NG 보고서를 받고 곧바로 디버깅 (Debugging, 오류 수정)에 나섰습니다. 특정 FM 주파수에서 Avg 값이 규제치를 넘어 발생한 문제였는데, 기능을 하나씩 제거해 노이즈를 발생시키는 PCB 패턴을 찾아내었습니다. 하지만 일주일 동안 야근하며 아무리 노력해도 개선을 할 수 없었습니다. 결국 최종 평가보고서에서도 NG를 받아 개발 일정이 일주일 연기되었습니다. 이후 PCB 전체를 재설계해 문제를 해결했지만, EMC에 대한 역량 부족을 느꼈습니다. 다시는 같은 실수를 반복하지 않기 위해, EMC 관련 전문서적을 공부하고 수강 가능한 모든 EMC 사외교육을 신청해 수료했습니다. 그 결과 최근에는 자신감 있게 EMC 디버깅 업무를 수행하고 있습니다.

실패 원인인 EMC 지식의 부족함을 느끼고, 해당 역량을 기르기 위해 다방면으로 노력한 내용을 구체적으로 표현했습니다.

합격 꿀 Tip

너무 치명적인 실패 경험을 답하는 것은 피해야 합니다. 자신의 실수로 대량 불량이 발생하거나 생산이 멈추는 등의 심각한 상황을 이야기하면 면접관은 직무역량 수준을 낮게 평가합니다. 목표 달성을 위해 최선의 노력을 했지만 좋은 결과를 얻지 못한 경험을 이야기하는 것을 추천합니다.

76 다른 팀원과의 협업에서 의견 충돌이 발생한 경우 어떻게 대처했나요?

국민연금공단, 한국철도공사, 한화, 현대제철 기출

다양한 협업 과정에서 발생할 수 있는 의견 충돌을 지원자가 어떻게 대처하는지 의사소통능력을 평가하기 위한 질문입니다. 상대방의 의견을 얼마나 존중하고 결론을 효율적으로 끌어내는지를 확인할 수 있습니다.

👎 WORST 답변

보급형 ERP라는 주제로 팀 프로젝트를 진행한 적이 있습니다. ERP 프로그램 구매가 어려운 중소기업을 위한 보급형 프로그램 개발을 기획했는데 시작 단계에서 팀원들과 의견 충돌이 있었습니다. 저는 고급형과 비슷하게 최대한 많은 기능을 담자는 의견이었고 다른 팀원들은 개발 기간을 고려해 중소기업에 맞는 최소 기능만 개발하고 UI에 더 신경을 쓰자는 의견이었습니다. 서로의 주장이 명확해 이견이 좁혀지지 않았습니다. 결국, 제가 양보해 다수가 원하는 최소한의 기능만 구현하기로 합의를 보았습니다.

의견 충돌과 갈등을 해소하기 위해 양보와 희생을 하는 것은 해결책 중 하나지만, 면접관이 원하는 대답은 아닙니다. 일하면서 빈번히 발생하는 의견 충돌 상황에서 매번 양보와 희생으로 대처할 수는 없기 때문입니다. 프로그램 기능의 범위를 다시 정하기 위해 서로 어떤 노력을 하고 구체적으로 어떻게 개발하기로 했는지, 결과는 어떠했는지 구조화해서 답변해야 합니다.

마케팅 전략을 주제로 하는 팀 프로젝트에서 다른 업무 방안을 제시해 타협을 이끈 경험이 있습니다. 대학교 3학년 때 일이었습니다. 저는 조장으로서 학생회장 후보에 오른 팀원이 자주 약속을 어기는 상황을 개선해야 했습니다. 그 친구를 제명하자는 이야기까지 나왔습니다. 단둘이 대화도 자주 나누어 보았지만, 저희는 프로젝트가 중요한 상황이었고 그 친구는 학생회장 선거에 우선순위가 더 높은 상황이었습니다. 상황 개선을 위해 팀원들 모두 모여 회의를 진행했습니다. 장시간 의논을 통해 서로의 상황을 모두 존중하고 설문 조사, 간식 제공 등 간접적인 서포트를 제안했습니다. 원만한 합의로 문제를 해결해 프로젝트 최고점과 학생회장 당선 등 두 목표를 모두 이룰 수 있었습니다.

의견 충돌 원인을 해결하기 위해 한 발자국씩 양보해 타협을 끌어낸 경험입니다. 모두의 합의를 통해 팀워크가 더욱 좋아진 전반적인 과정을 갈등 상황, 원인 분석, 개선 노력, 결과까지 차례로 잘 설명했습니다.

합격 꿀 Tip

갈등 원인을 분석해 개선 노력과 결과를 함께 답변하는 것이 중요합니다. 의견 충돌 상황을 상대의 잘못으로만 미룬다거나 지원자가 무조건 양보·희생하는 것은 좋은 예시가 아닙니다. 대화와 이해를 통해 타협점을 마련해 양측 모두의 변화를 끌어낸 경험을 말하는 것을 추천합니다. 특히 최근 IT기업 채용 시, 컬처핏(Culture Fit, 문화 적합성)으로써 커뮤니케이션 역량을 매우 중요하게 요구하고 있습니다. 조직의 목표 달성을 위한 합리적이고 적극적인 의사소통 경험을 준비해주세요.

77 주로 어떤 유형의 사람과 의사소통 문제를 겪나요?

건강보험심사평가원, 삼성전자, 한전KDN, CJ제일제당, KT 기출

소통이 어려운 사람은 항상, 어디에나 존재합니다. 입사 후 자주 겪을 수 있는 상황에서 어떻게 대처하고 극복할 수 있을지 지원자의 과거 경험을 통해 알 수 있습니다. 소통하기 어려웠던 사람의 유형과 이유를 정확하게 말하고 문제점을 극복하기 위해 했던 노력은 한 줄 정도 간단히 덧붙여주세요. 관심, 칭찬, 공감하기, 장점 말하기, 경청하기 등은 소통의 한 방법입니다.

👎 WORST 답변

토목과 학회장 선배의 일방적인 의사소통이 가장 소통하기 어려운 유형이었습니다. 저희 과는 여전히 군대식 수직문화를 가지고 있었습니다. 특히 학회장 선배는 매사에 일방적으로 지시만 하곤 했습니다. 저희 의견은 묻지 않고 MT 일정을 정하고, 각종 학과 모임에 참석을 열외 없이 강요했습니다. 의사소통은 양방향의 대화라고 생각합니다. 일방적인 의사전달은 상대방의 불편함을 초래하고 합리적 의사 결정에 나쁜 영향을 준다고 생각합니다.

상대방에게 자신의 의견을 일방적으로 강요하는 것은 잘못된 소통방식의 예시입니다. 다만 더 나은 답변을 위해 자신이 갈등 상황을 직면했을 때 어떻게 대처했는지 노력을 추가해야 합니다. 갈등 상황을 피하거나 방관하지 않고 적극적으로 개선하려는 자세가 필요합니다.

부정적인 마인드를 가진 사람과 소통하는 것에 어려움을 느낍니다. 대학교 1학년 때 봉사 동아리를 하며 기부금 마련을 위해 행사 선정 회의를 했습니다. 무슨 행사를 할지 서로 의견을 제시하는데 한 동기생이 모든 의견에 부정적으로 반대만 했습니다. 계속된 반대에 모두 짜증을 내고, 무시하기 시작했습니다. 저도 그런 면이 불편하게 다가왔지만, 상황 개선을 위해 친구의 의견에 일부 맞장구를 쳐주었습니다. 저의 칭찬에 힘을 얻은 친구가 자신의 의견을 제시하기 시작했고, 3시간 회의 끝에 핫도그 푸드트럭을 운영하기로 했습니다.

매사 부정적인 자세를 가진 구성원이 불편하지만, 공감과 칭찬으로 사회성을 이끈 경험을 잘 이야기했습니다. 반대 의견이 마냥 나쁘지는 않습니다. 장점이 있으면 단점도 있는 법입니다. 서로의 의견을 이해하고 공감하는 노력이 필요합니다.

PART 4

합격 꿀 Tip

미국의 심리학자 버지니아 사티어는 의사소통 유형을 크게 5가지 형태로 분류했습니다. 타인의 비위에 맞추려는 회유형, 타인을 무시하는 비난형, 상황만을 중시하고 극난석인 객관성을 보이는 초이성형, 자신·타인·상황을 모두 무시하는 산만형, 모든 요소가 균형을 유지하는 일치형입니다. 일치형을 제외한 4가지 유형은 모두 소통하기 어려운 사람들입니다. 소통이 어려웠던 경험과 함께 대처방법을 이야기해주세요.

78 의사소통 과정에서 발생한 오해를 풀기 위해 어떤 노력을 했나요?

건강보험심사평가원, 국민건강보험공단, 국민연금공단, 주택관리공단, 한국국토정보공사 기출

회의, 전화, 문서, 이메일, 메신저 등 다양한 의사소통 과정 중 상대의 의도를 잘못 파악해 오해하는 경우가 종종 생깁니다. 오해 발생 상황에서 지원자가 어떻게 효과적으로 대처하는지 알아보기 위한 질문입니다.

👎 WORST 답변

졸업 과제로 가구 자동배치 프로그램을 개발하던 중 교수님의 생각을 잘못 이해한 경험이 있습니다. 개발 마무리 단계에서 메모리 부족 문제가 생겨 담당 교수님께 조언을 듣기 위해 찾아뵈었습니다. 상황을 설명해드리자 교수님께서 평면도를 구역별로 나누어 처리하라고 하셨습니다. 그러나 저는 그 방식보다 좌표를 활용하는 것이 메모리를 더 줄일 수 있을 것 같다고 말씀드렸습니다. 교수님께서는 제 의견은 무시하시고 자기 생각대로 하기만을 원하셨습니다. 실망한 저는 제가 생각한 솔루션을 적용해 개발했습니다. 막상 개발을 시작하자 큰 어려움에 빠지게 되었습니다. 좌표를 적용하려면 프로그램을 처음부터 다시 개발해야만 했습니다. 교수님이 저를 걱정해서 하신 말씀임을 깨달았습니다. 저 스스로 미리 결론지어 놓고 상대방의 말을 귀 기울이지 않아 발생한 오해였습니다. 그 후 교수님께 찾아가 진심으로 사과드렸습니다.

오해가 생긴 과정에만 집중해 설명했습니다. 정작 오해를 풀기 위한 노력은 "진심으로 사과드렸습니다."로 짧게 표현했습니다. 질문을 정확히 듣고 물어본 것에 초점을 두어 답변해주세요.

👍BEST 답변

전문 용어를 많이 써서 생긴 오해를 눈높이 교육으로 극복한 경험이 있습니다. 중학교 교육 봉사에서 서양미술사를 가르칠 때, 수업 중 절반 이상의 학생이 딴짓하거나 잠을 자는 일이 생겼습니다. 학생들의 수업 태도에 실망한 저는 수업 중간부터 의욕이 생기지 않았습니다. 하지만 문제는 저에게 있었습니다. 참관하셨던 선생님께서 전문 용어를 너무 많이 사용해서 학생들이 이해하지 못한다고 하셨습니다. 이틀 뒤 수업 때 학생들에게 사과하고, 전문 용어를 모두 알기 쉬운 한글로 바꾸거나 그림으로 대체한, 이해하기 쉬운 교재로 다시 수업했습니다. 자료 작성에 이틀 밤을 새웠지만, 학생들이 고맙게도 재미있게 들어주고 질문도 많이 해주었습니다. 이 경험을 통해 의사소통에서 상대방의 눈높이에 맞추는 대화의 중요성을 새삼 깨닫게 되었습니다.

회의에서 자주 발생하는 의사소통 오해의 유형과 비슷합니다. 예를 들어 설계팀이 영업팀에게 전문 설계 용어로 설명하면 상대는 이해하지 못합니다. 상대방의 눈높이에 맞추어 설명하기 위해 구체적인 대안을 마련한 점도 돋보입니다.

PART 4

합격 꿀 Tip

이사수통 오해 상황에서 단순히 "미안하다고 말했다.", "설득하기 위해 열심히 노력했다." 등의 모호한 표현은 삼가야 합니다. 보고서 작성, 오픈채팅방 운영 등 구체적인 행동 사례를 넣어주세요. 추가로 재발 방지를 위해 무엇을 계획하고 실천했는지 설명하면 더욱 좋습니다.

79 살면서 부딪혔던 가장 큰 난관과 이를 극복한 경험에 대해 말해보세요.

국민건강보험공단, 근로복지공단, 기아, 삼성디스플레이, 삼성물산, 삼성전자, 인천국제공항공사, 포스코, 포스코인터내셔널, 한국국토정보공사, 한국도로공사, 한국철도공사, 한국토지주택공사, 한전KPS, 한화, 현대모비스, 현대자동차, LG전자, SK이노베이션, S-Oil 기출

회사생활은 문제해결의 연속입니다. 매일 새로운 이슈가 발생하고 이를 어떻게 슬기롭게 극복하는지가 직장인의 중요한 역량 중 하나입니다. 이 질문을 통해 면접관은 지원자의 문제대처능력, 해결능력, 어려움을 대하는 태도 등을 평가할 수 있습니다.

👎 WORST 답변

졸업을 앞두고 세 마리 토끼를 한 번에 잡기 위해 최선의 노력을 다한 경험이 있습니다. 취업준비를 위해 중간고사와 기사 자격증, 토익 공부를 병행해야 했습니다. 마지막 학기였기 때문에 어느 것 하나 소홀할 수 없었습니다. 최선의 결과를 위해서는 최고의 노력이 필요하다는 생각으로 공부 계획을 작성했습니다. 하루에 자는 시간 5시간을 제외하고 가장 먼저 치르는 중간고사에 50%, 나머지에 25%씩 시간을 두고 공부했고, 중간고사 이후에는 자격증과 영어 공부에 전념했습니다. 두 달간 노력한 결과 목표했던 자격증과 토익 700점, 만족할 만한 학점도 얻었습니다.

얼핏 보면 괜찮은 답변으로 보일 수 있습니다. 하지만 면접관의 관점에서는 차별성이 부족합니다. 대부분의 대학생들이 겪는 흔한 경험이기 때문입니다. 대다수 지원자가 겪는 경험을 고난이라고 이야기하면 어려움에 내성이 약한 지원자로 평가받을 수 있습니다.

장애 학우를 위한 내비게이션 앱을 발로 뛰어 완성한 경험이 있습니다. 기획 당시 팀원 세 명은 모두 안드로이드 앱 개발 경험이 있었습니다. 하지만 곧 큰 어려움에 부딪혔습니다. 지도에서 계단을 배제하고 휠체어 사용자가 다닐 수 있는 경사진 도로만을 이용한 루트를 개발해야 했기 때문입니다. 좀 더 쉬운 앱 개발로 바꿀 수 있었지만 포기하지 않았습니다. 넓은 학교를 세 개의 구역으로 나누고 아침 수업 전과 공강 시간, 수업 후 버스가 끊기기 전까지 정보를 수집했습니다. 학교 정문부터 모든 도로와 건물의 진입로 방향, 엘리베이터, 장애인 화장실 위치까지 세세하게 조사했습니다. 주어진 개발 기간이 짧아 발에 물집이 잡혀서 터질 정도였지만 3주간 최선을 다한 결과, 기한 내 앱을 완성할 수 있었고 공모전에서 상도 받게 되었습니다.

학교를 구석구석 다니며 조사하는 상황이 생생하게 그려집니다. 다른 앱을 개발할 수 있음에도 목표를 달성하기 위해 포기하지 않은 태도가 인상적입니다. 또한, 희소성이 있는 경험으로 고난을 어필하기에도 효과적입니다.

합격 꿀 Tip

고난극복 경험으로 학교 시험 공부나 경쟁자들이 대부분 보유하고 있는 자격증 공부, 평범한 군대 경험, 대인관계에서의 갈등을 답변하는 것은 되도록 피해야 합니다. 가급적 남들이 쉽게 겪어보지 못한 상황과 경험을 이야기하는 것이 고난과 난관을 설득하기 쉽습니다. 최근 경험을 묻지 않았다면, 청소년기 고난극복 경험을 이야기해도 좋습니다.

본 문서에 포함된 이미지

80 한정된 자원에도 불구하고 목표를 달성했던 경험이 있나요?

삼성전자, 우리은행, 한국수자원공사, 한전KPS 기출

한정된 자원(시간, 정보, 사람, 자본 등)의 상황에서, 현 상황을 정확히 분석하고 어떻게 효과적으로 자원을 계획하고 처리하는지를 평가하기 위한 질문입니다. 일하다 보면 업무에 필요한 자원이 충분하지 않을 때가 있습니다. 자원이 부족할 때도 효율적으로 일 처리를 할 수 있는 자세가 필요합니다.

👎 WORST 답변

중국 교환학생 프로그램에 지원하기 위해 HSK 4급을 목표로 두 달간 최대로 노력해 달성한 경험이 있습니다. 중국 OO 대학교 교환학생 자격 요건은 HSK 4급이었습니다. 남은 시간이 절대적으로 부족한 상황이었습니다. 중국어에 대한 베이스가 전혀 없었던 저는 주어진 시간을 최대한 많이 투자하자는 계획을 세웠습니다. 오전에 학원에서 2시간 강의를 듣고, 오후 4시간 자습, 저녁 2시간 인터넷 강의 수강 후 자습 2시간, 이렇게 하루 총 10시간을 중국어 공부에 전념했습니다. 두 달이라는 아주 짧은 시간 동안 매일같이 노력해 결국 HSK 4급을 받을 수 있었고, 원하던 중국 OO 대학교에 교환학생으로 갈 수 있었습니다.

도전적인 목표는 달성이 어려운 목표입니다. 두 달 동안 중국어만 공부해 HSK 4급을 달성하는 것은 쉬운 목표는 아니지만 그렇다고 어려운 목표도 아닙니다. '최대로 노력해', '시간이 절대적으로 부족한 상황', '두 달이라는 아주 짧은 시간' 등 목표 달성의 어려움을 표현했지만, 과장된 표현을 사용하다 보니 부담스러운 느낌을 줍니다.

영화관 아르바이트에서 재고를 획기적으로 줄여 인정받은 경험이 있습니다. 유통기한이 얼마 남지 않은 식품들과 그로 인해 폐기되는 물품이 증가하고 있었습니다. 모두 일이 바빠서 아무도 관심을 두지 않았습니다. 저는 폐기물이 나오지 않도록 목표를 세웠습니다. 가장 큰 문제는 사람이 저 혼자라는 것이었습니다. 그에 비해 창고 물품은 너무 많았습니다. 한 달 동안 계획을 세우고 화장실을 오고 갈 때와 식사 후 쉬는 시간마다 창고에 들러 조금씩 정리를 했습니다. 모든 식품을 종류별로 구분하고 창고 문 앞부터 유통기한이 짧은 순으로 줄을 세웠습니다. 보충되는 물품을 뒤에 배치하고 밀어내는 방식으로 관리하기 시작했습니다. 한 달 뒤 효과가 나타나기 시작했고, 폐기하는 물품이 완전히 사라진 것을 알게 된 매니저 님께서 저를 공개적으로 칭찬해 주셨습니다.

유통기한 때문에 발생하는 폐기물을 없애야겠다는 목표를 세우고 인적 자원이 부족한 상황에서 화장실을 오가는 시간과 식사 시간을 활용하는 등 장기간 계획을 수립하고 실천한 경험을 구체적으로 잘 표현했습니다.

PART 4

합격 꿀 Tip

결과보다 자원관리능력을 통한 계획 수립과 수행 과정에 초점을 맞추어주세요. 시간이 부족한 경우 일의 우선순위를 어떤 기준(중요도, 긴급도)으로 정했는지, 물적·인적 자원이 부족한 경우에는 어떤 기준을 적용해 자원을 적재적소에 배치했는지 명확히 설명해주세요.

81 예상치 못한 문제가 발생했을 때 포기하지 않고 업무를 수행한 경험이 있나요?

국민건강보험공단, 국민연금공단, 한국도로공사, 한국수자원공사, 한국토지주택공사, 한전KPS, 한화, 현대모비스, 현대자동차, 현대제철, SK이노베이션 기출

기업은 예상하지 못한 문제가 생겨도 끝까지 맡은 업무를 책임져 줄 수 있는 인재를 원합니다. 지원자의 경험을 통해 업무에 대한 책임감과 문제해결능력, 인내심, 끈기 등을 평가할 수 있습니다.

👎 WORST 답변

패션디자인 회사의 디자인팀에서 인턴을 한 경험이 있습니다. 인턴생활을 시작하고 일주일 뒤, 가을/겨울 신상품 출시로 전 직원이 갑자기 바빠지기 시작했습니다. 그러던 중 샘플을 의뢰한 업체가 도산하는 상황이 발생했습니다. 일정을 맞추기 위해 디자인팀 인원의 절반이 샘플 제작에 투입되었습니다. 선배 직원들의 야근과 밤샘 작업이 계속되었지만, 일손이 부족한 실정이었습니다. 저는 팀의 일원으로서 책임감을 느끼고 야근을 자청했습니다. 비록 큰 역할을 담당하지는 못했지만 다 함께 힘을 모아 마감 기한 내에 샘플 작업을 마무리할 수 있었고, 성취감도 느낄 수 있었습니다.

좋은 사례이지만 책임감의 의도에 의문이 생길 수 있습니다. 자신을 제외한 많은 직원이 야근하는 상황에서 어쩔 수 없이 책임감이 발생했을 것이란 생각을 할 수 있습니다. 주변 상황 때문에, 또는 권유나 강요에 의한 책임감은 적절한 사례라고 볼 수 없습니다.

군인으로서의 책임감으로 레이더 설정값을 분석하고 변경해 사단장 표창을 받은 경험이 있습니다. 새로 도입된 신형 레이더 장비로 강 건너편 북측을 감시하는 임무를 맡고 있었습니다. 하지만 신형 레이더가 비, 바람, 작은 동물들에 의해 수 없이 오작동했습니다. 당시 전역을 앞두고 있었지만, 최전선 경계 임무에 대한 책임감으로 이를 바로 잡고 싶었습니다. 한 달 동안 근무 때마다 여러 환경 요인, 예를 들어 철새, 다람쥐, 강수량 등의 조건에 따른 변수를 기록하고 분석했습니다. 이를 레이더에 적용해 최적의 감도와 각도 설정값을 찾는 작업을 진행했습니다. 그 결과 관측 오류 비율이 40%에서 15%로 줄었고, 공로를 인정해 주신 중대장님의 추천으로 사단장 표창을 받았습니다. 전역 후 제가 만든 설정값 파일이 신형 레이더를 운용하는 부대에 배포되었다는 소식을 듣고 매우 뿌듯했습니다.

군 전역을 앞두고 자발적으로 책임감을 발휘한 훌륭한 사례입니다. 문제의 원인을 분석하고 해결하기 위해 데이터를 측정, 분석해 유의미한 결과를 만든 것까지 전반적인 문제해결 과정을 잘 답변했습니다.

PART 4

합격 꿀 Tip

책임감은 임무나 의무를 중요하게 여기는 마음입니다. 임무수행 중 예상하지 못한 문제가 발생하면 포기하거나 회피하는 경우가 있습니다. 끝까지 포기하지 않고 책임감을 발휘한 경험을 이야기해주세요. 결과의 성공 여부보다 문제를 대하는 마음과 태도가 중요합니다.

82 전문성을 향상하기 위해 어떤 노력을 했나요?

국민건강보험공단, 한국도로공사, 한국수자원공사, 한국전력공사, 한전KPS 기출

한 분야에서 전문가가 되는 길은 쉽지 않습니다. 이 질문을 통해 지원자의 직무에 대한 노력과 열정을 평가할 수 있습니다. 기업은 입사 후에도 스스로 자기 개발을 할 줄 아는 인재를 원합니다.

👎 WORST 답변

엔지니어링 직무 전문성을 기르기 위해 휴학 후 엔지니어링 기술 인력 양성 과정을 신청했습니다. 350시간 동안 엔지니어링과 관련된 지식과 전망 등 전반적인 사항을 현업 종사자 강사분께 배울 수 있었습니다. 저는 모든 수업 과정을 성실한 자세로 임해 좋은 성적으로 수료할 수 있었습니다.

전문성 질문은 지원자의 차별화된 역량을 묻는 것입니다. 휴학까지 하고 교육을 받은 노력은 인정받을 수 있지만, 지원자가 어느 분야에서 뛰어난 역량을 가졌는지는 알 수 없습니다. 단순히 교육 내용을 나열하는 것이 아니라, 가장 어필하고 싶은 전문성이 있는 역량을 중심으로 답변해야 합니다.

👍 **BEST 답변**

자격증을 취득하고 실습을 하며 장비 운용 기술도 배웠습니다. 수질환경기사와 화학분석기사 자격증을 졸업전에 모두 취득했습니다. 현재 폐기물처리기사 1차 필기시험에 합격해 실기시험을 준비하고 있습니다. 이론뿐만 아니라 실전능력도 기르기 위해 환경자원분석센터 인턴에 지원했고 3개월 동안 실무를 경험했습니다. 목표는 현직에서 필요한 장비 운용 기술을 배우는 것이었습니다. 처음에는 인턴이라는 신분 때문에 서류 작업과 검토 작업만을 담당했지만, 선배님들에게 적극적으로 장비에 대한 호기심을 어필한 결과 한 달 뒤 환경분석팀에서 장비를 직접 운용할 기회도 주셨습니다. 2개의 프로젝트를 진행하며 다양한 측정기와 분석 장비를 다룰 수 있었습니다.

이론과 실습의 조화는 지원자의 장점을 가장 잘 보여줄 수 있습니다. 전문 자격증을 취득하며 지식을 채우고 추가로 장비 운용 기술 향상을 위해 실무 경험을 쌓은 노력을 구체적으로 제시했습니다.

합격 꿀 Tip

면접관은 지원자의 전문성 수준을 파악하기 위해 해당 역량을 심도 있게 파고들어 질문할 수 있습니다. 전공지식과 연관된 학문지식, 장비사용역량 등 다양한 강점 중에 대표적인 것과 보완할 점을 구분해서 대비하세요.
전문성을 어필할 때에는 성적, 자격증, 수상경력, 논문, 특허 등 증명가능한 결과물이 있는 역량을 먼저 어필하고, 열심히 수행했는지 증명가능하지 않은 외부 교육이나 인턴 경험은 그 이후에 어필하세요.

83 낯선 분야의 지식을 얻기 위해 어떤 노력을 했나요?

농협은행, 삼성물산, 한국농어촌공사, 한국토지주택공사, 현대자동차 기출

지원자의 직무역량에 관한 자기 개발 의지를 평가하기 위한 질문입니다. 자기 개발을 위해 가장 먼저 해야 할 일은 강점과 약점을 분석하는 것입니다. 전문성을 기르기 위해 노력했던 경험, 부족한 점이나 필요한 역량을 알고 이를 채우기 위해 노력한 경험을 소개해주세요.

👎 WORST 답변

기계공학과에 입학해 OO 자동차 엔지니어가 되는 것을 목표로 세웠습니다. 이전까지 자동차가 동작하는 원리에 크게 관심을 두지 않아 공부에 별 어려움이 없으리라 생각했습니다. 하지만 처음 선택한 전공과목인 자동차 엔진 공학에서 모르는 부분이 매우 많다는 것을 깨달았습니다. 이후 관련 지식을 키우기 위해 자동제어, 유압 시스템 설계, 메커트로닉스 이론, 자동차 섀시 디자인 등 자동차 엔지니어가 되기 위해 제가 잘 알지 못했던 전공 분야를 집중적으로 공부했습니다.

질문의 의도를 잘못 파악한 답변입니다. 위 질문이 의미하는 것은 지원자의 전문 분야가 아닌 다른 분야의 역량을 기르기 위해 어떤 노력을 했는지 묻는 것입니다. 자신의 전공 내에서 모르는 분야를 위해 노력한 경험을 이야기할 경우, 정규 수업에서 배울 수 없는 심화 내용을 스스로 찾아 배운 경험을 이야기하는 것이 좋습니다. 단지 기존에는 잘 알지 못했던 전공과목을 찾아서 공부했다는 경험은 좋은 평가를 받을 수 없습니다.

반도체 품질을 고려한 공정개발을 위해 ISO 9001 품질 경영 시스템 국제 심사원 자격증을 취득했습니다. 화공학도로서 기사 자격증을 취득했고, 인턴을 통해 공정에 대한 이해도를 높였습니다. 공정 개발에도 품질이 중요하다고 생각해 품질 경영 시스템 국제 심사원 자격증 취득을 결심했습니다. 초기 인터넷 강의와 오프라인 강의로 공부했지만, 품질에 대한 이해 부족으로 어려움을 느꼈습니다. 도움을 얻고자 외국계 기업 품질관리 부서에 근무하는 동아리 선배에게 부탁했습니다. 양해를 구하고 매주 수요일과 토요일 미리 준비한 질문 리스트를 가지고 선배 집으로 찾아가 공부했습니다. 4주간 공부 끝에 ISO 9001 심사원(보) 자격증을 취득할 수 있었습니다. 욕심이 생긴 저는 정식 심사원이 되기 위해 20일간 현장실습 과정을 거쳤고, 외부업체도 심사할 수 있는 정식 심사원 자격증을 취득할 수 있었습니다.

Q(Quality, 품질), C(Cost, 가격), D(Delivery, 납기)는 생산관리에서 가장 중요한 요소입니다. 학습을 위해 품질 직무에 종사 중인 선배의 집에 찾아가는 열정까지 잘 표현했습니다.

합격 꿀 Tip

직업기초능력 10가지 중 하나인 자기개발능력은 자아인식능력, 자기관리능력, 경력개발능력으로 이뤄져 있습니다. 특히 업무에 필요한 자질을 지닐 수 있도록 자신을 관리하는 능력과 끊임없는 자기 개발을 위해 동기를 갖고 학습하는 능력에 대한 세부 요소를 살펴보고 그에 맞는 근거를 강조해주세요.

84 다른 사람의 협력을 끌어내기 위해 노력한 경험이 있나요?

건강보험심사평가원, 국민건강보험공단, 국민연금공단, 기아, 한국국토정보공사, 한전KPS, 현대자동차, LG전자 기출

자신의 업무를 의무와 책임감으로 완수하는 것만큼 정해진 기한 내 끝내는 것이 중요하므로, 혼자서 할 수 없는 일은 타인에게 도움을 요청해야 합니다. 이 질문을 통해 지원자의 협업 마인드를 평가할 수 있습니다. 업무를 완수하기 어려워 외부 협력이 필요한 경우는 크게 세 가지입니다. 협업 과정에서 협조가 이루어지지 않는 경우와 예상 소요 시간보다 주어진 기간이 짧은 경우, 자신의 업무 중 전문가의 도움이 필요한 경우가 그것입니다.

👎 WORST 답변

전자공학과 소모임에서 매 학기 조별로 돌아가며 세미나를 했습니다. 저희 조는 라인트레이서를 담당했습니다. 당시 1학년이었던 저는 회로 기판에 소자들을 납땜하는 일을 담당했는데, 어려서부터 손재주가 없어 '곰손'이라 불리던 터라 자신이 없었습니다. 그래서 공업고등학교 전자과를 졸업한 납땜을 잘하는 동기에게 도움을 요청했습니다. 수학적 지식이 부족한 그 친구에게 공업 수학을 가르쳐 주었고, 그 친구는 납땜을 해주었습니다. 서로 상부상조한 결과, 정해진 기한 내 회로 기판을 완성할 수 있었습니다.

협력의 의미를 잘못 이해한 경우입니다. Give and Take 형식은 협력이 아니라 타협입니다. 협력을 위해 상대의 신뢰와 존중을 얻어낸 경험을 사례로 들어주세요.

OO 공사에서 체험형 인턴으로 근무할 때, 인간적인 유대감을 통해 협력을 유도한 경험이 있습니다. 경영혁신부 총괄 보조 업무 중, 매달 사회공헌 활동 참석명단을 작성하는 업무가 있었습니다. 차량 지원, 식수 인원 조사를 위해 각 팀 총무님들로부터 참석명단을 받아 취합해야 하는데, 명단을 기한 내 주지 않아 어려움이 생겼습니다. 협조를 위해 안내 메일을 보내 봤지만 별 효력이 없어 접근 방식을 달리하기로 했습니다. 쉬는 시간에 커피를 들고 각 팀에 방문해 총무님에게 인사하고 조언을 구했습니다. 직접 찾아다니며 이야기를 나누자 모두 저를 열심히 한다며 인정해 주셨고 팀 회식 자리에도 초대해 주셨습니다. 인간적으로 친해지자 사회공헌 활동 명단을 요청하면 각 팀 총무님들이 발 벗고 나서서 먼저 처리해 주셨습니다.

전화와 메일로 요청하면 잘 진행되지 않던 업무가 직접 만나면 해결되는 경우가 많이 있습니다. 참석명단을 기한 내 받기 위해 직접 대면하고 서로의 관심사를 이야기함으로써 인간적 유대감을 형성한 경험을 잘 어필했습니다.

합격 꿀 Tip

협력을 얻는 가장 좋은 방법은 신뢰를 형성하는 것입니다. 솔직하게 말하기, 직접 대면하기, 존중하기, 솔선수범하기, 자신의 역량 강화하기, 서로 관심사를 이야기하기, 칭찬하기 등을 통해 신뢰를 얻을 수 있습니다.

PART 4

85 단체 활동에서 갈등이 생겼을 때 이를 해결한 경험이 있나요?

국민건강보험공단, 아시아나항공, 한국수자원공사, 한국전력공사, 한국철도공사, 한국토지주택공사, 한전KPS, 현대자동차, KT, LG전자, LG화학, S-Oil 기출

기업은 내·외적으로 이해관계가 얽혀있어 다양한 갈등 상황이 생길 수 있으며, 이런 상황에서도 목표를 달성해야 합니다. 갈등 상황에서 원만한 중재와 해결을 위해 어떤 역할과 노력을 했는지 지원자의 경험을 통해 평가할 수 있습니다.

👎 WORST 답변

나이가 많은 신입생과 갈등을 겪은 경험이 있습니다. 대학교 3학년 때 테니스 동아리 회장을 맡은 상황에서 25살의 신입생이 가입했습니다. 저희 동아리는 1학년들이 매일 조를 정해 테니스장을 관리하고 있는데 그 신입생은 잘 참여하지 않았고, 저보다 한 살이 많아 지시를 내려도 잘 따르지 않았습니다. 관계 개선을 위해 동아리 전체 회식을 마련했습니다. 각자 역할과 의무를 존중하자며 진솔하게 이야기했더니 서로 이해하게 되었습니다. 이후 다 같이 어울리며 동아리 생활을 즐겁게 할 수 있었습니다.

갈등 이해 당사자인 나이 많은 신입생이 위와 같은 행동을 한 이유가 나타나지 않았습니다. 자신보다 어려서인지 아니면 낯을 가려서인지 등 명확한 갈등의 원인을 설명해주세요. 단순히 회식 때 이야기를 나눴다는 해결방법은 좋지 않습니다. 서로의 오해를 풀기 위해 어떤 노력을 했는지 구체적으로 표현해야 합니다.

개발 일정 문제로 생긴 선배와의 갈등을 솔선수범하여 해결한 경험이 있습니다. 국제로봇 콘테스트 대회를 위해 로봇을 개발하던 중, 선배와 마찰이 생기게 되었습니다. 학업으로 바쁜 선배들로 인해 Prototype 하드웨어 개발이 계획보다 2주나 지연되었기 때문입니다. 소프트웨어를 담당한 저는 선배를 탓하는 대신 솔선수범하기로 했습니다. 대회 입상을 위해 주말을 반납하고, 축제 기간에도 쉬지 않고 코딩 작업을 했습니다. 테스트를 담당한 선배들에게 기존 일정에 맞추어 결과물을 넘겨주었습니다. 이후 선배들은 저에게 진심으로 미안하다며 사과했고 저도 학업으로 인해 바쁜 상황을 이해했습니다. 저희 팀은 갈등을 잘 해결하고 일정을 제때 맞추며 Pilot 제품을 완성할 수 있었고 대회 입상이라는 목표를 이루었습니다.

개발 일정으로 인한 갈등은 기업에서도 자주 일어나는 문제입니다. 일정을 지키지 않는 선배를 비난하지 않고 솔선수범하며 상대에게 신뢰를 주고 변화를 이끈 좋은 사례입니다.

합격 꿀 Tip

팀 갈등을 해결하는 첫 번째 방법은 서로의 차이를 인정하는 것입니다. 갈등 상황을 피하는 것은 물론 무조건 양보하거나 주장만 해서도 안 됩니다. 신뢰를 쌓기 위해 노력하다 보면 서로의 갈등 원인을 이해할 수 있습니다.

갈등 해결, 문제 해결 등 어떠한 문제 상황을 해결한 경험을 이야기할 때에는 문제 상황과 문제 원인, 그 원인을 제거하기 위해 어떤 노력을 하였는지 그리고 적용한 해결 방법은 무엇이고 마지막으로 결과는 어떠했는지가 설명되어야 합니다.

86 업무 관련 정보를 수집하고 활용하여 업무 성과를 높인 경험이 있나요?

한국국토정보공사, 한국철도공사 기출

전반적인 정보활용능력을 평가하기 위한 질문으로, 필요한 정보를 어떻게 수집하고 창의적으로 분석해 활용하는지 답변해야 합니다. 빠르고 다양하고 정확한 정보는 기업의 업무 성과에 큰 영향을 미칩니다.

👎 WORST 답변

팀 프로젝트로 학사 일정과 연동된 시간표 관리 앱을 개발하며 다양한 정보를 활용한 경험이 있습니다. 학과 선배와 동기를 포함해 셋이 팀을 이루게 되었습니다. 하지만 셋 모두 앱 개발 경험이 전혀 없었습니다. 우선순위로 공부를 위해 앱 개발에 대한 정보를 수집해야 했습니다. 안드로이드 앱 프로그래밍 책을 정해 스터디를 했고, 인터넷 강의로 보충했습니다. 벤치마킹을 위해 여러 개의 유료 앱을 구매해 장단점을 분석했습니다. 목표 달성을 위해 많은 정보를 효과적으로 수집한 결과 팀 프로젝트에서 우수한 성적을 거둘 수 있었습니다.

여러 정보를 수집하기 위해 애쓴 노력은 보이지만 이러한 정보를 어떻게 분석해서 활용했는지는 잘 나와 있지 않습니다. 정보를 수집하는 것만 어필하지 말고 분석과 적용을 함께 강조해주세요.

인턴으로 근무했을 때, 다양한 사이트의 정보를 분석해 직원들의 사무용품 품질을 개선한 경험이 있습니다. 한 달에 한 번 각 팀으로부터 사무용품 구매 요청서를 받아 지정업체 사이트에서 B2B로 물품을 구매하는 일을 담당했습니다. 하지만 엑셀로 작성된 구매 요청서에는 물품당 하나의 제품만 적혀 있어 선택의 자유가 없었고, 직원들은 품질에 대한 불만을 느끼고 있었습니다. 저는 먼저 정해진 예산 범위 안에서 구매가 가능한 리스트를 정리하고, 다른 5개 사무용품 사이트에서 동일 제품의 사용 후기와 평점 정보를 수집했습니다. 퇴근 후 문구점에 들려 살펴보고, 샘플이 있으면 사용도 해보았습니다. 다양한 정보를 모은 후 저의 주관적인 평가와 사진을 넣어 새로운 PPT 사무용품 구매 요청서를 만들었습니다. 그 결과 직원들의 만족도를 높일 수 있었고 저도 똑 부러지게 일을 잘한다는 평가를 받았습니다.

사무용품 품질 개선이라는 목표를 세우고 구매 가능 리스트와 후기, 평점 자료를 수집한 다음 직접 사용도 해보는 노력을 기울였습니다. 정보 수집을 바탕으로 새로운 방식의 구매 요청서를 적용해 업무 성과를 높인, 질문의 의도에 부합하는 답변입니다.

PART 4

합격 꿀 Tip

문제해결과 개선을 위해 정보를 수집·분석했던 소재를 생각해보세요. 독창적인 정보 수집방법과 분석을 통한 창의성 있는 활용 방안을 이야기할수록 높은 점수를 받을 수 있습니다.

87 희생을 감수하고 조직에 헌신한 경험에 대해 말해보세요.

국민건강보험공단, 기아, 한국농어촌공사, 한국도로공사, 한국수력원자력, 한국철도공사, 한전KPS, 현대모비스, 현대자동차, IBK기업은행 기출

기업은 조직의 목표 달성을 위해 자발적으로 희생할 줄 아는 인재를 선호합니다. 과거 경험을 통해 지원자에게 희생이 어떤 의미인지, 기업을 위해 희생을 감수할 수 있는 준비가 되어 있는지 알 수 있습니다.

👎 WORST 답변

제품 홍보를 위한 UCC 동영상 제작 프로젝트를 진행한 적이 있습니다. 조장인 저는 팀원들과 회의를 통해 기획안 작성, 자료 수집, 촬영, 편집 등으로 업무를 분배했습니다. 하지만 편집을 담당한 조원이 시간이 너무 오래 걸리고 맡은 일이 어렵다는 불만을 토로했습니다. 다시 조원들과 회의를 해 역할을 나누려 했지만, 일정이 여의치 않았습니다. 저는 조장으로서 희생하기로 했습니다. 유튜브 채널을 운영하는 친구에게 모르는 부분을 물어보고, 주말에도 시간을 내어 영상 편집을 공부했습니다. 그 결과 다행히 프로젝트를 잘 마무리할 수 있었습니다.

희생에 대해 답변을 할 때 그것이 '자발적 희생'인지, 그렇지 않은지 고민해 볼 필요가 있습니다. 어쩔 수 없는 상황, 조건에 의한 희생은 높은 점수를 받기 어렵습니다.

제가 먼저 희생했던 일이 조언 모두의 자발적 희생을 불러온 경험이 있습니다. '원두 원산지 표시 카페 웹 사이트'를 개발하는 팀 프로젝트에서 웹 언어 경험이 전혀 없는 복수전공생이 팀원으로 함께했습니다. 다른 팀원들은 조금 고생하더라도 저희끼리 개발하자고 했지만, 모두 함께해야 의미가 있다고 생각했습니다. 저는 개발의 원활함과 목표 달성을 위해 능력의 균형이 필요하다고 생각했고, 복수전공생에게 과외를 제안했습니다. 일주일에 세 번 2시간씩 도서관에서 만나 MySQL 연동을 통해 데이터를 불러오는 방법을 가르쳐 주었습니다. 하지만 몇 주 후, 다른 과목 과제로 인해 과외를 하기 힘든 상황이 생겼습니다. 그때 다른 팀원들이 하나, 둘 나서기 시작했습니다. 결국 다 함께 포기하지 않고 노력한 덕분에 전원이 A+ 성적을 받을 수 있었고, 저희 팀은 지금까지 끈끈한 정으로 뭉친 친구 사이가 되었습니다.

자발적 희생은 팀 내 긍정적 영향을 줍니다. 만약 복수전공생을 배제하고 개발했다면 임무 과중으로 불만이 생겼을 것입니다. 능력과 임무의 균형을 위해 자발적으로 희생했던 경험을 잘 소개했습니다.

PART 4

합격 꿀 Tip

나의 희생으로 불편을 느끼거나 이득을 얻는 사람이 없어야 합니다. 예를 들어 자신이 희생해서 누군가 아무 역할을 하지 않는다면 좋은 소재라고 볼 수 없습니다.

88 규칙을 지키기 위해 노력한 적이 있나요?

국민건강보험공단, 근로복지공단, 한국농어촌공사, 한국도로공사 기출

회사 내에는 사칙이 존재하며 업무에 대한 절차서, 지침서 등을 준수해야 합니다. 지원자가 이러한 규정과 절차, 원칙 등을 준법정신을 통해 지키려고 노력하는지 평가하기 위한 질문입니다.

👎 WORST 답변

저는 아침 수업에 아무 이유 없이 5~10분 지각하는 버릇을 갖고 있었습니다. 나쁜 버릇을 고치기 위해 저 자신에게 한 학기 동안 절대 지각하지 말자는 약속을 했습니다. 친구들과 술을 마시거나 동아리 회식을 해도 항상 같은 시간에 일어나기 위해 노력했습니다. 점점 일찍 등교하는 것이 습관이 되었고 학기 말에는 오히려 수업 시작 10분 전에 도착해 커피를 마시는 것이 일상이 되었습니다. 결국, 저와의 약속을 끝까지 지킬 수 있었고 이후 단 한 번도 지각하지 않고 있습니다.

자신이 세운 원칙, 약속을 끝까지 지킨 사례입니다. 하지만 이 질문에 대해 답변하기 전에 '남들도 나와 같은 상황에 놓인다면, 이 원칙을 지키기가 쉬울까, 아니면 어려울까?' 하는 의문을 가져야 합니다. 지각하지 않기 위한 노력의 근거가 부족해 아쉬운 답변입니다.

OO 기업에서 인턴으로 근무하며 매뉴얼을 끝까지 지킨 경험이 있습니다. 평가팀에서 매뉴얼을 준수해 업무를 진행하면 실험이 길어지는 일이 자주 발생했습니다. 그래서 금요일만 되면 일찍 퇴근하기 위해 몇몇 팀원들은 10번 중 6~7번만 실험하는 일이 자주 있었습니다. 하지만 저는 원칙과 매뉴얼을 준수했기 때문에 번번이 늦게 퇴근했습니다. 어느 날 모두 퇴근하고 혼자 실험하고 있었는데 결과 데이터가 앞에 분석했던 데이터와 비교해 큰 차이가 났습니다. 혹시 몰라 일찍 퇴근하신 분들의 샘플까지 다시 측정했습니다. 실험을 진행할수록 오차가 크게 나타났습니다. 즉각 설계팀에 이를 전달했고, 원인 분석 결과 저항값 오선정으로 발열이 난 것을 알았습니다. 매뉴얼 준수 태도로 불량을 잡아낼 수 있었고 큰 손실을 미리 막을 수 있었습니다.

남들이 절차를 준수하지 않을 때, 혼자 절차를 지키는 것은 쉬운 일이 아닙니다. 솔선수범의 정신과 책임감이 돋보이는 답변입니다.

합격 꿀 Tip

일하다 보면 원칙 준수와 업무의 효율성 사이에서 고민할 수 있습니다. 하지만 일의 편의를 위해 원칙과 규정, 절차를 이기기 시작하면 공정성과 신뢰에 문제가 생깁니다. 친분이 있는 누군가의 부탁이나 부정한 청탁 역시 공정성을 해칠 수 있습니다. 자신의 경험 중 원칙 또는 규정, 절차를 지키기 어려웠던 상황에서 그것을 지키기 위해 끝까지 노력했던 경험을 답해야 합니다.

89 문제를 발견하고 이를 해결했던 경험에 대해 말해보세요.

건강보험심사평가원, 한국토지주택공사, 한화, SK이노베이션 기출

상황과 업무를 바라보는 통찰력, 해결을 위한 적극성, 창의성 있는 문제해결능력을 평가하기 위한 질문입니다. 남들이 생각하지 못하거나 무심코 넘어가는 문제를 발견 또는 사전에 예측할 수 있는 역량이 있다면 문제 발생 이후에 처리하는 것보다 훨씬 많은 시간과 예산, 물적·인적 자원을 절약할 수 있습니다.

👎 WORST 답변

어학연수를 위한 스터디 그룹에서 저의 아이디어로 모두에게 인정받은 경험이 있습니다. 뉴욕 어학연수 계획 중, 예산을 줄이는 방법을 고민하고 있었습니다. 가장 줄이기 어려운 부분이 항공권 요금이었습니다. 모두 국내 항공사를 원했지만, 비용이 만만치 않았습니다. 저는 주말에 항공권을 싸게 구매하는 방법을 찾아보기 시작했고 편도 항공권과 마일리지로 다구간을 예약하는 방법을 발견했습니다. 홍콩에서 인천을 거쳐 뉴욕으로 가는 왕복 항공권과 홍콩과 인천 왕복 항공권을 결합했더니 오히려 가격이 더 저렴했습니다. 모두 이 방법에 동의했고 오히려 추가로 홍콩을 여행할 수 있어서 친구들의 인정을 받게 되었습니다.

문제와 목표의 의미를 구분하지 못하는 경우가 있습니다. 위 사례에서 항공권을 저렴하게 구매하는 것은 문제보다 목표에 가깝습니다. 문제는 해결하기 어렵거나 난처한 상황을 말하며, 인터넷이나 책, 문헌, 조언을 통한 해결방법은 창의성이 부족하게 느껴집니다. 자신만의 문제해결 아이디어 사례가 필요합니다.

작업환경 개선에 관심을 기울인 결과 생산 효율성까지 높인 경험이 있습니다. 방학 기간 공작기계 회사에서 아르바이트할 때, 저의 임무는 컨베이어에 부품을 들어 연결하는 일이었습니다. 가벼운 부품은 상관없었지만 10kg 이상의 부품은 실수로 떨어뜨리면 금속 재질이라 큰 사고의 위험이 있었습니다. 바빠서인지 아무도 신경을 쓰지 않았습니다. 저는 아르바이트생이었지만 담당 과장님에게 무거운 부품을 들어 올릴 수 있는 보조 장비의 사용을 건의했습니다. 비용 문제로 과장님은 거절하셨지만, 저는 직원들의 사고 위험뿐만 아니라 피로감을 줄여 오히려 효율적임을 거듭 말씀드렸습니다. 결국 장비가 설치되었고, 일주일 뒤 생산관리팀에서 업무 효율이 5%나 증가했다는 보고서를 작성했다는 소식도 듣게 되었습니다.

장기간 일해온 직원도 신경 쓰지 않는 문제를 아르바이트생이 유심히 관찰해 적극적으로 문제를 해결한 태도가 돋보입니다. 개선 효과까지 확인해 설명한 점에서 신뢰를 줄 수 있습니다.

합격 꿀 Tip

문제 개선 경험은 일정 수준 이상의 창의성이 필요합니다. 에피소드가 잘 기억나지 않는다면, 창의적 문제해결 이론인 '트리즈 기법'을 참고하세요. '트리즈의 40가지 원리'를 자신의 경험에 투영해 본 후 경험 사례를 뽑아보는 것을 추천합니다.

90 회사의 이익과 고객의 이익이 상충하는 경우 어떻게 대처해야 할지 말해보세요.

한국도로공사 기출

기업의 목적과 고객 만족과 관련해 지원자의 가치관이 어떤지 확인하기 위한 질문입니다. 이 질문을 통해 직장인으로서의 자세와 마음가짐을 평가할 수 있습니다. 회사의 이익은 고객으로부터 창출됩니다. 그래서 많은 기업이 핵심 가치로 '고객 만족'을 이야기하고 있습니다. 고객이 만족해야 장기적으로 회사에 이익이 올 수 있다고 생각하기 때문입니다. 하지만 '상충'이라는 단어에 초점을 맞출 경우, 즉 한 가지만을 선택해야 한다면 어떻게 해야 할까요? 이때는 기업의 목적을 우선적으로 생각해야 합니다.

👎 WORST 답변

저는 고객의 이익을 먼저 고려해야 한다고 생각합니다. 고객이 존재하기 때문에 회사가 존재할 수 있습니다. 고객의 이익을 위해 일한다면 언젠가 그것이 회사의 이익으로 돌아올 수 있다고 생각합니다.

대부분 지원자가 대답하는 유형입니다. 위와 같은 답변은 기업의 목적이 무엇이냐는 꼬리 질문을 받게 될 수 있습니다. 회사의 이익이 없으면, 지원자도 그 회사에 없게 될 수 있다는 것을 명심해야 합니다. 반대로 회사의 이익을 선택하는 경우, 고객이 떠나면 어떻게 할 것인가에 대한 질문을 받을 수 있습니다.

회사의 재정 상태에 따라 다를 것입니다. 장기적으로 고객이 만족할 때 충성도 높은 고객이 생겨 회사의 이익도 극대화된다고 생각합니다. 하지만 고객의 이익이 우선시 되어 회사의 영업이익이 심각하게 감소한다면 그것 역시 문제가 될 수 있습니다. 저는 회사가 감수할 수 있는 재정 범위 안에서 거시적으로 고객의 이익을 먼저 고려해야 한다고 생각합니다. 하지만 반대로 재정 상태가 어렵다면 회사의 이익을 먼저 헤아려야 한다고 생각합니다.

회사의 이익과 고객의 이익 두 가지 측면에서 어느 한쪽에 치우치지 않고 유연성 있게 대답했습니다.

합격 꿀 Tip

지원자의 유연성 있는 대답이 필요한 질문입니다. 극단적으로 한쪽을 선택한다면 좋은 평가를 받을 수 없습니다. 결론부터 이야기하면 고객의 이익이 중요하시만, 한 가지를 선택해야만 한다면 회사의 이익이 우선시되어야 한다고 답변해야 합니다. 기업의 목적은 이윤 추구입니다. 두 개의 가치가 상충한다면 회사의 이익을 먼저 고려해야 합니다. 어느 한쪽에 치우치지 말고 위와 같이 유연성 있게 대답하는 것을 추천합니다.

91 상사와 갈등이 생긴다면 어떻게 대처할 것인가요?

기아, 삼성디스플레이, 삼성물산, 삼성생명, 주택관리공단, 포스코, 포스코인터내셔널, 한국도로공사, 한국철도공사, 한국토지주택공사, 한화, 현대모비스, 현대자동차, 현대제철, IBK기업은행, LG전자, LG화학, SK이노베이션, SK하이닉스 기출

회사 내에서 가장 많은 갈등 유형이 상사와의 갈등입니다. 이 질문을 통해 입사 후 생길 수 있는 조직 상사와의 갈등 상황에서 지원자가 어떻게 대처할 수 있는지 조직이해능력과 의사소통능력, 대인관계능력을 평가할 수 있습니다.

👎 WORST 답변

상사와 갈등이 생긴다면, 갈등의 원인이 무엇인지 먼저 분석하겠습니다. 예를 들어 의견이 서로 달라 갈등이 생겼다면, 먼저 저와 상사의 의견 중에 어떤 의견이 회사의 이익을 위해 합당한지 파악해야 한다고 생각합니다. 이를 위해 경험이 많고 능력 있는 다른 상사분께 조언을 구하겠습니다. 만약 상사의 의견이 맞는다면 정중히 사과하겠습니다. 저의 의견이 조금 더 합당하다면 구체적인 근거 자료를 보충하며 다시 한번 상사를 설득하기 위해 적극적으로 노력하겠습니다.

회사의 이익을 위한다는 이유와 함께 논리적으로 말했지만, 매우 위험한 답변입니다. 다른 질문에 대답을 잘했더라도, 좋지 않은 인상을 남길 수 있습니다. 직장 상사는 자신보다 경험 많고 능력이 있다는 전제로 존중받아야 합니다. 잘잘못을 따지려 드는 인상을 주는 답변은 좋지 않습니다. 섣불리 다른 상사에게 조언을 구하는 것 역시 또 다른 갈등 상황을 만들 수 있으니 주의하세요.

직장 상사와 업무적 의견 충돌로 인해 갈등이 생긴다면, 먼저 사과하며 최대한 빠르게 해결하려 노력하겠습니다. 갈등은 시간이 지날수록 오해가 깊어진다고 생각합니다. 학과 선배와 같은 조를 이루어 팀 프로젝트를 진행할 때, 임무를 나누는 문제로 갈등을 겪은 경험이 있습니다. 당시 저는 선배의 표정이 점점 굳어져 가는 것을 느끼고, 카페로 장소를 옮겨 바로 먼저 사과했습니다. 마음이 풀어진 선배 역시 미안하다는 말과 함께 자신이 그렇게 이야기한 이유를 차분히 말해주었고, 서로 조금씩 양보한 결과를 얻을 수 있었습니다. 입사 후에도 만약 상사와 갈등 상황이 발생한다면, 묵혀두지 않고 후배로서 먼저 사과하고 양보하는 자세로 임하겠습니다.

경험을 토대로 질문에 잘 답변했습니다. 빠른 해결을 위해 장소를 옮겨 분위기를 환기한 점과 먼저 사과하고 양보한 점이 좋은 평가를 받을 수 있습니다.

합격 꿀 Tip

조심스럽게 답해야 하는 질문입니다. 면접관의 다수는 지원자의 직장 상사가 될 수 있습니다. 논리적으로 누구의 의견이 옳고, 그른가를 판별하려는 듯한 답변은 현명하지 않습니다. 조직의 위계질서를 위해 직장 후배로서 먼저 순응하고, 상사를 존중하는 태도를 추천합니다. 과거에 비슷한 경험이 있다면 사례를 들어 설명하는 것도 좋습니다. 상사와 관련된 상황 질문은 항상 역지사지의 자세로 생각하여 면접관의 입장을 고려한 답변을 하는 것을 추천합니다.

92 상사가 부당한 일을 지시한다면 어떻게 대처할 것인가요?

국민연금공단, 도로교통공단, 삼성물산, 삼성생명, 주택관리공단, 포스코인터내셔널, 하나은행, 한국도로공사, 한국수자원공사, 한국전력공사, 한국철도공사, 한국토지주택공사, 한전KPS, 한화, 현대제철, 현대카드, IBK기업은행, LG전자, LG화학, SK이노베이션, SK하이닉스 기출

지원자의 윤리의식을 평가하기 위한 질문입니다. 기업은 정직함, 성실성과 충성심을 요구합니다. 상사의 부당한 지시를 지원자가 어떠한 윤리적 기준을 근거로 옳고 그름을 판단하는지가 중요한 평가 요소입니다.

👎 WORST 답변

저는 상사가 부당한 지시를 한다면, 일단 먼저 그 지시를 따를 것입니다. 제가 부당하다고 생각한 지시가 상사의 깊은 뜻을 이해하지 못한 것일 수도 있고, 조직의 위계질서를 지키기 위해 상사의 지시는 우선 따르는 것이 옳다고 생각합니다. 하지만 만약 정말 부당하다고 생각된다면, 상사에게 저의 의견을 말하고 거절의 뜻을 전달하겠습니다. 설득이 쉽지는 않겠지만 그것이 다른 직원들과 회사를 위하는 일이라 생각합니다.

전체적으로 무난한 답변으로 보일 수 있지만 그렇지 않습니다. 질문의 핵심은 부당함을 어떤 기준과 가치관으로 판단하는가입니다. 상사의 부당한 지시에 대한 판단 기준을 먼저 언급해야 합니다.

상사의 지시가 부당하다고 생각되어도, 직장 선배로서의 경험과 능력을 존중하기 때문에 부하직원으로서 저의 부족함을 인정하고 배우려는 자세로 따를 것입니다. 하지만 그 지시가 회사 내부 규정에 어긋나거나 법규를 준수하지 않았다면, 일단 정말 잘못되었는지 관련 내용을 정확하게 확인하겠습니다. 잘못된 것이 확실하다면 상사에게 지시의 부당함을 알리고 설득하도록 노력하겠습니다.

부당함의 기준을 회사 규정과 법규로 잘 구분했습니다. 지시의 옳고 그름을 명확하게 다시 한번 확인하고, 바로잡기 위해 상사를 설득하겠다는 내용으로 답변을 잘했습니다.

PART 4

합격 꿀 Tip

직장생활에서 무엇이 부당한지 그 의미를 파악해야 합니다. '부당하다'의 사전적 의미는 '이치에 맞지 아니하다.'입니다. 판단 기준은 법과 사칙 등이 있을 것입니다. 만약 상사의 지시가 법이나 사칙에 저촉하는 부당한 지시라면 절대 따르지 않아야 합니다. 하지만 연구원에게 불량으로 공장이 바쁘니 도와주라는 지시, 늦은 저녁 퇴근을 앞두고 내린 추가 업무 지시와 같은 일은 지원자 입장에서는 부당하다고 느낄 수 있지만, 회사 입장에서는 부당한 일이 아닙니다. 이러한 지시로 부하직원의 성실성과 조직에 대한 충성심을 확인할 수 있으니 함께 고려해주세요.

93 연고지가 없는 지방에 발령을 받는다면 어떻게 할 것인가요?

건강보험심사평가원, 기아, 하나투어, 한국국토정보공사, 한국수력원자력, 한국전기안전공사, 한화, CJ대한통운, GS칼텍스, KT, LG디스플레이, SK하이닉스, S-Oil 기출

입사 의지와 지방생활의 적응력을 확인하기 위한 질문입니다. 많은 회사가 지방에 연구소나 생산 공장을 두고 있으며, 해외에 연구소와 공장이 있는 경우도 많습니다. 이 질문을 통해 회사에 대한 애정과 의지가 있는지 알 수 있습니다.

👎 WORST 답변

A: 채용공고를 보고 OO시 연구소에 지원했습니다. 혹시 지방에 연구소가 있습니까?

B: 가족과 떨어져 지내야 하는 것이 조금 외롭겠지만, 감수할 수 있습니다.

C: 네, 저는 전국 어느 곳이든 잘 적응할 자신이 있습니다.

Worst 답변을 세 가지 유형으로 살펴보겠습니다. A처럼 채용공고를 확인하는 것은 질문의 의도를 잘못 파악한 것입니다. 입사 의지를 어필해야 합니다. B와 같이 긍정은 하지만 내키지 않는듯한 인상을 주는 것은 주의해야 합니다. 많은 지원자가 C처럼 답변할 것입니다. 차별화를 위해서는 조금 더 진정성 있는 답변이 필요합니다.

어느 곳이든 근무 가능합니다. 홈페이지를 통해 지방의 OO시, OO군에 공장이 있는 것을 확인했습니다. 순환 근무제를 시행하고 있어 지방에서 근무할 수 있다는 것은 이미 알고 지원했습니다. 저는 1년간 기숙사 생활을 한 적이 있어 쉽게 적응할 자신이 있습니다. 오히려 지방에서 근무하면, 직장생활 초기에 자취를 위한 전세금 부담도 줄어 저축도 많이 할 수 있는 긍정적인 면이 있다고 생각합니다.

지방 공장의 위치와 순환 근무제를 미리 언급함으로써 회사에 대한 이해가 높다는 것을 강조했습니다. 지방생활에서의 적응력과 긍정적인 면을 어필한 것도 인상적입니다.

합격 꿀 Tip

일어날 수 있는 여러 상황을 가정한 질문입니다. 대부분 지원한 지역으로 배치되지만 가끔 지방에 배치될 수도 있고, 입사 몇 년 뒤 지방으로 발령이 날 수도 있습니다. 단순히 지방에서 열심히 일할 수 있다는 답변보다, 자신의 자취 경험이나 지방에서의 생활 계획을 덧붙여 답변하는 것을 추천합니다.

비슷한 질문으로 "타지에서 생활한 경험이 있나요?"란 질문이 있습니다. 해당 경험이 있나면, 적응하기 위해 어떤 노력을 했는지 위주로 답변하세요. 반면, 해당 경험이 없을 경우 "타지에서 생활한다면 어떤 점이 가장 중요할 거라고 생각하나요?"라는 질문을 추가로 받을 수도 있습니다.

94 희망 직무에 배정받지 못할 경우 어떻게 할 것인가요?

기아, 삼성디스플레이, 삼성물산, 삼성전자, 포스코인터내셔널, 한국국토정보공사, 한국농어촌공사, 한국전력공사, 한국환경공단, 한전KDN, 현대모비스, LG화학 기출

직무에 대한 유연한 마음가짐과 조직에 대한 충성심, 희망 직무에 대한 열정을 평가할 수 있습니다. 입사 시 다른 직무에 배치될 수도 있지만, 순환 근무제로 인해 타 부서로 옮길 수도 있습니다. 이러한 상황에 대면했을 때, 지원자의 마음가짐을 알아보기 위한 질문입니다.

👎 WORST 답변

A: 저는 제 역량을 최고로 발휘할 수 있는 직무가 OO팀이라고 생각합니다. 회사의 발전을 위해 1순위로 지원한 OO팀에 꼭 가고 싶습니다.

B: 저는 회사가 원하는 어떠한 업무도 잘 해낼 자신이 있습니다. 어떤 직무에서도 열정을 가지고 최선을 다하도록 노력하겠습니다.

Worst 답변을 두 가지 유형으로 나누면 A는 '무조건 내가 원하는 일을 하고 싶다.'라고 고집을 부리는 융통성 없는 대답이고, B는 '무슨 일이든 맡겨만 주시면 최선을 다하겠다.'라는 수동적인 대답입니다. 둘 다 추천하지 않는 답변입니다.

👍 BEST 답변

저를 뽑아주신 것에 감사함을 느끼고, 회사의 방침에 따라 해당 직무에서 최선을 다할 생각입니다. 저의 능력을 인정해 주셔서 채용하셨고, 다른 직무에 더 적합하다고 판단하셨다 생각합니다. 회사의 판단에 따라 해당 직무에서 긍정적인 마인드로 최선을 다할 것입니다. 다만, 제가 대학 4년 동안 길러왔던 역량을 계속해서 개발해 나가고 싶은 바람도 있습니다. 미래에 직무 이동 기회가 주어진다면 다시 한번 도전할 기회를 주십시오. 그때는 처음 배치받은 직무의 경험을 바탕으로 다양한 업무를 수행할 수 있는 핵심 인재가 되도록 노력하겠습니다.

회사의 판단에 대한 믿음과 충성심, 융통성을 잘 설명했습니다. 지원 직무에 대한 열정의 끈을 놓지 않겠다는 의지도 잘 담겨 있습니다.

PART 4

합격 꿀 Tip

최종 합격했다는 의미는 지원자의 역량을 회사가 인정한다는 의미입니다. 개인의 희망도 중요하지만, 회사가 바라본 지원자의 역량이 다른 직무에 적합할 수 있으므로 기업의 요구를 이해하는 것이 중요합니다. 다만 무조건적인 수용은 지원자의 의지를 의심받을 수 있습니다. 답을 할 때는 어느 한쪽에 치우치지 않는 것이 중요합니다. 희망 직무에 대한 의지를 꼭 표현하되, 직무에 대한 유연성도 가지고 있다는 점을 어필하세요.

95 입사 후 생각했던 업무와 다를 경우 어떻게 대처할 것인가요?

삼성전자, 현대모비스, 현대카드, CJ제일제당, LG디스플레이, LG CNS 기출

지원자가 얼마나 직무를 잘 이해하고 있는지, 입사 후 효과적으로 회사에 적응할 수 있는지 예측할 수 있는 질문입니다. 자신이 맡은 일에 100% 만족하는 사람은 거의 없습니다. 하지만 안타깝게도 조기 퇴사하는 신입사원 중 60%가 이러한 고민으로 퇴사를 결심합니다. 면접관은 이런 질문을 통해 지원자가 직무에 대해 얼마나 이해하고 있는지, 향후 문제가 생긴다면 어떻게 대처할지 판단하고자 합니다.

👎 WORST 답변

물론 회사의 업무가 제가 생각했던 것과 100% 일치할 것이라고 생각하지 않습니다. 하지만 당장 주어진 임무에 충실하다 보면 언젠가는 적응되리라 생각합니다. 만약 모르는 부분이 생기면 적극적인 질문을 통해 극복하고, 공부를 위해 스스로 야근도 할 계획입니다. 제가 생각했던 업무와 다를지라도 적응을 위해 최선을 다하겠습니다.

질문의 의도를 잘못 파악한 답변입니다. 다른 직무를 요청한다거나, 위와 같이 무조건 열심히 노력해서 적응하겠다는 답변은 바람직하지 않습니다. 회사 적응 문제를 근본적으로 해결하기 위해 구체적인 방안을 제시해야 합니다.

입사 전, 본사 OO 직무에서 근무하는 현직 선배님을 만나보며 직무에 대해 많은 조사를 했습니다. 충분히 적응할 수 있다고 생각하지만, 그래도 업무가 제 생각과 큰 차이가 있다면 우선 6개월 동안 적응 기간을 갖도록 하겠습니다. 그 이후에도 저의 생각이 바뀌지 않는다면, 상담을 통해 해결하겠습니다. 회사에는 이와 같은 고민을 경험하신 분들이 많았으리라 생각됩니다. 친한 선배님이나 팀장님 또는 전문가이신 인사담당 선배님과 의논해 해결하도록 하겠습니다.

지원한 업무를 충분히 분석했음을 언급하며 적응에 자신감을 나타냈습니다. 기한을 정해서 적응하기 위해 노력하고 상담을 통한 문제해결 의지까지 잘 보여준 답변입니다.

합격 꿀 Tip

상황 질문이 나올 때는 유연성 있고 합리적인 대처가 필요합니다. 우선 인내를 갖고 적응하기 위해 노력하고 더불어 문제 상황을 적극적으로 해결하기 위해 노력하는 모습을 보여주는 것이 좋습니다.

96 가족여행과 해외 출장이 겹칠 경우 어떻게 할 것인가요?

국민연금공단, 한국농어촌공사, 한국전기안전공사 기출

비단 해외 출장뿐만 아니라, 회사생활 중에는 갑자기 중요한 업무가 생길 수 있습니다. 이런 상황에서 대부분 직장인은 '회사와 가정, 둘 중 어디에 우선순위를 두어야 하는가?'라는 의문을 품게 됩니다. 정답이 없는 질문을 통해 지원자의 유연성과 합리적 판단능력을 알 수 있습니다.

👎 WORST 답변

A: 저는 그 어떤 가치보다 가정이 중요하다고 생각합니다. 그러므로 회사에 사정을 잘 설명하고 가족여행을 가는 방향으로 설득하겠습니다.

B: 해외 출장을 선택하겠습니다. 취소에 대한 비용이 조금 발생할 수 있지만 가족여행은 다음으로 미룰 수 있다고 생각합니다. 평소에 가족들에게 충실해서 모두 이해해주시리라 생각합니다. 해외 출장은 시기를 놓치면 안 되는 업무이기 때문에 해외 출장을 가는 것이 옳다고 생각합니다.

A처럼 너무 솔직한 답변은 피해야 합니다. 가정이 가장 중요하다고 해도 면접장에서 위와 같이 단호한 태도는 좋지 않습니다. B처럼 답하면 후속 질문이 나올 수 있습니다. "만약 환불이 안 되는 여행이라면?", "부모님 환갑 생일을 위한 여행일 경우라면?", "회사에 자신의 업무를 대체할 수 있는 사람이 없다고 생각하는지?" 등의 이어진 질문에 함께 대응해주세요.

가족여행의 중요도를 고려해 판단하도록 하겠습니다. 평상시 다니는 일반적인 여행이라면 가족들에게 양해를 구하고 일정을 뒤로 미루어 해외 출장을 가도록 하겠습니다. 하지만 부모님 환갑이나 칠순 잔치 같은 특별한 상황에 의한 여행이라면 직장 상사와 의논하도록 하겠습니다. 먼저 면담을 통해 저의 사정을 이야기하고, 해외 출장을 연기할 수 있는지, 아니면 대체 인원을 구할 수 있는지 의논하도록 하겠습니다.

가족여행의 중요도라는 기준을 정해 두 가지 상황에 따라 어떻게 대응할 것인지 잘 답변했습니다. 두 가지 측면에서 모두 답하는 것을 추천합니다. 가정이나 회사 어느 한쪽만을 택해 답한다면 고지식하고 합리적이지 못한 사람으로 평가받을 수 있습니다. 양쪽의 균형을 모두 맞출 수 있는 답변이 필요합니다.

합격 꿀 Tip

예선에는 이와 같은 질문에 대한 답변으로, 회사의 업무를 우선하고 개인의 일은 설득을 통해 미룬다는 답변을 많이 했습니다. 하지만 최근 워라밸의 강조로 많은 기업이 가정과 회사의 균형을 선호하고 있습니다.

97 해외 출장에 중요한 서류를 두고 갔다면 어떻게 대처할 것인가요?

돌발 상황 질문을 통해 지원자의 순발력과 상황별 업무 대처능력을 평가할 수 있습니다. 당황하지 않고, 해외 출장이라는 장소와 문서라는 자원에 초점을 맞추어 주어진 상황을 먼저 정확하게 분석해야 합니다. 여러 상황을 가정하고, 해결이 가능한 다양한 방법을 고려해 답변하는 것을 추천합니다.

WORST 답변

A: 한국에 전화를 걸어 먼저 상황을 설명하고, 최대한 빠르게 해당 서류를 받는 방법을 의논하겠습니다.

B: 저는 평상시 항상 파일을 백업해 두는 습관이 있으므로, 프린트할 수 있는 장소를 빠르게 찾아보도록 하겠습니다.

두 답변 모두 한 가지 상황만을 고려한 단편적인 답변입니다. A와 같은 답변은 자신의 잘못을 해결하기 위해 다른 사람과 의논하기 전에, 주도적으로 할 수 있는 일이 무엇인지 고민하는 노력이 필요합니다. B처럼 "저는 그럴 일이 없습니다." 같은 내용은 질문의 의도를 올바르게 파악하지 못한 답변입니다.

당황하지 않고 현상 파악에 주력하겠습니다. 해당 서류의 파일 복사본이 저에게 있는지 먼저 확인하고, 갖고 있다면 프린트가 가능한 장소를 찾거나 업무 담당자와 의논해 빔프로젝터를 사용하는 방안을 모색하겠습니다. 만약 파일이 없는 경우에는 한국에 있는 담당자에게 연락하겠습니다. 시차나 업무로 인해 담당자가 연락을 받지 못할 상황도 고려하겠습니다. 담당자와 연락할 수 있는 주변의 여러 사람에게 전화나 문자, 이메일 등 다양한 연락 수단을 동원해 최대한 해당 파일을 빨리 받을 수 있도록 하겠습니다. 불가피하게 결재 원본이 필요한 경우에는 당일 배송이나 핸드캐리하는 방안도 고려하겠습니다.

해외 출장지에서 서류가 없을 때 일어날 수 있는 거의 모든 상황을 고려한 답변입니다. 담당자를 포함한 주변 직원들 모두에게 연락하는 대비책과 핸드캐리까지 고려한 창의성이 돋보이는 답변입니다.

합격 꿀 Tip

돌발 상황 질문은 지원자에게 당황스러움과 압박감을 느끼게 합니다. 질문과 동시에 빠르게 답변하지 않아도 괜찮습니다. 잘 생각나지 않는다면 면접관에게 양해를 구한 뒤, 5~10초 정도 시간적 여유를 두고 답변하기를 바랍니다.

98 전임자(퇴사자)의 업무와 관련한 민원이 발생할 경우 어떻게 대처할 것인가요?

전보 발령이나 퇴사의 경우 한 달 정도 인수인계 기간을 갖지만, 그렇지 못한 경우도 많이 있습니다. 인수인계를 정확히 받지 못했거나, 잘못 처리된 업무를 이어받았을 때, 지원자의 업무대처능력을 평가할 수 있습니다. 이 질문의 핵심은 전임자가 업무를 잘했는가, 잘못했는가가 아닙니다. 업무 과정에서 실수는 누구나 할 수 있습니다. 중요한 점은 고객이 연관된 업무 상황에서는 최우선순위가 고객 만족이라는 것입니다. 고객을 만족시킨 뒤에, 내부 이슈를 정리하고 해결해야 합니다. 이를 위해 항상 고객을 먼저 생각하는 자세가 필요합니다.

👎 WORST 답변

퇴사 직원이 처리한 업무이기 때문에 저의 책임은 아니지만, 민원을 접수한 고객님을 위해 최선을 다해 처리하겠습니다.

옳은 말이지만 누구의 책임인지부터 이야기하는 것은 책임을 회피하려는 인상을 줄 수 있습니다. 이 질문의 핵심은 책임 소재를 가리는 것이 아닙니다. 최선을 다한다는 말보다 구체적으로 어떻게 처리할지 설명하는 것이 좋습니다.

👍 BEST 답변

먼저, 민원을 제기한 고객의 불편이 무엇인지 파악하겠습니다. 해결을 최우선순위로 하여 업무를 처리하겠습니다. 만약 퇴사한 직원의 업무가 제가 잘 모르는 분야일 경우, 상급자 또는 해당 업무를 잘 아는 직원에게 연결해 고객이 오랜 시간 동안 기다리지 않도록 최대한 빠르게 업무를 진행하겠습니다. 마지막으로 해당 민원 업무가 끝나면, 퇴사 직원이 처리한 업무의 문제점을 파악하고 재발하지 않도록 후속 조치를 하겠습니다.

 일의 우선순위를 잘 파악해 고객의 민원을 먼저 처리할 수 있도록 현명하게 대처했습니다. 문제가 재발하지 않도록 조치한다는 내용도 추천할 만합니다.

합격 꿀 Tip

기업에서는 재발방지대책이라는 용어를 자주 사용합니다. 같은 실수를 되풀이하지 않기 위해서입니다. 구매, 생산, 제조, 품질, 영업, 연구개발 등 회사 전방위적으로 재발방지대책을 사용하고 있으니 참고하세요.

99 담당하는 지역 사업 주민들이 선물을 보낼 경우 어떻게 할 것인지 말해보세요.

국민연금공단, 한국농어촌공사, 한국전력공사, KOTRA 기출

업무 진행 시 수많은 내부 고객과 외부 고객들을 상대해야 하는데, 부정한 청탁은 이러한 고객들의 작은 선물로부터 시작되는 경우가 많습니다. 작은 선물을 대하는 자세를 통해, 지원자의 도덕성과 직업윤리 가치관을 알 수 있습니다.

👎 WORST 답변

선물을 무조건 거절하는 것 역시 예의가 아니라고 생각합니다. 특산품이 법이 허용하는 둘레인 '김영란법'에 저촉되지 않는 범위라면 주민분들께 감사의 전화를 드리고 팀원들과 함께 나누겠습니다. 하지만 법에 저촉되는 금액의 선물이라면 감사하지만 받기 어렵다는 말과 함께 돌려보내도록 하겠습니다.

위와 같은 상황에서 선물을 받는다는 답변은 탈락으로 이어질 수 있습니다. 설령 법이 허용하는 둘레일지라도 직장인이라면 외부인사로부터의 선물은 절대로 받지 않는 것이 좋습니다.

마을 주민분들께서 상처 입지 않으시도록 정중히 거절하겠습니다. 한 번 선물을 받으면 같은 상황이 반복될 수 있다고 생각합니다. 이런 상황이 계속되다 보면 서로 부담될 수 있고, 훗날 청탁으로 이어질 수 있습니다. 마을 주민분들이 서운하게 생각하실 수도 있지만, 이러한 일은 처음부터 바로 잡는 것이 옳다고 생각합니다. 선물을 보내신 분들에게 사정을 설명하고, 상처받지 않도록 다음에 또 뵙겠다는 인사와 함께 정중히 돌려보내겠습니다.

마을 주민들이 서운해하지 않도록 배려해 거절한 좋은 사례입니다. 단호한 거절보다 예의를 갖추어 거절한 점이 좋은 평가를 받을 수 있습니다.

PART 4

합격 꿀 Tip

선물이 계속되면 부탁과 청탁으로 이어질 수 있습니다. 이러한 질문에 답변할 때는 거절을 택해야 합니다. 여기서 중요한 점은 거절하는 방법입니다. 너무 매몰차거나 단호한 거절은 상대방에게 반감을 살 수 있습니다. 거절할 때는 상대방이 오해하거나 무안하지 않도록 특히 더 조심스럽게 다가가야 합니다. 금융기관이나 공공기관에서 위와 비슷한 면접 질문이 종종 나옵니다.

100 계약업체 직원이 정해진 기한을 지키지 않는 경우 어떻게 대처할 것인가요?

계약을 맺은 협력업체 또는 외부용역업체와의 업무를 담당할 때는 관리능력이 필요합니다. 업체의 관리가 제대로 이루어지지 않는다면, 자신의 업무가 힘들어지는 것은 물론 나아가 회사에 손실을 끼칠 수도 있습니다. 이 질문을 통해 지원자의 업체관리능력을 평가할 수 있습니다.

👎 WORST 답변

만약 업체 직원이 기한을 준수하지 않는다면, 전화를 걸어 업무가 급하니 최대한 빨리 처리해 달라고 이야기하겠습니다. 자칫 계약업체 직원이라고 무시할 수 있지만, 인간적으로 존중하고 우리 회사 직원과 똑같이 대하도록 노력하겠습니다. 그러나 이러한 일이 계속 반복된다면 업무에 큰 지장을 초래할 수 있으므로 강력하게 대처하도록 하겠습니다.

회사의 공적인 업무를 처리하는 데 너무 인간적인 감정이 이입되지 않도록 주의해야 합니다. 기한을 준수하지 않는 일은 회사 동료라도 너그럽게 이해해서는 안 됩니다. "강력하게 대처하겠다."는 표현도 적절하지 않습니다. 구체적인 방안을 제시해야 합니다.

업무의 기한을 지키는 것은 가장 기본이면서도 중요한 일이라고 생각합니다. 업체 직원이 정해진 기한을 준수하지 않는다면, 계약 담당자로서 해당 업체 상위의 업무 책임자에게 연락해 바로 시정되도록 조치하겠습니다. 물론 한 번쯤은 눈감아 줄 수도 있다고 생각할 수 있습니다. 하지만 다음 계약에서 제가 아닌 누군가가 또 피해를 볼 수도 있고, 그 피해는 곧 회사의 손실로 이어질 수 있으므로 즉각적으로 조치해 이런 일이 다시는 재발하지 않도록 대처하겠습니다.

계약 담당자로서 회사의 이익을 중요하게 생각하는 답변입니다. 재발 방지를 위해 계약업체 직원보다 상위 담당자에게 연락하는 과감한 결단력 역시 때로는 필요합니다.

합격 꿀 Tip

회사에서 보고서를 작성할 때, 완선도기 중요할까요? 아니면 마감 기한을 준수하는 것이 더 중요할까요? 정답은 마감 기한 준수입니다. 업무는 혼자 하는 것이 아닙니다. 후속 업무 담당자를 위해 정해진 기한을 지키는 것은 필수입니다. 이와 비슷한 질문에 답할 때는 회사의 이익을 우선으로 고려하는 것이 중요합니다.

PART

5

20대 대기업 · 20대 공공기관 면접 기출 질문 리스트

20대 대기업 | 01 삼성전자

구분	기출 질문
인성·가치관	• 가장 존경하는 인물은 누구인가요? • 당신은 리더형인가요, 팔로워형인가요? • 다른 지원자보다 뛰어난 점은 무엇인가요? • 주변 사람들은 당신의 장단점이 무엇이라고 이야기하나요? • 좋아하는 일과 잘하는 일 중 어느 것을 직업으로 삼는 게 좋다고 생각하나요?
직무	• 어떤 공정에서 일하고 싶은가요? • 입사 후 어떤 업무를 하고 싶은가요? • 반도체 수율 개선방법은 무엇인가요? • 반도체에 대해 아는 것을 설명해보세요. • 열역학 1, 2, 3법칙에 대해 설명해보세요. • MOSFET, FinFET, MBCFET는 무엇인가요? • 3상 단락이 일어났는데 어떻게 대처해야 하나요? • 기계과 전공인데 반도체 회사에 지원한 이유는 무엇인가요? • 인턴 경험이 있는 직무와 다른 직무로 지원한 이유는 무엇인가요?
기업	• 우리 회사의 최근 이슈를 말해보세요. • 다음 산업 트렌드를 어떻게 예상하나요? • 앞으로 삼성전자가 나아가야 할 방향에 대해 말해보세요.
경험	• 휴학 기간에 무엇을 했나요? • 추진력을 발휘해 성과를 거둔 경험이 있나요? • 많은 자격증을 딸 수 있었던 노하우는 무엇인가요? • 학창시절 가장 흥미롭게 들었던 수업은 무엇인가요? • 최근 1년간 학교에서 진행했던 프로젝트에서 가장 어려웠던 점은 무엇인가요?
상황	• 가족 모임 중 상사가 회사로 부르면 어떻게 대처할 것인가요? • 지원한 분야의 업무가 입사 후 자신과 잘 맞지 않을 경우 어떻게 할 것인가요?

구분	기출 질문
인성·가치관	• 노조에 대해서 어떻게 생각하나요? • 가장 좋아하는 기업과 싫어하는 기업은 무엇인가요? • 석사 졸업생으로 학부 졸업생보다 어떤 강점이 있나요? • 세상은 세계 최고 한 명이 이끌어간다고 하는데 어떻게 생각하나요? • 지원서에 존경하는 인물을 OOO라고 적었는데 그 이유는 무엇인가요?
직무	• 감성 화질이란 무엇인가요? • OLED 구동 원리를 설명해보세요. • 디스플레이와 반도체의 차이점은 무엇인가요? • 전공과 지원 분야가 다른데 어떻게 기여할 것인가요?
기업	• 디스플레이 산업에 지원한 동기는 무엇인가요? • 경쟁 기업의 프로젝트에 대해 아는 것이 있나요? • 삼성디스플레이가 나아가야 할 방향은 무엇인가요? • 합격한다면 회사에서 가장 먼저 어떤 일을 하고 싶나요? • 우리 회사에 대한 정보를 얻기 위해 어떤 노력을 기울였나요? • 삼성전자가 아닌 삼성디스플레이를 지원한 이유는 무엇인가요?
경험	• 공백기 때 무엇을 했나요? • 창의적인 경험은 무엇이 있나요? • 학점이 낮은 이유는 무엇인가요? • 전공을 선택한 이유는 무엇인가요? • 가장 끈기를 갖고 한 일은 무엇인가요? • 대학원 진학이 아닌 취업을 선택한 이유는 무엇인가요? • 살아오면서 겪었던 가장 큰 고난은 무엇이고 어떻게 극복했나요?
상황	• 저장매체가 사라질 경우 자료를 어떻게 저장해야 할까요?

PART 5

구분	기출 질문
인성·가치관	• 자신은 리더형인가요, 팔로워형인가요? • 친구들은 지원자를 어떻게 생각하나요? • 기업의 사회적 책임은 무엇이라고 생각하나요? • 직장 선택 시 가장 중요하게 생각하는 가치는 무엇인가요?
직무	• 건설 업무에 왜 미적분이 필요한가요? • 거래처를 확대하기 위해 어떤 노력을 해야 할까요? • 싱크홀 문제점 원인과 대책 방안에 관해 설명해보세요. • 건설 현장에서 일할 때 가장 중요한 요소는 무엇인가요?
기업	• 왜 우리 회사를 선택했나요? • 건설사를 선택한 이유는 무엇인가요? • 향후 건설 시장은 어떻게 변화하리라 생각하나요? • 삼성물산의 대표적인 사업을 설명해보세요. • 삼성물산에서 구체적으로 어떤 사업을 진행하는지 알고 있나요?
경험	• 학점이 낮은 이유가 있나요? • 오랫동안 꾸준히 노력한 경험이 있나요? • 인생에 가장 큰 영향을 미친 사건은 무엇인가요? • 가장 힘들었던 경험은 무엇이고 어떻게 극복했나요?
상황	• 상사와 갈등이 생기면 어떻게 해결할 것인가요? • 입사 후 직무가 맞지 않을 때 어떻게 할 것인가요? • 전공과 관련이 없는 부서에 배치받는다면 어떻게 할 것인가요? • 거래처로부터 작은 선물을 받았을 때 어떻게 대처할 것인가요? • 상사가 회사의 가치관과 다른 요구를 하면 어떻게 대처할 것인가요?

구분	기출 질문
인성·가치관	• 스트레스는 어떻게 해소하나요? • 자신의 강점과 약점은 무엇인가요? • 아르바이트를 선택할 때 기준은 무엇이었나요? • 의견이 다른 사람을 설득할 때 가장 중요하다고 생각하는 것은 무엇인가요?
직무	• 영업이란 무엇이라고 생각하나요? • 현재 한국과 미국의 금리는 얼마인가요? • 자신이 직무에 적합한 이유는 무엇인가요? • 지원 부서가 무슨 일을 하는지 설명해보세요. • 암보험 손해율이 높은데 계속 팔아야 하나요? • 생명보험과 손해보험의 차이점은 무엇인가요? • FC가 좋은 성과를 내기 위해 무엇을 지원할 것인가요? • FC가 고객에게 맞는 상품을 찾지 못할 경우 어떻게 대처할 것인가요? • 영업관리를 할 때 예상되는 어려움은 무엇이고 어떻게 극복할 것인가요?
기업	• 회사를 지원한 동기는 무엇인가요? • 삼성생명 상품 3가지를 골라 설명해보세요. • 다른 회사에서 좋은 보험이 나오면 어떻게 할 것인가요? • 보험은 무엇인지, 보험산업 현황은 어떤지 설명해보세요. • 금리를 인하하면 우리 회사에 미치는 영향은 어떠할까요? • 삼성생명의 지점 수가 몇 개이고 지점을 방문한 경험이 있는지 말해보세요.
경험	• 공백 기간에는 무엇을 했나요? • 살면서 가장 기뻤던 순간과 힘들었던 순간은 언제인가요?
상황	상사의 비리가 있을 때 이렇게 할 것인가요?

PART 5

구분	기출 질문
인성·가치관	• 인생의 목표는 무엇인가요? • 워라밸에 대해 어떻게 생각하나요? • 다른 지원자보다 강점은 무엇인가요?
직무	• 8대 공정 중 자신 있는 파트는 무엇인가요? • D램과 낸드플래시의 차이점은 무엇인가요? • 열역학 법칙의 정의와 사례를 설명해보세요. • 보일-샤를 법칙을 사례를 들어 설명해보세요. • 전공이 반도체 생산 공정과 어떤 관련이 있나요? • CMOS 인버터 구조 및 특징에 관해 설명해보세요.
기업	• 지방 근무가 가능한가요? • 왜 SK하이닉스에 지원했나요? • 다른 회사는 어디에 지원했나요? • 입사를 위해 어떤 노력을 했나요? • 우리 회사의 강점과 보완점은 무엇인가요? • 반도체 관련 과목을 수강하지 않았는데 왜 반도체 회사에 지원했나요? • 우리 회사가 가장 중점적으로 관리해야 할 부분은 무엇이라고 생각하나요?
경험	• 실패했던 경험은 무엇인가요? • 현장 실습을 하면서 무엇을 느꼈나요? • 학창시절에 가장 기억 남는 일은 무엇인가요? • 팀 프로젝트에서 힘들었던 경험은 무엇인가요? • 팀 활동 중 팀원 이탈 문제에 어떻게 대처했나요? • 지원 직무와 연관된 툴을 이용해 프로젝트를 진행한 경험을 소개해보세요.
상황	• 상사와 의견 충돌 시 어떻게 대처할 것인가요?

구분	기출 질문
인성·가치관	• 자신의 장단점을 설명해보세요. • 자신이 생각하는 행복이란 무엇인가요? • 인생에서 가장 소중한 것은 무엇인가요?
직무	• 직무를 위해서 어떤 노력을 했나요? • 배터리 공정에 대해서 아는 것이 있나요? • 가장 좋아하는 음식을 영어로 설명해보세요. • 유체역학 원리가 공정에서 어떻게 활용되나요? • 재무 공부할 때 가장 어려웠던 점은 무엇이었나요?
기업	• 지원자를 왜 채용해야 하나요? • 현재 업계 동향을 설명해보세요. • 신사업 아이디어가 있다면 제안해보세요. • 왜 다른 기업이 아닌 우리 회사에 지원했나요? • 미래 유가를 전망하고 그 이유를 설명해보세요. • 입사 후 우리 회사에 어떤 기여를 할 수 있나요? • 미국 정책의 방향성이 유가에 미치는 영향은 무엇인가요? • 다른 산업에서 인턴을 했는데 왜 SK이노베이션에 지원했나요? • 우리 회사가 후발주자인데 시장점유율을 높이기 위해서 어떻게 해야 하나요?
경험	• 인재상과 일치하는 경험을 이야기해보세요. • 졸업 후 인턴을 했는데 왜 바로 취업하지 않았나요? • 구체적인 계획을 통해서 목표를 성취한 경험이 있나요? • 살면서 남다른 아이디어로 문제를 해결한 일이 있나요? • 자기소개서 내용 외에 최고의 목표를 세우고 노력한 경험을 소개해보세요.
상황	• 상사의 부당한 지시가 있을 때 어떻게 할 것인가요?

구분	기출 질문
인성·가치관	• 기업을 선택하는 기준은 무엇인가요? • 가장 감명 깊게 읽은 책은 무엇인가요? • 다른 지원자보다 자신이 가진 강점은 무엇인가요?
직무	• 좋아하는 과목은 무엇인가요? • 입사 후 지원 직무에서 어떤 일을 하고 싶나요? • LG화학이 흑자를 내기 위해 지원 직무에서 어떤 노력을 해야 할까요? • 특정 국가에 새롭게 진출할 때 어떤 프로세스로 진행할지 설명해보세요. • 제품 품질이 낮은데 고품질의 제품을 원하는 고객이 있다면 어떻게 영업할 것인가요?
기업	• 우리 회사 설비 중에서 아는 것이 있나요? • 면접실에는 LG화학 제품 중 무엇이 있을까요? • 희망 근무지는 어떤 지역이고 이유는 무엇인가요? • 우리 회사 제품에 대해서 아는 대로 설명해보세요. • 우리 회사의 기술에 대해 알고 있는 부분을 설명해보세요. • 전공은 LG전자와 더 적합한데 LG화학에 지원한 이유가 있나요?
경험	• 6시그마는 왜 취득했나요? • 공백 기간에 무엇을 했나요? • 가장 힘들었던 경험을 말해보세요. • 목표를 갖고 도전한 경험이 있나요? • 갈등을 해결한 경험을 소개해보세요. • 한국사 자격증을 취득한 이유는 무엇인가요? • 인턴생활하며 가장 힘들었을 때는 언제인가요? • 학교생활 외에 기억에 남는 활동은 무엇이 있나요?

구분	기출 질문
인성·가치관	• 자신의 강점은 무엇인가요? • 행복이란 무엇이라고 생각하나요? • 일할 때 무엇을 가장 중요하게 생각하나요? • 팀 단위 업무를 진행할 때 가장 중요하다고 생각하는 것은 무엇인가요?
직무	• 키르히호프의 법칙을 설명해보세요. • 플래그십이 무엇이고 왜 필요한가요? • 전공이 지원 직무와 어떤 관련이 있나요? • 입사 후 담당할 업무를 아는 대로 설명해보세요. • 전공 중에서 가장 좋아하는 과목은 무엇인가요? • 비전공자인데 전자시스템을 어떻게 이해할 것인가요? • 사이니지는 무엇이고 판매 확대 방안은 무엇인지 이야기해보세요.
기업	• 베스트샵을 방문한 경험이 있나요? • LG전자 판매 채널에 관해서 설명해보세요. • 인화가 LG전자의 발전에 어떤 영향을 줄까요? • 입사한다면 회사 발전을 위해 어떤 아이디어를 제안하고 싶나요?
경험	• 자격증은 왜 취득했나요? • 공백 기간에 무엇을 했나요? • 상대방을 설득한 경험을 말해보세요. • 학점이 높은데 왜 대학원에 진학하지 않았나요? • 프로젝트를 진행할 때 가장 어려웠던 점은 무엇인가요?
상황	• 직장 내 불화가 있을 때 어떻게 대처할 것인가요? • 팀 내 다른 의견을 가진 사람이 있다면 어떻게 행동할 것인가요? • 보고 싶지 않은 영화를 팀장이 같이 보자고 한다면 어떻게 행동할 것인가요?

PART 5

09 LG디스플레이

구분	기출 질문
인성·가치관	• 입사 후 꿈은 무엇인가요? • 기업을 선택하는 기준은 무엇인가요?
직무	• 맥스웰 방정식을 말해보세요. • 자신의 전공이 직무와 어떤 관련이 있나요? • 지원 공정의 프로세스에 관해 설명해보세요. • Flexible 디스플레이의 장단점은 무엇인가요? • 마이크로캐비티 원리에 관해서 설명해보세요. • WOLED와 QD-OLED의 차이점은 무엇인가요? • 지원하는 직무에 대해서 아는 대로 설명해보세요.
기업	• 우리 회사 인재상을 알고 있나요? • 디스플레이 시장 주요 현황을 설명해보세요. • 디스플레이 시장에서 선점해야 할 기술은 무엇인가요? • 지방 근무가 가능한가요? 어떤 지역에서 근무하고 싶나요? • LG디스플레이 기술 중 관심 있는 기술에 대해서 말해보세요. • 삼성디스플레이와 비교할 때 우리 회사의 장단점은 무엇인가요?
경험	• 공백 기간에 무엇을 했나요? • 힘들었던 경험을 어떻게 극복했나요? • 가장 보람을 느꼈던 경험은 무엇인가요? • 가장 열정을 갖고 노력한 경험은 무엇인가요? • 전공 중 학점이 낮은 과목은 이유가 무엇인가요? • 전공이 아닌 인문학 수업을 수강한 이유는 무엇인가요?
상황	• 지원 직무와 맞지 않으면 어떻게 할 것인가요?

구분	기출 질문
인성·가치관	• 자신이 중요하게 생각하는 가치관은 무엇인가요?
직무	• 자동차 품질이 왜 중요하나요? • SUV를 마케팅한다면 어떻게 할 것인가요? • 협상할 때 자신만의 3가지 방법을 말해보세요. • 자동차 경량화를 위한 아이디어를 제안해보세요. • 해외 자동차 시장에 새로운 모델을 출시한다면 어떤 기술과 사양을 적용해 경쟁력을 더할 것인지 아이디어를 제안해보세요.
기업	• 협력업체와 완성차는 어떤 관계라고 생각하나요? • 왜 우리 회사를 지원했나요? 진짜 이유는 무엇인가요? • 현대자동차가 앞으로 나아가야 할 방향을 말해보세요. • 현대자동차가 중국에서 실적이 부진한 이유는 무엇이라고 생각하나요? • 현대자동차 차량 중에서 구입하고 싶은 차가 있다면 그 이유는 무엇인가요?
경험	• 학점이 낮은데 이유가 있나요? • 조직 간 갈등을 해결한 경험이 있나요? • 프로젝트 할 때 가장 힘들었던 점은 무엇인가요? • 자신의 아이디어로 문제를 해결한 경험이 있나요? • 실패 경험은 무엇이고 그것을 극복한 과정에 관해 설명해보세요.
상황	• 상사가 부당한 지시를 하면 어떻게 할 것인가요? • 협업할 때 일하는 방식에 차이가 생기면 어떻게 대처할 것인가요? • 일이 많은데 팀에서 발생한 업무를 팀장이 맡기려 하면 어떻게 할 것인가요? • 프로젝트 진행 중 더 좋은 아이디어가 떠오를 때 일정을 연기해서 더 좋은 제품을 생산할 것인가요, 그대로 진행할 것인가요?

PART 5

구분	기출 질문
인성·가치관	• 생활신조는 무엇인가요? • 존경하는 인물은 누구인가요? • 최근에 읽은 책은 무엇인가요? • 자신만의 스트레스 해소방법이 있나요?
직무	• 해당 직무 관련 프로젝트 경험이 있나요? • 기획을 한다면 어떤 제품을 담당하고 싶나요? • 직무에 필요한 역량은 무엇이라고 생각하나요? • 직무를 수행할 때 지원자의 강점은 무엇인가요? • 지난 채용과 다른 직무를 선택한 이유는 무엇인가요? • 현대모비스의 마케팅 문제점은 무엇이라고 생각하나요? • 전공이 직무와 다른데 전공지식을 어떻게 업무에 활용할 수 있나요?
기업	• 현대모비스 사업에 관해서 설명해보세요. • 현대모비스에 지원한 이유는 무엇인가요? • 현대모비스 기업문화에 대해서 어떻게 생각하나요? • 우리 회사에서 가장 경쟁력 있는 제품은 무엇이라고 생각하나요?
경험	• 학점이 낮은 이유가 있나요? • 팀이나 조직을 위해 헌신한 경험이 있나요? • 아르바이트했다고 말했는데 언제 가장 힘들었나요? • 가장 창의적으로 문제를 해결한 경험은 무엇인가요? • 조직에서 힘들었던 경험은 무엇이었고 어떻게 극복했나요?
상황	• 지원하지 않은 부서로 배치를 받으면 어떻게 할 것인가요? • 입사 후 직무가 자신과 맞지 않을 경우 어떻게 할 것인가요? • 부서 간 협력에서 문제가 발생하면 어떻게 대처할 것인가요?

구분	기출 질문
인성·가치관	• 생활신조는 무엇인가요? • 활동적인 업무와 정적인 업무 중 어떤 업무를 더 선호하나요?
직무	• 제선과 제강의 차이는 무엇인가요? • 철강 미세조직에 관해 설명해보세요. • 제품 생산부터 납기까지 과정을 말해보세요. • 전공지식을 업무에 어떻게 활용할 것인가요? • 새로운 영업 전략을 제안한다면 무엇이 있나요? • 글로벌 역량을 갖추기 위해 어떤 노력을 기울였나요? • 인사담당자로서 지방 발령받은 직원이 계속 사업장 이동을 신청한다면 어떻게 할 것인가요?
기업	• 왜 철강 산업을 지원했나요? • 철강 시황에 대해 말해보세요. • 입사를 위해서 어떤 노력을 했나요? • 현대제철에 지원한 이유는 무엇인가요? • 현대제철 전략 제품에 대해 말해보세요. • 우리 회사 인재상과 관련된 경험이 있나요? • 포스코와 비교할 때 우리 회사의 강점은 무엇인가요? • 현대제철이 지속 성장하기 위해서는 어떤 노력을 해야 하나요? • 현대제철이 자동차 산업에서 수익성을 높이기 위해서는 어떻게 해야 하나요?
경험	• 리더십을 발휘했던 경험을 말해보세요. • 학교생활에서 가장 기억에 남는 경험이 있나요? • 팀 프로젝트에서 갈등이 생겼을 때 어떻게 해결했나요? • 팀 프로젝트를 할 때 창의적으로 문제를 해결한 경험을 말해보세요.

PART 5

구분	기출 질문
인성·가치관	• 회사를 선택하는 기준은 무엇인가요? • 대학생과 직장인의 차이점은 무엇인가요? • 최저임금이 상승한 것에 대해 어떻게 생각하나요?
직무	• 노치 효과는 무엇인가요? • 철이 녹는 과정을 설명해보세요. • 철을 강하게 하는 방법은 무엇인가요? • 철강의 제조공정에 관해 설명해보세요. • 철강 마케팅이 무엇이라고 생각하나요? • 자신의 전공으로 기여할 수 있는 이유는 무엇인가요? • 스마트팩토리와 공장자동화의 차이점을 말해보세요.
기업	• 우리 회사에 왜 지원했나요? • 기업시민과 CSR의 차이점을 알고 있나요? • 가장 기억에 남는 포스코 광고는 무엇인가요? • 가장 최근에 본 기업 뉴스에 대해 말해보세요. • 포스코 기업문화에 대해서 어떻게 생각하나요? • 공공기관 인턴을 했는데 왜 사기업을 지원했나요? • 포스코가 요즘 추진하는 사업에 대해서 알고 있나요? • 지원자를 뽑아야 하는 이유에 대해 논리적으로 설명해보세요.
경험	• 봉사활동 경험이 있나요? • 공백 기간에 무엇을 했나요? • 가장 어려웠던 경험은 무엇인가요? • 졸업 후 역량 발전을 위해서 어떤 노력을 했나요?
상황	• 상사가 불합리한 지시를 한다면 어떻게 대처할 것인가요? • 새벽에 회사 공장에 문제가 생겨 호출을 받았다면 어떻게 할 것인가요?

구분	기출 질문
인성·가치관	• 가장 감명 깊게 읽은 책은 무엇인가요? • 주변 사람들이 지원자를 어떻게 평가하나요? • 기성세대와 신입사원의 갈등은 왜 발생한다고 생각하나요? • 학부 졸업생으로 석사 지원자보다 자신의 강점은 무엇인가요?
직무	• 왜 해외영업을 선택했나요? • 전공이 업무와 어떤 관련이 있나요? • 국가 간 무역을 하는 이유를 설명해보세요. • 상사 무용론에 대해서 어떻게 생각하나요? • 냉장고를 남극에 팔 수 있을지, 있다면 판매 전략은 어떻게 세워야 할지 말해보세요.
기업	• 어떤 사업에 관심이 있나요? • 신사업은 어떤 것을 해보고 싶나요? • 당신을 뽑아야 하는 이유는 무엇인가요? • 포스코인터내셔널에 지원한 이유는 무엇인가요? • B2B 회사도 사회공헌 활동이 필요하다고 생각하나요? • 향후 전략적으로 진출해야 할 해외 시장은 어디인가요?
경험	• 가장 힘들었던 경험은 무엇인가요? • 실패한 경험이 있다면 언제인가요? • 을의 입장에서 일을 해본 경험이 있나요? • 오늘 아침에 읽은 신문 기사는 무엇이 있나요? • 학창시절 성취감을 느꼈던 경험을 소개해보세요.
상황	• 상사가 부당한 지시를 한다면 이떻게 대치힐 것인가요? • 자신에게 업무가 많이 몰릴 때 어떻게 처리할 것인가요? • 입사했는데 주변에서 아무도 신경을 안 쓴다면 어떻게 할 것인가요?

PART 5

구분	기출 질문
인성·가치관	• 도전이란 무엇이라고 생각하나요? • 다른 지원자들과 비교해서 차별화된 경쟁력을 말해보세요.
직무	• 입사 후 포부를 설명해보세요. • 지원 직무에서 자신이 기여할 수 있는 부분은 무엇인가요? • 생산관리를 할 때 가장 중요한 것은 무엇인가요? • 산업안전보건법 개정안에 대해서 아는 대로 설명해보세요. • 관리직 입장에서 생산량이 부족하면 어떻게 대처할 것인가요? • 브랜드 커뮤니케이션 직무를 수행하기에 자신이 가진 강점은 무엇인가요?
기업	• 지방 근무가 가능한가요? • 기아의 장단점은 무엇인가요? • 기아 해외 시장 진출 방안에 대해 말해보세요.
경험	• 이직 사유는 무엇인가요? • 전 직장에서 어떤 성과를 냈나요? • 타인을 위해 헌신했던 경험이 있나요? • 목표를 세우고 도전한 경험이 있나요? • 어려운 상황을 이겨낸 경험이 있나요? • 전공 평점이 낮은데 그 이유는 무엇인가요? • 인턴 할 때 가장 힘들었던 점은 무엇인가요? • 자신과 의견이 다른 상대방을 설득한 경험이 있나요? • 대학생활 중 가장 열정적으로 한 경험은 무엇인가요? • 학업 외에 가장 많은 시간을 투자한 것은 무엇인가요?
상황	• 상사가 부당한 지시를 한다면 어떻게 할 것인가요? • 지원한 공장이 아닌 다른 공장에 배치된다면 어떻게 대처할 것인가요?

구분	기출 질문
인성·가치관	• 성공을 무엇이라고 생각하나요? • 지원자의 강점은 무엇이고 약점은 무엇인가요? • 인생에서 가장 중요하게 생각하는 것은 무엇인가요?
직무	• 원유 정제 과정을 설명해보세요. • 졸업 논문이 지원 직무와 어떤 관련이 있나요? • 펌프 캐비테이션 정의와 해결 방안을 말해보세요. • 전공과 직무의 관련이 부족한데 어떤 도움이 될 수 있나요? • 베르누이 법칙을 초등학생이 이해할 수 있게 설명해보세요.
기업	• 현재 정유업계 이슈를 말해보세요. • 다른 정유 회사는 어디에 지원했나요? • 지방 근무와 본사 근무의 장단점에 대해 말해보세요. • 다른 정유 회사도 있는데 왜 우리 회사에 지원했나요? • 정유업계 신기술에 대해서 알고 있는 부분을 설명해보세요. • 정량적인 스펙 외에 당신을 뽑아야 하는 이유는 무엇인가요? • 우리 회사 인재상은 무엇이고 자신과 가장 일치하는 부분은 무엇인가요?
경험	• 휴학은 왜 했나요? • 공백기에 무엇을 했나요? • 실패한 경험은 무엇인가요? • 방학 때 시간을 어떻게 보냈나요? • 주도적으로 일을 추진한 경험이 있나요? • 학점이 높은데 왜 대학원 진학을 하지 않았나요? • 살면서 가장 힘들었던 경험은 무엇이고 어떻게 극복했나요?
상황	• 원하지 않은 부서에 발령이 난다면 어떻게 할 것인가요?

PART 5

구분	기출 질문
인성·가치관	• 리더십이 무엇이라고 생각하나요? • 가장 존경하는 금융인은 누구인가요?
직무	• 외국환 업무에 대해서 말해보세요. • PB로서 지원자의 강점은 무엇인가요? • 전공지식을 업무에 어떻게 활용할 것인가요? • 은행원에게 가장 필요한 역량은 무엇이라고 생각하나요?
기업	• 내년 금융 시장의 동향을 예측해보세요. • 하나은행 지점에 방문한 경험이 있나요? • 관심 있는 하나은행 상품은 무엇인가요? • 하나은행에서 이루고 싶은 꿈은 무엇인가요? • 금융업에 관심을 두게 된 계기는 무엇인가요? • 하나은행과 다른 은행의 차이점을 말해보세요. • 다문화 가정을 위해 은행은 어떤 지원을 해야 할까요? • 하나은행 모바일 앱에서 개선해야 할 점은 무엇인가요? • 하나은행에 대해서 궁금한 점이 있다면 이야기해보세요.
경험	• 영업을 해본 경험이 있나요? • 핀테크를 이용한 경험이 있나요? • 은행 관련 자격증은 왜 취득하지 않았나요? • 준법정신을 바탕으로 성과를 낸 경험을 설명해보세요. • 가장 힘들었던 경험과 가장 큰 성과를 냈던 경험은 무엇인가요?
상황	• 상사가 부당한 지시를 하면 어떻게 할 것인가요? • 은행 시재금이 천 원 부족하다면 어떻게 할 것인가요? • 동료 직원에게 욕설하는 불만 고객을 어떻게 대처할 것인가요?

20대 대기업 18 GS칼텍스

구분	기출 질문
인성·가치관	• 주말에 주로 무엇을 하나요? • 자신의 장단점은 무엇인가요? • 인상 깊게 읽은 책을 소개해보세요. • 10년 후 자신의 미래에 관해 설명해보세요.
직무	• 제안하고 싶은 마케팅이 있나요? • IFRS17의 주요 특징은 무엇인가요? • 정유 공정 부식 방지방법에 대해 말해보세요. • 가장 기억에 남는 주유소 마케팅은 무엇인가요? • 탄소 배출을 줄일 수 있는 공정 시스템에 관해 설명해보세요. • 수강한 전공과목 중 설비 엔지니어에게 가장 필요하다고 생각되는 과목은 무엇인가요?
기업	• 지방 근무가 가능한가요? • GS칼텍스 경쟁사는 어디인가요? • 자신을 뽑아야 하는 이유는 무엇인가요? • 정유사 공유경제에 대해서 알고 있는 부분을 설명해보세요. • 국제 유가 변동에 따라 GS칼텍스는 어떻게 대비해야 하나요? • 주유소 네트워크를 활용해 정유사, 주유소, 고객 모두에게 도움이 될 수 있는 아이디어를 제시해보세요.
경험	• 힘든 일을 극복한 경험이 있나요? • 졸업 후 공백 기간에 무엇을 했나요? • 어학연수를 통해서 느낀 점은 무엇인가요? • 자기 개발을 위해 어떤 노력을 기울였나요? • 대학생활 동안 목표를 갖고 성취한 경험은 무엇인가요?
상황	• 상사가 자신의 능력보다 부족하다면 어떻게 할 것인가요?

PART 5

구분	기출 질문
인성·가치관	• 친구들은 지원자를 어떻게 평가하나요?
직무	• 주파수는 무엇인가요? • 이중화와 이원화의 차이점은 무엇인가요? • 전공이 직무에 어떤 도움이 될 수 있나요? • 단말기 자급제에 대해 어떻게 생각하나요? • B2B마케팅과 B2C마케팅의 차이점은 무엇인가요? • 이공계열을 전공했는데 왜 영업을 지원했나요? • 5G와 6G 이동통신 기술의 차이를 말해보세요. • UI·UX 디자인과 브랜드 방향성이 충돌할 때 어떻게 해야 하나요?
기업	• KT 기술 중 아는 것이 있나요? • KT에 대해서 아는 대로 말해보세요. • 이동통신업계 최근 이슈를 알고 있나요? • 통신사 대리점을 방문한 경험이 있나요? • KT에 제안하고 싶은 신사업 아이디어가 있나요? • 우리 회사 서비스와 경쟁사 서비스의 차이점은 무엇인가요?
경험	• 동아리 활동을 왜 했나요? • 인턴을 할 때 목표는 무엇이었나요? • 프로젝트 할 때 갈등을 해결한 경험이 있나요? • 협업할 때 가장 일하기 힘든 팀원은 어떤 유형인가요? • 창업 관련 수상 경험이 있는데 취업을 하는 이유는 무엇인가요? • 전공과 관련된 프로젝트에서 가장 해결하기 어려웠던 경험은 무엇인가요?
상황	• 고객과 갈등이 생겼을 때 어떻게 대처할 것인가요? • 주 52시간을 초과할 것 같은 업무 지시를 받은 경우 어떻게 할 것인가요?

구분	기출 질문
인성·가치관	• 강점은 무엇인가요? • 존경하는 인물은 누구인가요? • 신입사원에게 필요한 자세는 무엇이라고 생각하나요?
직무	• 전공을 선택한 이유는 무엇인가요? • 알고 있는 품질관리 기법이 있나요? • 베르누이 법칙에 관해서 설명해보세요. • 해당 분야를 선택한 이유는 무엇인가요? • 지원 부서에서 무엇을 만드는지 알고 있나요? • 생산관리 직무에서 가장 중요한 것은 무엇인가요?
기업	• 지방 근무가 가능한가요? • 왜 우리 회사에 지원했나요? • 한화의 이미지는 어떠한가요? • 왜 방산 산업에 관심을 가졌나요? • 공장이 어디에 있는지 알고 있나요? • 한화에 대해 알고 있는 대로 설명해보세요. • 우리 회사에 대해 궁금한 점을 이야기해보세요. • 한화 인재상과 가장 일치하는 것은 무엇인가요?
경험	• 공백기에 무엇을 했나요? • 가장 힘들었던 경험은 무엇인가요? • 기존 프로젝트에서 후회되는 일은 무엇인가요? • 새로운 방법으로 문제를 해결한 경험이 있나요? • 학점이 낮은 이유는 무엇이고 휴학은 왜 했나요?
상황	• 상사와 갈등이 있을 때 어떻게 해결할 것인가요? • 상사가 부당한 업무를 지시한다면 어떻게 대처할 것인가요?

PART 5

01 인천국제공항공사

구분	기출 질문
인성·가치관	• 인생의 멘토는 누구이며 그 이유는 무엇인가요? • 평소 쌓인 스트레스를 어떻게 효율적으로 해결하나요? • 공기업 직원으로서 갖추어야 할 가장 중요한 덕목은 무엇이라고 생각하나요?
직무	• 영어로 자기소개를 해보세요. • 가장 일하고 싶은 부서는 어디인가요? • 드론에 의한 사고를 예방할 방법을 이야기해보세요. • 일반 마케팅과 항공 마케팅의 차이점을 설명해보세요. • 공항 내 IT 설비 중에서 가장 기억에 남는 설비를 말해보세요. • 사무 직무에서 가장 필요하다고 생각하는 역량은 무엇인가요? • 다른 지원자와 비교했을 때 가장 자신 있는 역량은 무엇인가요?
기업	• 미래의 인천공항을 전망해보세요. • 인천국제공항의 장단점에 대해 말해보세요. • 인천국제공항공사 입사를 위해 어떤 노력을 했나요? • 자신이 생각하는 인천국제공항 시스템 개선 방향은 무엇인가요? • 인천국제공항공사가 공항 이용객의 만족도를 높이기 위한 방안을 제시해보세요. • 인천국제공항이 세계 1~2위 공항과 격차를 좁힐 방법은 무엇이 있을까요?
경험	• 가장 열정을 발휘했던 경험은 무엇이었나요? • 가장 성취감을 느꼈던 경험을 이야기해보세요. • 프로젝트를 진행할 때 주로 어떠한 역할을 담당했나요? • 인생을 살면서 가장 힘들었던 일과 극복 과정을 이야기해보세요.
상황	• 만약 백만 원이 생긴다면 무엇을 할 생각인가요? • 비행기 지연으로 공항에 몇백 명이 발이 묶여 있다면 어떻게 대처할 것인가요?

구분	기출 질문
인성·가치관	• 가장 싫어하는 것은 무엇인가요? • 가장 존경하는 인물은 누구인가요?
직무	• 전공과 분야가 다른데 지원한 이유는 무엇인가요?
기업	• 청렴한 공공기관을 만드는 방법을 설명해보세요. • 한국국토정보공사에 대해 아는 대로 말해보세요. • 우리 공사를 위해 이바지할 수 있는 것은 무엇인가요?
경험	• 창의성을 발휘해 문제를 해결한 경험이 있나요? • 협력을 통해 조직의 목표를 달성한 경험이 있나요? • 많은 자료를 요약하고 문제를 해결한 경험이 있나요? • 힘들었던 경험을 어떻게 극복했는지 이야기해보세요. • 조직 내 다른 사람과 갈등이 생겼을 때 해결한 경험이 있나요? • 조직 활동에서 소통을 통해 문제를 해결한 경험을 소개해보세요. • 기존의 관행을 깨고 새로운 방식을 도입해 본 경험을 소개해보세요. • 정보의 전달 과정에서 문제가 발생했을 때 해결한 경험을 이야기해보세요.
상황	• 출장이 잦으면 어떻게 할 것인가요? • 민원이 생겼을 때 어떻게 대처할 것인가요? • 근무지가 아무런 연고가 없는 지역으로 발령이 나도 괜찮나요? • 지원한 직무가 아닌 다른 직무에 배치된다면 어떻게 할 것인가요? • 선임이 잘못된 방향으로 회의를 진행하고 있다면 어떻게 대처할 것인가요? • 신입사원인데 선임이 아파서 출근하지 못할 때 프로젝트를 어떻게 해결할 것인가요? • 회사의 중요 프로젝트에 대한 발표를 앞둔 전날 중요한 오류를 발견했다면 어떻게 해결할 것인가요?

PART 5

구분	기출 질문
인성·가치관	• 공공기관 직원이 가져야 할 중요한 태도는 무엇인가요? • 조직의 이익과 개인의 이익이 충돌할 때 무엇이 더 중요한가요? • 지켜야 할 규칙 중 다른 사람은 지키지 않는데 꼭 지키는 규칙은 무엇인가요?
기업	• 입사를 위해 어떤 노력을 했나요? • 평소 한국도로공사를 어떻게 생각했나요? • 공공기관에 취업하려는 이유가 무엇인가요? • 우리 공사가 나아가야 할 방향은 무엇인가요? • 화물운전자를 위해 한국도로공사가 할 수 있는 일은 무엇이 있나요? • 고속도로를 이용하면서 느꼈던 애로사항과 해결 방안은 무엇인가요?
경험	• 책임감을 발휘했던 경험이 있나요? • 창의적으로 문제를 해결한 경험이 있나요? • 살면서 가장 열정을 발휘했던 경험이 있나요? • 자신의 손해를 감수하고 실행에 옮겼던 경험이 있나요? • 원칙을 지키기 힘들었지만, 끝까지 지켰던 경험이 있나요? • 최선의 노력을 다했지만, 결과가 아쉬웠던 경험이 있나요?
상황	• 갑자기 부서 이동을 시킨다면 어떻게 대처할 것인가요? • 민원인과 갈등이 생겼을 경우 어떻게 처리할 것인가요? • 도움을 많이 준 팀원이 앱 개발에 필요한 보안자료를 요청한다면 어떻게 대처할 것인가요? • 기존의 회사 시스템보다 훨씬 효율적인 방법을 찾아낸다면 새로운 방법을 이용할 것인가요? • 조직 내 다른 부서와 협조할 일이 생겼는데 그 부서가 너무 바빠 일을 처리하지 못한다면 어떻게 해결할 것인가요?

구분	기출 질문
인성·가치관	• 자신을 표현하는 단어 세 가지를 말해보세요. • 직장인으로서 가장 중요하게 생각하는 가치는 무엇인가요?
직무	• 원자력에 대한 생각을 말해보세요. • 댐 건설 시 무너질 것 같은 전조 증상을 발견했다면 어떻게 대처할 것인가요?
기업	• 왜 사기업을 지원하지 않고 공기업에 지원했나요? • 한국수력원자력의 미래에 대해 어떻게 생각하나요? • 한국수력원자력 입사를 위해 어떠한 노력을 했나요? • 10년 뒤 회사 내부와 외부에서의 목표가 무엇인가요? • 한국수력원자력의 인재상 중 자신과 어울리는 것이 있나요? • 순환 근무 및 다른 지역 근무에 대한 의견을 이야기해보세요. • 한국수력원자력 관련 이슈에 대해 알고 있는 것이 있으면 설명해보세요. • 한국수력원자력과 다른 발전회사와의 차이점은 무엇인가요?
경험	• 타인을 설득한 경험이 있나요? • 가장 큰 실패 경험을 이야기해보세요. • 누군가를 위해 희생한 경험이 있나요? • 새로운 환경에 적응한 경험이 있나요? • 졸업 후 공백 기간에는 무엇을 했나요?
상황	• 상사에게 과도한 업무나 지시를 받았을 경우 어떻게 대처할 것인가요? • 가족들과 해외여행 중 회사에서 급하게 부른다면 어떻게 할 것인가요? • 자신이 생각하기에 꼭 점검해야만 하는 부분을 선배가 괜찮다고 넘어가자고 한다면 어떻게 할 것인가요? • 신입사원은 1~2년 인프라가 거의 없는 시골에 배치되는데 만약 본사에 발령이 난다면 본사로 갈 것인가요, 남을 것인가요?

구분	기출 질문
인성·가치관	• 업무수행 시 정확도와 빠른 업무처리 중 무엇이 더 중요하다고 생각하나요?
직무	• 인덕턴스는 무엇인가요? • 누진세에 관해 설명해보세요. • 송·배전에 대해 설명해보세요. • 전공을 선택한 이유는 무엇인가요? • 왜 전공과 다른 분야를 지원했나요? • 지중전선과 가공전선에 관해 설명해보세요. • 지원한 직무에서 자신의 전공과 관련해 어떤 역량을 발휘할 수 있나요?
기업	• 전기료 인상에 관한 자신의 의견을 말해보세요. • 한국전력공사의 장단점에 대해서 설명해보세요. • 에너지 효율을 향상시킬 수 있는 방안에 대해 이야기해보세요. • 한국전력공사가 꼭 개선해야 할 부분이 있다면 무엇인가요? • 최근 한국전력공사의 주요 이슈 중 가장 기억에 남는 것은 무엇인가요? • 전기세 또는 전기요금 중 무엇이 옳다고 생각하고 그 이유는 무엇인가요? • 4차 산업혁명 시대에 한국전력공사가 나아가야 할 방향에 대해 말해보세요. • 한전인의 4가지 인재상 중 가장 중요하다고 생각하는 덕목은 무엇인가요? • 한국전력공사가 수행하고 있는 국내·외 사업 중 무엇이 더 중요하다고 생각하나요?
경험	• 관점이 다른 사람과 협업한 경험이 있나요? • 공동체 생활에서 겪었던 갈등 상황과 해결방법을 이야기해보세요. • 스스로 전문성을 키우기 위해 노력했던 경험에 대해 소개해보세요.
상황	• 상사의 부당한 지시가 있을 때 어떻게 대처할 것인가요? • 팀원 중 일부 사원이 비협조적일 때 어떻게 대처할 것인가요? • 입사 후 지원한 부서가 아닌 다른 부서에 배치된다면 어떻게 할 것인가요?

구분	기출 질문
인성·가치관	• 노사관계에 대해서 어떻게 생각하나요? • 인생의 멘토가 누구이며 그 이유는 무엇인가요? • 파레토의 법칙을 설명하고 관련된 의견을 제시해보세요. • 소수와 다수의 의견 중 무엇이 더 중요하다고 생각하나요? • 조직의 화합과 개인의 책임감 중 무엇이 더 중요하다고 생각하나요? • 조직 활동에서 구성원들 간에 어떤 점이 가장 중요하다고 생각하나요?
직무	• 자신의 경쟁력을 소개해보세요. • 외국 사업장에서 현지인들과 관계를 돈독하게 하는 방안을 설명해보세요.
기업	• 한전KPS에 지원하게 된 계기가 무엇인가요? • 회사의 비전에 부합하는 입사 후 계획을 설명해보세요. • 기술혁신 시대에 앞으로 한전KPS가 어떤 방향으로 발전해야 한다고 생각하나요?
경험	• 리더로서 희생해 역경을 이겨낸 경험이 있나요? • 조직구성원들과 협력한 경험을 이야기해보세요. • 한정된 자원으로 조직을 이끌어 본 경험이 있나요? • 최선의 노력을 다하였으나 실패했던 경험이 있나요? • 고객의 불만 상황을 접수했을 때 어떻게 대처했나요? • 다른 사람의 무리한 요구에 대처했던 경험이 있나요? • 프로젝트를 진행할 때 창의적으로 문제를 해결한 경험이 있나요? • 자신이 지원한 분야에서 뛰어난 전문가가 되기 위해 노력한 경험이 있나요? • 어떠한 일을 제한 시간 내 끝낸 경험이 있다면, 그 과정에서 어떤 점이 어려웠나요? • 조직이나 단체에서 구성원과의 갈등 상황이 있었을 때 이를 해결한 경험이 있나요?
상황	• 상사가 만약 부당한 일을 지시한다면 어떻게 할 것인가요? • 해외 파견 근무로 인해 가족과 떨어져 지내야만 한다면 어떻게 할 것인가요?

PART 5

07 건강보험심사평가원

구분	기출 질문
인성·가치관	• 청렴에 대한 자신의 의견을 말해보세요. • 공직자에게 필요한 직업윤리에 관해 설명해보세요. • 직장생활에서 가장 중요하다고 생각하는 것은 무엇인가요? • 함께 일하고 싶은 사람과 그렇지 않은 사람의 유형을 말해보세요. • 능력은 있지만 인성이 안 좋은 상사와 능력은 없지만 인성이 좋은 상사 중 누구와 일하길 원하나요?
직무	• 지원자가 생각하는 자신의 핵심 역량은 무엇인가요? • 어떤 부서에서 일하고 싶은지, 자신이 꼭 하고 싶은 업무는 무엇인지 말해보세요.
기업	• 우리가 지원자를 꼭 뽑아야 하는 이유를 설명해보세요. • 건강보험심사평가원이어야만 하는 이유가 무엇인가요? • 건강보험심사평가원이 어떤 일을 하고 있는지 설명해보세요. • 건강보험심사평가원의 비전에 이바지할 방안을 구체적으로 말해보세요. • 건강보험심사평가원을 알게 된 계기와 어떤 인상을 받았는지 말해보세요.
경험	• 학업 외에 특별히 했던 활동이 있나요? • 타인과 소통하는 자신만의 노하우가 있나요? • 지금까지 살면서 가장 도전적인 경험이 무엇인가요? • 많은 양의 데이터를 처리해 본 경험을 소개해보세요. • 다른 사람과 협력해 성과를 이뤄냈던 경험이 있나요? • 남들이 하기 싫어하는 일을 먼저 한 경험을 이야기해보세요. • 조별 과제나 팀 프로젝트 수행 시 조원과 조장 중 주로 어떤 역할을 했나요? • 목표를 위해 노력하다가 위기를 만난 상황과 이를 극복한 경험에 관해 말해보세요.
상황	• 직장 상사와 의견이 다를 경우 어떻게 설득할 생각인가요? • 가장 싫어하는 유형의 사람을 직장 상사로 만난다면 어떻게 대처할 것인가요? • 서울에서 근무하고 있는데 부득이하게 원주로 발령이 난다면 어떻게 할 것인가요?

구분	기출 질문
인성·가치관	• 타인이 생각하는 자신의 장단점은 무엇인가요? • 자신의 단점을 어떻게 극복할 것인지 말해보세요. • 가장 인상 깊었던 책의 저자와 내용을 설명해보세요. • 직장을 선택할 때 가장 중요하게 생각하는 점은 무엇인가요? • 살면서 가장 중요하다고 생각하는 원칙이 있다면 무엇인가요? • 주위 사람들이 지원자를 봤을 때 자주 오해하는 것은 무엇인가요?
직무	• 고객이란 무엇인가요? • 성격의 어떠한 점이 업무수행에 도움을 줄 수 있나요? • 직무와 관련해 가지고 있는 강점 또는 역량은 무엇인가요? • 지원자를 뽑아야만 하는 이유를 직무역량 중심으로 이야기해보세요.
기업	• 국민건강보험공단에 대해 알고 있는 최근 이슈를 설명해보세요. • 소득에 따라 차등적으로 부과되는 건강보험료에 대해 어떻게 생각하나요?
경험	• 공익을 위해 노력했던 경험이 있나요? • 최선의 노력을 다했지만 실패했던 경험이 있나요? • 불합리하다고 생각한 것을 해결했던 경험이 있나요? • 새로운 환경에서 남들보다 쉽게 적응한 경험이 있나요? • 타인과의 협력을 통해 목표를 달성했던 경험을 소개해보세요. • 소속된 조직이나 단체에 새로운 제도를 도입해 본 경험이 있나요? • 조직에 빨리 적응하기 위한 자신만의 노하우가 있다면 무엇인가요? • 조직생활을 하면서 친해지기 어려운 사람과 친해진 경험이 있나요? • 지원자가 생각하는 윤리적 가치를 끝까지 지킨 경험을 이야기해보세요. • 타인과의 갈등을 극복한 경험이 있다면 어떻게 해결하였는지 설명해보세요. • 창의적인 아이디어를 바탕으로 성과를 낸 경험이 있는지, 있다면 주변에서 어떤 평가를 받았는지 설명해보세요.

20대 공공기관 **08 국민건강보험공단**

PART 5

구분	기출 질문
직무	• 업무에 활용이 가능한 자신의 강점을 이야기해보세요. • 국민연금 가입 권유 전화를 했을 때 이를 거부하는 경우 어떻게 설득할지 이야기해보세요.
기업	• 왜 꼭 국민연금공단이어야만 하나요? • 국민연금의 주 고객층은 누구라고 생각하나요? • 노령연금과 기초연금의 차이점을 설명해보세요. • 고객 만족을 위해 가장 중요한 것은 무엇이라고 생각하나요? • 일자리 안정자금 지원 신청을 독려하는 방안을 제시해보세요. • 외부에서 바라본 국민연금공단의 평가는 어떻다고 생각하나요? • 연금에 대한 부정적인 인식을 줄일 방법에 대해 이야기해보세요.
경험	• 리더십을 발휘했던 경험이 있나요? • 국민연금공단과 관련된 경험이 있나요? • 창의력을 발휘해 문제를 해결한 경험이 있나요? • 협력하는 과정에서 갈등을 겪은 경험이 있나요? • 봉사활동을 한 경험이 있다면 느낀 점은 무엇인가요? • 지원자 스스로 정직성을 실천한 경험을 소개해보세요. • 자신이 맡은 일에 책임을 다한 경험을 이야기해보세요. • 공감과 소통을 위한 자신만의 방법을 경험을 들어 말해보세요.
상황	• 상사가 비합리적인 일을 지시한다면 어떻게 할 것인가요? • 동기가 선배와의 갈등을 고백했을 때 어떻게 대응할 것인가요? • 고객이 만 원 이하의 선물을 주었을 때 어떻게 대처할 것인가요? • 민원 업무로 인해 야근을 계속해야만 하는 상황이라면 어떻게 할 것인가요? • 급한 약속이 있는데 직장 상사가 업무를 추가로 지시한 경우 어떻게 할 것인가요?

구분	기출 질문
인성·가치관	• 자신의 장단점을 이야기해보세요. • 스트레스를 극복하기 위해 어떤 노력을 하고 있나요? • 산업재해를 왜 사회적으로 보호해야 한다고 생각하나요? • 공직자가 갖추어야 할 중요한 덕목과 이유는 무엇인가요?
기업	• 근로복지공단이 하는 업무를 설명해보세요. • 가장 최근에 본 공단 관련 기사는 무엇인가요? • 근로복지공단 입사를 위해 어떤 노력을 했나요? • 일자리 안정자금 사업에 대해 아는 대로 말해보세요. • 근로복지공단 하면 떠오르는 색깔과 이유를 설명해보세요. • 근로복지공단 보도자료 중에서 가장 인상적이었던 것은 무엇인가요? • 근로복지공단에서 진행하는 사업 중 가장 관심 있는 사업과 이유를 설명해보세요.
경험	• 책임감을 발휘했던 경험을 소개해보세요. • 다른 사람으로부터 신뢰를 받은 경험이 있나요? • 최근 3개월 이내 있었던 갈등 사례를 이야기해보세요. • 자신이 해냈던 일 중에 가장 어려운 일이 무엇이었나요? • 규칙을 어긴 동료를 바로잡은 경험에 대해 소개해보세요. • 남들과는 다른 창의적인 아이디어로 문제를 해결한 경험이 있나요? • 동료들과 협업으로 이루어냈던 일 중 가장 기억에 남는 일은 무엇인가요?
상황	• 일을 하다가 실수한다면 어떻게 처리할 것인가요? • 악성 민원인이 찾아왔을 경우 어떻게 상대할 것인가요? • 만약 입사 전 타 기업에 합격하게 된다면 어떻게 할 것인가요? • 자신의 적성보다 어려운 업무를 맡게 된다면 어떻게 할 것인가요? • 퇴근 후 회사에서 급한 업무로 연락이 온다면 어떻게 할 것인가요?

PART 5

구분	기출 질문
인성·가치관	• 자신의 롤모델은 누구인가요? • 직업윤리에 대한 견해를 이야기해보세요. • 좋아하는 리더 상과 싫어하는 리더 상을 설명해보세요. • 자기주장을 하는 편인가요, 남의 의견을 따르는 편인가요?
직무	• 주 업무 외에 행정 업무가 많은데 괜찮나요? • 악성 민원에 어떻게 대응할 것인지 이야기해보세요. • 지원한 분야에서 어떤 업무를 수행하는지 설명해보세요.
기업	• 공공기관에 지원한 이유는 무엇인가요? • 교통사고를 최소화할 방안이 있다면 말해보세요. • 도로교통공단의 조직 구성에 관해 설명해보세요. • 도로교통공단 사업에 대해 아는 대로 말해보세요. • 스쿨존 내 교통사고를 방지하기 위한 대책을 제시해보세요. • 무인 자동차의 등장으로 운전면허증은 어떻게 되리라 생각하나요? • 블랙아이스에 의한 교통사고를 방지하기 위한 대책을 제시해보세요. • 한국도로공사, 도로교통공단, 한국교통안전공단의 차이점을 설명해보세요.
경험	• 졸업 후 공백 기간에 무엇을 했나요? • 해결하기 힘든 문제를 해결한 경험이 있나요? • 다른 사람의 어려움을 도왔던 경험이 있나요? • 한정된 기간 내 프로젝트를 수행한 경험이 있나요? • 교통과 관련한 교육이나 수업을 들은 것이 있나요? • 모두가 'yes'라고 할 때 'no'라고 했던 경험이 있나요?
상황	• 상사가 부당한 요구를 한다면 어떻게 대처할 것인가요? • 원하는 부서에 배치 받지 못한다면 어떻게 할 것인가요?

구분	기출 질문
인성·가치관	• 자신을 한 단어로 표현한다면 무엇인가요? • 신입사원에게 가장 중요한 자질이 무엇이라고 생각하나요? • 조직생활에서 가장 중요하게 생각하는 3가지를 말해보세요. • 살면서 받았던 칭찬 중 가장 기분이 좋았던 칭찬은 무엇인가요? • 자신을 사물이나 단어에 빗대어 말하고 그 이유를 설명해보세요.
직무	• 입사한다면 가장 일하고 싶은 부서는 어디인가요?
기업	• 한국농어촌공사 주요 사업에 대해 이야기해보세요. • 농지연금 제도에 대해 이야기해보세요. • 농촌과 어촌에 청년층을 유입시키기 위한 방안을 설명해보세요. • 한국농어촌공사의 발전을 위한 방법을 제시해보세요. • 지역 발전과 연관해 농어촌 관련 사업을 제시해보세요. • 한국농어촌공사가 가장 집중하고 있는 당면 과제가 무엇이라고 생각하나요? • 한국농어촌공사의 핵심 가치 중 자신의 가치와 부합되는 것과 이유를 설명해보세요. • 입사 후 자신의 역량을 바탕으로 한국농어촌공사의 발전에 어떻게 이바지할 수 있나요?
경험	• 자신이 가장 혁신적으로 했던 일을 이야기해보세요. • 집단의 이익과 개인의 이익이 충돌한 경험이 있나요? • 주어진 과제를 리더십을 발휘해 완수해낸 경험이 있나요? • 어릴 적부터 지금까지 농촌에 대한 경험을 이야기해보세요. • 조직생활에 가장 필요한 것이 무엇인지 사례를 통해 설명해보세요.
상황	• 상사의 비리를 목격했을 경우 어떻게 내서할 것인가요? • 원하는 직무에 배치받지 못할 경우 어떻게 할 것인가요? • 중요한 업무와 경조사가 겹치면 어떻게 대처할 것인가요?

PART 5

구분	기출 질문
인성·가치관	• 롤모델은 누구이고 이유는 무엇인가요? • 환경과 개발 중 무엇이 중요하다고 생각하나요? • 최근 가장 관심을 두고 있는 뉴스는 무엇인가요? • 사람을 사귈 때 자신만의 방법을 이야기해보세요. • 지·덕·체 중 가장 중요하다고 생각하는 것은 무엇인가요? • 자신이 생각하기에 적정한 근로 시간은 일주일에 몇 시간인가요?
직무	• 일반용, 자가용, 사업용 전기설비의 차이점을 말해보세요. • 배선용 차단기와 누전 차단기의 차이점에 관해 설명해보세요.
기업	• 한국전기안전공사에 대해 알고 있는 것을 말해보세요. • 입사 후 어떤 자세로 일을 배우기 위해 노력할 것인가요?
경험	• 하기 싫은 일을 맡게 된 경험이 있나요? • 끈기를 통해 목표를 달성한 경험이 있나요? • 리더십을 발휘했던 경험을 이야기해보세요. • 살면서 사회적 가치를 실현한 경험을 소개해보세요. • 온 힘을 다해 노력했지만 실패한 경험을 소개해보세요.
상황	• 업무가 맞지 않을 경우 어떻게 할 것인가요? • 고객의 민원이 발생하면 어떻게 대처할 것인가요? • 다른 지역으로 발령이 난다면 어떻게 할 것인가요? • 상사가 회사 물건을 계속해서 가지고 간다면 어떻게 할 것인가요? • 나를 싫어하는 상사와 함께 일하게 된다면 어떻게 대처할 것인가요? • 회사생활을 하다 보면 매너리즘에 빠질 수 있는데 어떻게 할 것인가요? • 급한 회사 일과 중요한 가족 행사가 겹치게 된다면 어떻게 할 것인가요? • 진행 중인 업무가 있는 상태에서 다른 팀에 발령이 났는데 업무 마무리가 일주일 남았고 다른 팀에서는 빨리 와주기를 바라고 있을 때 어떻게 대처할 것인가요?

구분	기출 질문
인성·가치관	• 다른 지원자들보다 본인이 뛰어나다고 생각하는 점이 있나요?
직무	• 지원한 직무에 관해 설명해보세요. • 맡고 싶은 직무에 관해 이야기해보세요. • 물순환이란 무엇을 말하는지 설명해보세요. • 직무를 수행하기 위해 어떠한 노력을 했나요? • 수력 발전의 주요 설비가 무엇인지 설명해보세요. • 스마트그리드와 신재생에너지의 단점을 이야기해보세요. • 녹조가 발생하는 이유와 한국수자원공사에서 해야 할 일을 설명해보세요.
기업	• 한국수자원공사가 하는 일을 설명해보세요. • 한국수자원공사의 시스템에 대해 아는 대로 설명해보세요. • 한국수자원공사에서 관리하는 댐의 이름을 이야기해보세요. • 한국수자원공사에 입사하게 된다면 이루고 싶은 목표가 무엇인가요? • 한국수자원공사가 해외 사업을 함에 있어 지원자는 어떠한 역할을 할 수 있나요?
경험	• 불합리한 일에 직면했을 때 어떻게 대응했나요? • 인문학적 소양을 기르기 위해 노력한 경험이 있나요? • 윤리적인 문제에 어긋나는 행동을 해본 경험이 있나요? • 살면서 겪은 가장 큰 성공 경험과 실패 경험이 무엇인가요? • 팀원과 갈등이 발생했던 상황을 어떻게 극복했는지 소개해보세요. • 리더십을 발휘해 조직 내 문제점이나 갈등을 해결한 경험이 있나요?
상황	• 입사 후 생각했던 업무와 다르다면 어떻게 할 것인가요? • 민약 고객이 김플레인을 한나면 어떻게 내처할 것인가요? • 상사로부터 부당한 지시를 받았을 때 어떻게 할 것인가요? • 부정한 행위를 권하는 사람이 있을 때 어떻게 대처할 것인가요? • 프로젝트 자료 취합을 해야 하는데 누가 자꾸 미루면 어떻게 할 것인가요?

PART 5

구분	기출 질문
인성·가치관	• 교대 근무에 대해서 어떻게 생각하나요? • 입사 후 자기 계발 계획에 관해 이야기해보세요. • 조직생활에서 가장 중요하다고 생각하는 것은 무엇인가요? • 절차와 유연성 중에 어떠한 것이 더 중요하다고 생각하나요?
직무	• 지원한 직무를 위해 특별히 노력한 것이 무엇인가요? • 지원한 직무를 수행하기 위해 가장 중요하다고 생각하는 역량은 무엇인가요?
기업	• 공사와 공단의 차이점을 설명해보세요. • 명절 암표 문제에 대한 해결책을 제시해보세요. • 한국철도공사의 문제점과 개선 방안을 이야기해보세요. • 다른 전기계열 회사가 아닌 한국철도공사를 지원한 이유는 무엇인가요?
경험	• 정보를 체계적으로 정리해본 경험이 있나요? • 자신을 희생해 팀을 이끈 경험을 소개해보세요. • 소속된 단체에서 갈등을 겪었던 경험이 있나요? • 목표를 위해 무엇인가를 절제해 본 경험이 있나요? • 규칙을 지키기 위해 노력했던 경험을 이야기해보세요. • 달성하기 어려운 목표를 세우고 성취했던 경험이 있나요? • 스스로 직접 나서서 팀을 이끌려고 노력한 경험이 있나요? • 타인과 정보를 공유할 때 자신만의 노하우가 있다면 무엇인가요? • 살면서 가장 힘들었던 경험과 어떻게 극복하였는지 이야기해보세요.
상황	• 상사로부터 부당한 지시를 받았을 때 어떻게 할 것인가요? • 입사 후 매너리즘에 빠진다면 어떻게 극복할 수 있을까요? • 작업 중에 안전 수칙을 지키지 않는 상사가 있다면 어떻게 할 것인가요?

구분	기출 질문
인성·가치관	• 어떤 금융인이 되고 싶나요? • 팔로우십에 관해 어떻게 생각하나요? • 자신을 옷으로 표현하자면 무슨 옷인가요? • 주변 사람들이 어떤 사람이라고 평가하나요? • 친구들이 말하는 자신의 단점은 무엇인가요?
직무	• 은행원이 되기 위해 무엇을 준비했나요? • 입사 후 만들고 싶은 상품을 설명해보세요. • 은행원의 업무가 무엇인지 알고 있는 대로 설명해보세요.
기업	• 당신을 왜 뽑아야 하는지 설명해보세요. • 금융업계의 미래 전망을 어떻게 생각하나요? • 지점을 가 본 경험이 있다면 무엇을 느꼈나요? • 은행원이 되기로 마음먹은 이유가 무엇인가요? • 기업은행이 앞으로 나아가야 할 방향은 무엇인가요? • 다른 은행이 아닌 기업은행에 지원한 이유를 설명해보세요.
경험	• 실수한 경험을 이야기해보세요. • 살면서 가장 잘한 활동과 못한 활동을 설명해보세요. • 자신을 희생해서 일을 수행한 경험을 이야기해보세요. • 팀 프로젝트 중 가장 기억에 남는 것은 무엇이고 기여도는 어떠했다고 생각하나요?
상황	• 상사의 부당한 지시를 받았을 경우 어떻게 행동할 것인가요? • 근무 중 상사의 업무 지시가 겹치면 어떻게 대응할 것인가요? • 상사와 업무 스타일이 달라 갈등이 있다면 어떻게 내처할 것인가요? • 만약 지원한 직무가 아닌 영업직으로 발령이 나도 일할 생각이 있나요?

PART 5

구분	기출 질문
인성·가치관	• 자신의 장단점은 무엇인가요? • 워라밸에 관한 생각을 말해보세요. • 결과가 중요한가요, 과정이 중요한가요? • 스트레스를 받았을 때 어떻게 해소하나요? • 일할 때 우선순위와 그 기준은 무엇인가요? • 가장 중요하다고 생각하는 가치는 무엇인가요? • 자신이 성실하다고 생각하는 이유는 무엇인가요? • 살면서 배운 것 중 가장 실용적이라고 생각하는 것은 무엇인가요?
직무	• 입사 후 근무하고 싶은 부서와 이유를 설명해보세요.
기업	• LH가 무엇의 약자인가요? • 미래 도시는 어떤 모습일까요? • 다른 공사도 있는데 왜 LH에 지원했나요? • 살면서 공기업의 필요성을 느꼈던 경험을 이야기해보세요. • 한국토지주택공사의 핵심 가치와 그 이유를 설명해보세요. • 한국토지주택공사에서 추진 중인 사업에 대해 자신의 의견을 이야기해보세요.
경험	• 어려운 상황을 극복한 경험이 있나요? • 자신의 인생에서 실패한 경험이 있나요? • 창의적으로 문제를 해결했던 경험이 있나요? • 꾸준히 노력해서 단점을 극복했던 경험이 있나요? • 자신만의 노하우로 문제를 해결했던 경험이 있나요? • 상대방을 설득하는 데 어려움을 겪은 경험이 있나요?
상황	• 업무 중 조사한 내용에 오류가 있다는 것을 발견했다면 어떻게 대처할 것인가요? • 효율성이 높은 직원과 규정을 잘 지키는 직원이 있다면 둘 중 어떤 사람을 선택할 것인가요?

구분	기출 질문
인성·가치관	• 가장 최근에 읽은 책에 관해 설명해보세요. • 소통하는 방법으로 경청을 제외한 다른 방법을 설명해보세요.
직무	• 유수율이 정확히 무엇인지 알고 있나요? • 물관리 일원화에 대한 효율적인 방안을 제시해보세요. • 직무에서 가장 중요하다고 생각되는 역량과 그 이유를 설명해보세요.
기업	• 올바로 시스템에 관해 설명해보세요. • 최근 한국환경공단 관련 이슈를 알고 있나요? • 한국환경공단이 어떤 일을 하는지 설명해보세요. • 탄소중립 실현을 위해 한국환경공단이 어떤 사업을 추진해야 한다고 생각하나요? • 공공기관 직원으로서 공정해야 하는 이유를 설명해보세요. • 한국환경공단 직원으로서 환경을 어떤 관점으로 바라봐야 하나요? • 지금 면접관들이 일회용 컵을 사용하고 있는데 어떻게 생각하나요? • 우리 공단의 인지도를 높이기 위한 효과적인 홍보방법을 이야기해보세요. • 공공기관이 중소기업의 발전을 위해 어떠한 역할을 해야 한다고 생각하나요?
경험	• 꼼꼼함을 통해 문제를 해결했던 경험이 있나요? • 팀에서 협업 과정 중에 갈등을 겪은 적이 있나요? • 손해를 감수하고 구성원들을 이끈 경험이 있나요? • 살면서 지금까지 가장 뿌듯했던 경험은 무엇인가요? • 풀기 어려운 문제를 창의적인 아이디어로 해결한 경험을 소개해보세요.
상황	• 입사 후 업무량이 너무 많다면 어떻게 할 것인가요? • 원하지 않는 직무를 맡게 된다면 어떻게 할 것인가요? • 만약 면접관이라면 어떤 질문을 하고 어떻게 답변할 것인가요? • 상사의 업무 지시가 자신이 생각한 방향과 전혀 다를 경우 어떻게 할 것인가요?

PART 5

구분	기출 질문
인성·가치관	• 입사 후 30년 뒤의 모습을 이야기해보세요. • 함께 일하기 싫은 유형의 사람은 누구인가요? • 현장 업무와 사무 업무 중 무엇을 더 선호하나요? • 공공성과 수익성 중 어떤 것이 중요하다고 생각하나요? • AI 산업의 발전으로 많은 직업이 사라지고 있는 것에 대해 어떻게 생각하나요?
직무	• 에너지 ICT에 관해 설명해보세요. • 한전에서 각 가정에 대한 데이터베이스 테이블을 만든다고 할 때 어떻게 구성할 것인지 설명해보세요.
기업	• 한전KDN의 고객은 누구인가요? • 한전KDN의 사업 분야를 아는 대로 말해보세요. • 한전KDN이 소외계층을 지원하기 위해 어떤 노력을 할 수 있을까요? • 신재생에너지를 설명하고 그에 따른 한전KDN의 사업 방향을 제시해보세요. • 정부의 에너지 정책에 따라 한전KDN이 나아가야 할 방향을 설명해보세요.
경험	• 프로젝트 경험 중 무엇이 가장 기억에 남나요? • 직무와 관련해 문제를 해결한 경험을 이야기해보세요. • 목표를 세우고 노력해 성취한 경험이 있다면 말해보세요. • 자신의 희생을 감수하면서까지 신념을 지켰던 경험이 있나요? • 살면서 가장 힘들었던 경험과 어떻게 극복했는지 이야기해보세요. • 윤리적 딜레마를 겪었던 상황을 설명하고 어떻게 극복했는지 소개해보세요.
상황	• 주말에 상사가 PC의 비밀번호를 알려달라고 하면 어떻게 할 것인가요? • 퇴근 후 중요한 약속이 있는데 직장 상사가 업무를 지시한다면 어떻게 할 것인가요? • 금요일 오후 서울로 올라가기 위한 기차표를 미리 예매했는데 상사가 지시한 일을 끝마치지 못했다면 어떻게 할 것인가요?

구분	기출 질문
인성·가치관	• 소통이란 무엇이라고 생각하나요? • 남들과 차별화된 장점이 무엇인가요? • 스트레스를 푸는 방법은 무엇인가요? • 입사 후 당직 근무에 관해 어떻게 생각하나요?
직무	• 커뮤니티 케어란 무엇인가요? • 민원 업무가 많은 환경에서 효율적으로 업무를 처리하고 고객 만족도를 높일 수 있는 방안에 대해 말씀해주세요. • 임대아파트의 유형에 관해 설명해보세요. • 집에 있는 시설들을 고쳐본 경험이 있나요? • 사무능력을 키우기 위해 어떤 노력을 기울였나요? • 지원한 분야에서 하는 일을 구체적으로 설명해보세요.
기업	• 층간소음 해결 방안에 관해 이야기해보세요. • 주택관리공단과 관련된 뉴스 중에서 가장 관심을 가진 주제는 무엇인가요? • 주택관리공단에 대해 아는 대로 설명하고 주로 어떤 업무를 하는지 설명해보세요.
상황	• 악성 민원인이 온다면 어떻게 할 것인가요? • 아파트에 불이 났을 때 어떻게 대처할 것인가요? • 만약 근무지가 관리사무소라면 어떻게 할 것인가요? • 정전 상황 관련 민원을 접수했을 때 어떻게 할 것인가요? • 팀 업무와 개인 업무 중 무엇을 더 우선해 처리할 것인가요? • 주장이 강한 사람과 갈등이 생겼을 때 어떻게 해결할 것인가요? • 상사가 자신이 해야 할 일까지 다 맡기면 어떻게 대처할 것인가요? • 가족 행사가 있어 퇴근하던 중 갑자기 급한 업무가 발생하면 어떻게 처리할 것인가요?

PART 5

특별부록

- **면접 합격을 위한 1분 자기소개**
- **모의 면접 평가표**

면접 합격을 좌우하는 1분 자기소개와 실전 면접에 대비할 수 있는 모의 면접 평가표를 수록하여 면접의 시작인 자기소개부터 면접의 마무리인 평가까지 확실히 대비할 수 있도록 하였습니다. 앞에서 면접 준비방법과 질문 답변방법을 익혔다면 직무별로 제시한 1분 자기소개를 통해 지원한 직무에 해당하는 자기소개를 준비하고, 면접 평가표를 활용해 스터디원과 서로의 모의 면접 결과를 평가하면서 부족한 부분은 보완해보세요.

면접 합격을 위한 1분 자기소개

생산관리 직무

안녕하십니까. 함께 일하고 싶은 지원자 OOO입니다. 전역 후 한 물류센터에서 1년 동안 현장직 물류사원으로 일한 적이 있습니다. 처음 하는 사회생활이었지만 맡은 일을 잘 하고 싶은 마음에 비가 많이 올 때도 한 시간 일찍 출근해 일을 배웠습니다. 입고와 출고, 상품 스캔, 전산 작업은 물론 한 번도 운전해보지 못한 지게차 장비도 배우고 익혔습니다. 이런 모습을 좋게 보신 과장님께서 "직원으로 다닐 생각이 없냐?"고 제안을 하셔서 계획보다 오래 일할 수 있었습니다. 아르바이트생으로 시작해 인정받는 사원이 되니 정말 뿌듯했습니다. 입사 후에도 모두가 함께 일하고 싶은 사원이 되겠습니다. 이상입니다.

"함께 일하고 싶다."라는 말은 최고의 칭찬 중 하나입니다. 성실한 자세는 물론 좋은 에너지를 한 번에 느낄 수 있습니다. 인턴, 아르바이트뿐만 아니라 팀 프로젝트, 동아리 활동을 하며 주변 사람들에게 좋은 인상을 준 지원자라면 이렇게 팀워크, 대인관계능력 등을 강조해주세요.

은행 IB 직무

안녕하십니까. OOO입니다. 3수라는 단어는 제게 실패를 의미하기도 하지만, 이를 극복했다는 점에서 성공의 의미이기도 합니다. 3수를 하며 대학에 입학한 저는 남보다 늦게 시작한 만큼 더 열심히 살아야겠다고 다짐했습니다. 1학년 때부터 학과 커리큘럼과 자격증을 파악하며 은행원이 되는 데 필요한 준비를 시작했습니다. 경제·금융 수업을 주로 수강하고 통계학을 부전공하며 국제 FRM도 취득했습니다. 또한 10개가 넘는 아르바이트를 하며 경제적 독립도 이뤘습니다. 상담센터 아르바이트를 할 때는 고객 불만을 줄이기 위해 직접 안내 알고리즘을 만들어 대기 시간을 줄이고 '이달의 CS 사원상'을 받기도 했습니다. 입행 후에도 계속해서 발전하는 모습을 보여드리겠습니다.

자신만의 이야기를 잘 표현했습니다. 가치관을 바꾼 계기와 이후 달라진 모습을 구체적으로 보여주면 면접관에게 좋은 인상을 줄 수 있습니다. '3수'라는 단어를 실패에서 성공으로 바꾼 점도 지원자의 긍정 마인드를 잘 보여줍니다.

안녕하십니까. 지원자 OOO입니다. 저는 학창시절 아르바이트를 하며 영업사원에게 필요한 적극성을 키웠습니다. 부대찌개 음식점에서 일할 때는 출근해서 120개가량의 물품 수량을 체크하고 퇴근 후에는 주변 상권을 조사해 매출을 올리기 위한 노력을 했습니다. 또한, 중국집 주방에서 일하며 탕수육을 만드는 방법도 배웠습니다. 처음에는 뜨거운 열기 안에서 설거지만 하고 양파를 3망 정도 까면서 하루를 보냈지만 조금 더 전문적인 일을 배우고 싶은 욕심에 탕수육을 맛있게 만드는 기술도 익혔습니다. 최근에는 '영업전문가 양성 과정' 교육을 들으며 원가계산, 협상의 기본을 배우기도 했습니다. 그동안 준비한 노력을 바탕으로 기존 고객을 관리하고 신규 거래처를 개발하는 데 기여하겠습니다. 감사합니다.

영업 전략 수립, 고객관리능력, 손익 마인드 등은 영업직에 필요한 역량입니다. 자신이 그동안 했던 노력 중 지원 분야에 맞는 경험을 골라 구체적으로 잘 정리했습니다. 표현을 구체적으로 한 점도 좋습니다. '120개 물품 수량', '양파 3망' 등 숫자를 활용해 이야기를 하면 생생함이 더해져 면접관의 흥미를 높일 수 있습니다.

소프트웨어 개발 직무

안녕하십니까. 지원자 OOO입니다. 저의 장점은 '즐거운 욕심'입니다. 일을 즐기는 마음과 완성도에 대한 욕심을 갖고 있습니다. VR 애플리케이션을 제작하는 프로젝트에서 완성도 뿐만이 아닌, 저 자신이 기술에 대한 관심을 가지고, 직접 체험하며 유저의 입장에서 프로그램을 사용했습니다. 이 과정에서, 단순히 개발할 때는 알지 못했던 멀미감 문제를 발견했습니다. 문제를 해결하려면 체험성을 떨어뜨려야 했고, 반대로 체험성을 높이면 유저가 멀미를 느꼈습니다. 이를 해결하기 위해 세 가지 프로토타입을 만들어 여러 차례 테스트 했습니다. 그 결과 유저 만족도를 두 배 이상 높일 수 있었습니다. 입사 후에도 맡은 프로젝트를 즐기며 완성도에 대한 욕심을 갖고 일하겠습니다. 이상입니다.

'즐거운 욕심'이라는 키워드로 자신을 소개했습니다. 욕심과 즐거움은 언뜻 잘 어울리지 않지만, 지원자가 두 단어를 새롭게 연결하면서 자신만의 색깔을 만들어냈습니다. 입사 후에도 맡은 일에 최선을 다할 것 같은 이미지가 그려집니다. 보통 욕심이라는 단어는 부정적인 의미가 들어있지만 일에 대한 욕심은 긍정적으로 인식하는 경향이 많습니다. 이렇게 자신의 특징을 담고 있는 여러 개의 단어를 더하고 빼면 여러분만의 개성을 보여줄 수 있을 것입니다.

시공 직무

현장에서 모래바람이 일어나도록 발로 뛰어다니겠습니다. 안녕하십니까. 지원자 OOO입니다. 저는 맡은 일에 최선을 다하는 책임감과 이를 행동으로 실천할 수 있는 근면성을 갖고 있습니다. 토목, 수질환경, 건설안전기사를 공부하여 전문기초지식을 쌓았으며, 건설기술교육원에서 주관하는 해외플랜트 건설 인력 양성 과정을 수료하여 OO 회사의 맞춤형 인재가 되기 위해 노력했습니다. 또한 공병장교로 총 4번의 공사를 경험하여 실무에 대한 감각을 기를 수 있었습니다. 이러한 책임감과 근면성을 바탕으로 발주처와 선배님들께 인정받는 현장관리자로 성장하겠습니다. 감사합니다.

첫말이 인상적입니다. 인사말 앞에 넣을 한 줄이 있는 것과 없는 것은 큰 차이가 납니다. 면접관에게 의욕적인 모습을 보여주고 싶다면 이렇게 새로운 시도를 해보세요. 대신 주의해야 할 것이 있습니다. 정말 자신 있게 말해야 합니다. 메시지가 당찰수록 지원자도 그에 맞는 모습을 보여줘야 합니다. 지나치게 긴장하거나 머뭇거리면 어색하고 부자연스럽습니다. 메시지와 지원자의 이미지가 잘 어울릴수록 좋은 이미지를 보여줄 수 있습니다.

해외 영업 직무

안녕하십니까. OOO입니다. 해외 영업은 제가 가장 잘할 수 있는 업무입니다. 브라질 물류 회사에서 인턴을 하며 미주 지역의 대리점과 영어로 업무를 진행하거나 출하, 통관 일을 하며 국가 간 무역 프로세스를 이해했습니다. 또한 학창시절 배낭여행을 하며 적응력을 키웠습니다. 제가 15개 나라를 여행했다고 말하면 주위에서 '부자'인 줄 오해하는 이들이 있습니다. 경제적으로는 아직 부자가 아니지만, 마음만은 부자입니다. 군대에서 주식 투자를 하며 돈을 모아 홍콩을 다녀왔는데, 그때 느낀 게 많았습니다. 캐나다 워킹홀리데이를 해서 남미 여행을 다녀왔고, 인턴을 하며 모은 돈으로 브라질, 아르헨티나를 여행했습니다. 인턴과 배낭여행을 하며 해외를 무대로 일하겠다는 목표를 세웠습니다. 입사 후 그 꿈을 펼치고 싶습니다.

인턴과 배낭여행을 토대로 자신 있게 자기소개를 했습니다. 자신만의 목표를 갖고 이를 실천하기 위해 꾸준히 노력한 점은 면접관이 반가워하는 이야기입니다.

송변전 직무

안녕하십니까. 지원자 A-1번입니다. 학창시절, 전력 시스템과 송변전에 대한 지식을 학습하며 전공에 대한 열정과 흥미를 키웠습니다. 전력공학 수업을 들으며 전력계통해석, 송전 시스템의 전기적 특성을 배웠고 송전선의 단락 사고 등과 같은 문제점을 공학적으로 분석하는 능력을 길렀습니다. 또한 공공기관에서 인턴십을 하며 실무 경험을 쌓았습니다. 지중변전소와 맨홀에 들어가서 선배님들이 하시는 설비 유지보수를 돕고, NDIS와 DAS를 사용하여 설비 점검 및 계통도 최신화를 수행하면서 전력·통신 시스템의 안정성을 향상시켰습니다. 전력기술 캠프에 참여한 경험은 입사 의지가 더 커지는 계기였습니다. 전력계통과 변전 설비를 배우고 변전소를 견학하며 전력 기관의 중요성을 피부로 느꼈기 때문입니다. 이러한 경험을 바탕으로 송변전 직무에서 안전하고 안정적인 전력 시스템 운영을 위해 노력하겠습니다. 감사합니다.

송변전 직무에 적합하다는 것을 구체적으로 강조했습니다. 기관의 직무설명자료를 살펴보면, 송변전 직무의 필요자격은 관련분야 전공자 또는 관련분야 산업기사 이상 자격증 소지자입니다. 이는 송변전 직무에서 전공 지식과 기술 등이 중요하다는 것을 의미합니다. 전공에 대한 애정과 맞춤형 경험을 소개하며 직무 적합성을 강조한 것은 현명한 방법입니다.

서비스 직무

"面试官您好. 谢谢您给我参加面试的机会.(안녕하세요. 면접관님, 면접 기회를 주셔서 감사합니다.)" 적극성은 저의 가장 큰 장점입니다. 2년 전 중국인 유학생과 프로젝트를 할 기회가 있었습니다. 중국어를 한마디도 못하는 상황이었지만, 이를 계기로 중국어에 관심이 생겼습니다. 번역기를 활용해 중국인 유학생과 대화를 나누고 중국 인터넷 신문을 참고해 정보를 수집했습니다. 이후에도 중국어 학원에 다니며 공부한 결과, 중급 수준의 중국어 회화 자격증을 취득했습니다. 또한 관광 안내소, 공항 서비스, 백화점 등에서 고객 접점의 아르바이트를 하며 외국인 고객과 원활하게 소통했습니다. 요구사항이나 불만을 신속하게 해결함으로써 전년 대비 20% 이상의 고객 만족도 증대에 기여한 경험도 있습니다. 이러한 경험을 바탕으로 외국인 관광객의 개별화, 소규모화 시대에 더 나은 서비스를 제공하기 위해 노력하겠습니다.

이 사례는 긍정적인 성향과 외국어 능력, 다양한 서비스 경험을 잘 나타내고 있습니다. 자기소개 시작 부분에 제2외국어 능력을 강조하는 간단한 인사말을 추가한 것도 좋은 아이디어입니다. 제2외국어에 강점이 있다면 이렇게 시작해 보는 것은 어떨까요? 자신의 장점을 빠르게 전달하면서도 면접관의 흥미를 끄는 데 유용합니다.

식품 품질관리 직무

안녕하십니까. 기본을 갖춘 지원자 OOO입니다. 식품 품질관리자에게는 위생과 안전이 최우선입니다. 소비자에게 안전한 먹거리를 제공하기 위해 다음과 같은 역량을 갖췄습니다. 첫째, 정직한 마인드입니다. 카페 아르바이트를 할 때 출근과 동시에 유통기한, 식기류 세척 상태, 식자재 보관온도를 확인하고 조리기구를 소독하며 청결 유지에 힘썼습니다. 음료를 만들 때도 위생 매뉴얼을 지키며 정직을 생활화했습니다. 둘째, 식품에 대한 지속적인 관심입니다. 학업 외에도 식품 관련 지식을 쌓기 위해 식품 기사, 위생사 자격증을 취득하고 HACCP 교육과 품질관리 교육을 이수했습니다. 식품 동아리 활동을 할 때도 매주 식품 이슈에 대해 토론하고 공장 견학을 다니며 많은 것을 배웠습니다. 어떤 일을 하든 기본이 가장 중요하다고 생각합니다. 입사 후에도 위생과 안전을 최우선으로 지키겠습니다. 감사합니다.

주장하는 콘셉트와 메시지가 잘 연결되어 있습니다. 구체적인 경험을 바탕으로 일관성 있게 장점을 강조했습니다. 원칙을 강조하고 팩트 위주로 전달하다 보면 다소 딱딱한 인상을 줄 수 있습니다. 이럴 때는 표정과 말투 등을 부드럽게 하는 것이 좋습니다. 반대로 스토리 위주로 내용을 구성할 때는 너무 가벼워지지 않게 목소리에 신경을 써주세요.

사무행정 직무

안녕하십니까. 준비된 인재 B-1번입니다. 저는 학창시절 다양한 회계 수업을 듣고 세무회계와 신용분석사 자격증을 취득했습니다. 이를 통해 행정 처리에 필요한 회계 지식을 쌓았습니다. 또한 중소기업 현장실습과 공공기관 인턴, 콜센터 아르바이트를 하며 역량을 키웠습니다. 적극적인 자세로 배우기 위해 노력했더니, 상사분들께서 다양한 기회를 주셨습니다. 이러한 경험으로 인해 외부 민원인 응대, 규정에 맞는 보고서 작성, ERP 프로그램 활용, 비품 관리 등의 업무 노하우를 배웠고 우수 인턴상을 받기도 했습니다. 저는 사무행정 직무가 조직의 원활한 운영을 돕는 중요한 역할이라고 생각합니다. 입사 후에도 예산과 자원을 효과적으로 관리하고, 내부 및 외부 고객 서비스를 향상시키는 데 최선을 다하겠습니다.

사무행정 직무에 필요한 역량을 조사한 후, 그에 맞게 자신의 지식과 경험을 맞춤형으로 소개했습니다. 또한 사회생활을 하며 맡았던 업무와 그에 대한 태도, 성과뿐만 아니라, 직무에 대한 개인적인 생각과 포부를 핵심적으로 강조한 점이 돋보입니다.

모의 면접 평가표

1. 인성 면접

구분	평가항목	달성 여부(√)
인성·태도	바람직한 가치관과 직업관을 갖고 있는가?	
	윤리의식이 뚜렷한가?	
	밝은 인상과 긍정적 태도를 지니고 있는가?	
	면접에 임하는 자세는 적절한가?	
	일반 상식을 갖고 있는가?	
	입사 의지가 명확한가?	
공통 역량	의사소통을 원활하게 하는가?	
	자신감과 논리력을 바탕으로 의견을 표현하였는가?	
	적절한 대인관계능력을 갖추었는가?	
	목표의식이 뚜렷한가?	
	문제해결능력을 갖추었는가?	
	고객지향 사고를 하고 있는가?	
	글로벌 역량을 키우기 위한 노력이 보이는가?	
조직 적합성	경영이념과 회사 비전, 핵심 가치를 이해하고 있는가?	
	인재상에 부합하는 경험이 있는가?	
	사업 목표와 사업 현황을 구체적으로 이해하고 있는가?	
	애사심을 바탕으로 기업문화에 잘 적응할 수 있는가?	
	업무에 대한 열정과 프로의식을 갖추고 있는가?	
	입사 후 발전 가능성이 보이는가?	

2. 직무역량 면접

구분	평가항목	달성 여부(√)
직무 이해도	직무 역할을 명확히 이해하였는가?	
	직무에 필요한 주요 업무를 파악하였는가?	
	직무에 필요한 역량을 파악하였는가?	
	직무의 보람과 애로사항을 정확히 이해하고 있는가?	
	직무에 대한 열의가 남다른가?	
	직무에 대한 포부가 구체적인가?	
직무 전문성	직무에 필요한 지식을 갖추었는가?	
	직무에 필요한 업무능력을 갖추었는가?	
	과거의 경험이 직무와 연관성이 있는가?	
	발생 가능한 어려움을 예상하고 대처 방안을 가지고 있는가?	
	업무수행능력이 뛰어난가?	
	빠르고 효율적인 업무처리능력을 갖추었는가?	
성장 가능성	직무수행을 위한 자질과 인성을 갖추었는가?	
	직무 목표가 명확한가?	
	직무에 대한 애정을 품고 있는가?	
	책임감, 팀워크, 글로벌 역량을 갖추고 있는가?	
	미래지향적인 사고를 하는가?	

3. 인성·직무역량 면접(공공기관)

구분		평가항목	달성 여부(√)
업무수행 능력	직업기초 능력	질문 의도를 명확하게 파악하고, 논리적인 사례와 근거를 바탕으로 자신의 의견을 말하는가?	
		주제 또는 문제 상황에 대한 종합적 판단 및 분석능력을 갖추었나?	
		타당한 근거와 함께 창의적·논리적인 대안을 제시하는가?	
	직무수행 능력	업무수행에 필요한 직무 관련 지식을 적절하게 갖고 있는가?	
		업무수행에 필요한 자격 요건 및 차별화된 역량을 가지고 있는가?	
		빠르고 효율적인 업무처리 및 창의적 문제 해결능력을 갖추고 있는가?	
조직 적합성	직무 적합성	지원자의 경력·경험 활동이 조직 및 수행 직무와 관련성이 깊은가?	
		지원자의 경력·경험 활동이 기관의 발전에 도움이 될 정도로 충분한가?	
		기관의 인재상과 핵심 가치에 부합하는 장점을 갖고 있는가?	
	직무인성	자신감과 열의의 수준이 적절한가?	
		신뢰감을 주는가?	
		긍정적인 태도와 가치관이 있는가?	

4. PT 면접

구분	평가항목	달성 여부(√)
분석력	주제를 명확히 파악하는가?	
	주어진 자료에서 필요한 정보나 문제를 정확히 파악하는가?	
	문제점의 원인을 전체적인 프레임에서 분석하는가?	
	제공된 자료의 핵심을 파악해 문제해결에 적절히 활용하는가?	
	최적의 해결 방안을 제시하는가?	
	발표 내내 주제가 확실하게 강조되었나?	
논리력 · 설득력	구성의 흐름이 적절한가?	
	주장의 전개가 논리적인가?	
	근거를 바탕으로 주장하는가?	
	논리적인 근거를 갖고 체계적으로 설명하는가?	
	주어진 정보 외에 도움되는 자신만의 생각과 의견을 말하는가?	
	발표 내용이 독창적이고 요구 사항에 부합하는가?	
	실현 가능한 계획을 세웠는가?	
	해결 대안 및 실행 계획에서 발생 가능한 장애 요인을 예측하고 극복 방안을 제시하는가?	
전달력	발표 시 열의를 보이는가?	
	자신 있게 발표를 하는가?	
	올바른 발표 자세와 태도를 유지하는가?	
	목소리 크기와 속도, 자세가 자연스럽고 상황에 적절한가?	
	이해하기 쉬운 단어로 안정감 있게 발표하는가?	
	자료의 글씨 혹은 그림이 시각적 효과를 주는가?	
	면접관의 질문에 적절히 대답하였는가?	
	발표 시간을 준수하였는가?	

5. 토론 면접

구분	평가항목	달성 여부(√)
논리력 · 분석력	토론 주제를 명확히 이해하고 있는가?	
	자료를 분석해서 정확한 근거를 제시하는가?	
	객관적이고 논리적인 근거를 바탕으로 의견을 제시하는가?	
	논리의 근거가 다양하고 참신한가?	
	상대방의 주장과 근거를 논리적으로 반박하는가?	
	반대 의견에 적절히 대응하는가?	
의사소통 능력	언어적 표현과 전달능력은 적절한가?	
	논점을 정확하게 파악하고 전달하는가?	
	사례를 들어 설득력을 높이고 있는가?	
	타인의 말을 경청하는가?	
	타인의 생각과 의견을 존중하고 있는가?	
	대립 시 갈등을 잘 해결하는가?	
	토론의 규칙과 예절을 준수하는가?	
문제해결 능력	적극적으로 문제해결에 참여하는가?	
	문제를 해결하기 위해 함께 노력하고 있는가?	
	동료들을 배려하고 있는가?	
	문제해결에 도움이 되는 지식을 제공하는가?	
	토론 진행에 발전적 영향을 미치고 있는가?	
	주어진 시간 동안 팀원들과 합의점을 도출하는가?	

면접관을 사로잡는

해커스
면접 전략

개정 2판 1쇄 발행 2024년 3월 29일

지은이	신길자, 임영찬, 주일돈 공저
펴낸곳	(주)챔프스터디
펴낸이	챔프스터디 출판팀

주소	서울특별시 서초구 강남대로61길 23 (주)챔프스터디
고객센터	02-537-5000
교재 관련 문의	publishing@hackers.com
	해커스잡 사이트(ejob.Hackers.com) 교재 Q&A 게시판
학원 강의 및 동영상강의	ejob.Hackers.com

ISBN	978-89-6965-485-4 (13320)
Serial Number	02-01-01

▌토익 교재 시리즈

유형+문제

~450점 왕기초	450~550점 입문	550~650점 기본	650~750점 중급	750~900점 이상 정규

현재 점수에 맞는 교재를 선택하세요! ⬌ : 교재별 학습 가능 점수대

해커스 토익 왕기초 리딩
해커스 토익 왕기초 리스닝

해커스 첫토익
LC+RC+VOCA

해커스 토익 스타트 리딩
해커스 토익 스타트 리스닝

해커스 토익 700+
[LC+RC+VOCA]

해커스 토익 750+ RC
해커스 토익 750+ LC

해커스 토익 리딩
해커스 토익 리스닝

해커스 토익 Part 7 집중공략 777

실전모의고사

해커스 토익 실전 LC+RC

해커스 토익 실전 1200제 리딩

해커스 토익 실전 1200제 리스닝

해커스 토익 실전 1000제 1 리딩/리스닝 (문제집 + 해설집)

해커스 토익 실전 1000제 2 리딩/리스닝 (문제집 + 해설집)

해커스 토익 실전 1000제 3 리딩/리스닝 (문제집 + 해설집)

보카

해커스 토익 기출 보카

문법·독해

해커스 그래머 게이트웨이 베이직

해커스 그래머 게이트웨이 베이직 Light Version

해커스 그래머 게이트웨이 인터미디엇

해커스 그래머 스타트

해커스 구문독해 100

▌토익스피킹 교재 시리즈

해커스 토익스피킹 스타트

만능 템플릿과 위기탈출 표현으로 해커스 토익스피킹 5일 완성

해커스 토익스피킹

해커스 토익스피킹 실전모의고사 15회

▌오픽 교재 시리즈

해커스 오픽 스타트 [Intermediate 공략]

서베이부터 실전까지 해커스 오픽 매뉴얼

해커스 오픽 [Advanced 공략]

면접관을 사로잡는
해커스
면접 전략

면접관의 시선을 사로잡는 면접 필승 전략!

면접 유형 및 전략 분석
'5가지 핵심 면접 유형'과
'10가지 면접 성공 전략'으로
면접 필수 정보 파악하기

모범 답변 연습
'100가지 실전 면접 질문' 및
'Best & Worst 답변'으로
모범 답변 연습하기

면접 기출 분석
'20대 대기업·20대 공공기관
면접 기출 질문 리스트'로
면접에서 반드시 등장하는
질문 파악하기

최종 점검
'면접 1분 자기소개' 및
'모의 면접 평가표'로
면접 답변 최종 점검하기

"면접 기초의 A to Z"

당장 취준생 입장에서 제일 궁금할 면접 질문의 유형을 자세하게 다루어주십니다. 그 밖에도 실무·임원면접 전략,
답변 구성 방법, 심지어 자세·목소리·복장·준비물까지 세세하게 다루어주셔서 저도 좀 가볍게 생각했던 부분에서
확실한 답을 얻을 수 있어서 좋았습니다.

– 취업인강 수강생 k***** –

정가 **18,900**

13320

9 788969 654854

ISBN 978-89-6965-485-